【古韵新风 宜居宜旅】
BEN CHA

榛茶

张 锋
王志国 编著

苏州大学出版社
Soochow University Press

图书在版编目（CIP）数据

栟茶 / 张锋，王志国编著. — 苏州：苏州大学出版社，2015.5
（江海文化丛书 / 姜光斗主编）
ISBN 978-7-5672-1276-3

Ⅰ.①栟… Ⅱ.①张…②王… Ⅲ.①乡镇-介绍-如东县 Ⅳ.①K925.35

中国版本图书馆CIP数据核字（2015）第100579号

书　　名	栟茶
编 著 者	张　锋　王志国
责任编辑	李　敏　薛华强
出版发行	苏州大学出版社
	（苏州市十梓街1号　215006）
印　　刷	南通市崇川广源彩印厂
开　　本	890×1240　1/32
印　　张	9
字　　数	228千
版　　次	2015年6月第1版
	2015年6月第1次印刷
书　　号	ISBN 978-7-5672-1276-3
定　　价	26.00元

苏州大学版图书若有印装错误，本社负责调换
苏州大学出版社营销部　电话：0512-65225020
苏州大学出版社网址　http://www.sudapress.com

"江海文化丛书"编辑委员会

主　任：李　炎
委　员：李明勋　姜光斗　施景铃　沈启鹏
　　　　周建忠　徐仁祥　黄振平　顾　华
　　　　陈　亮　吴声和　陈冬梅　黄鹤群
　　　　尤世玮　王建明　陈鸿庆　沈玉成

主　　　编：姜光斗
执行副主编：尤世玮　沈玉成

"江海文化丛书"总序

李 炎

由南通市江海文化研究会编纂的"江海文化丛书"（以下简称"丛书"），从2007年启动，2010年开始分批出版，兀兀穷年，终有所获。思前想后，感慨良多。

我想，作为公开出版物，这套"丛书"面向的不仅是南通的读者，必然还会有国内其他地区甚至国外的读者。因此，简要地介绍南通市及江海文化的情况，显得十分必要，这样便于了解南通的市情及其江海文化形成的自然环境、社会条件和历史过程；同时，出版这套"丛书"的指导思想、选题原则和编写体例，一定也是广大读者所关心的，因此，介绍有关背景情况，将有助于阅读和使用这套"丛书"。

南通市位于江苏省中东部，濒江（长江）临海（黄海），三面环水，形同半岛；背靠苏北腹地，隔江与上海、苏州相望。南通以其独特的区位优势及人文特点，被列为我国最早对外开放的14个沿海港口城市之一。

南通市所处的这块冲积平原，是由于泥沙的沉积和潮汐的推动而由西北向东南逐步形成的，俗称江海平原，是一片古老而又年轻的土地。境内的海安县沙岗乡青墩新石器文化遗址告诉我们，距今5600年左右，就有先民在此生息繁衍；而境内启东市的成陆历史仅300多年，设县治不过80余年。在漫长的历史过程中，这里有沧海桑田的变化，有八方移民的杂处；有四季分明、雨水充沛的"天时"，有产盐、植棉的"地利"，更有一代代先民和谐共存、自强不息的"人和"。19世纪末20世纪初，这里成为我国实现早期现代化的重要城市。晚清状元张謇办实业、办教育、办慈善，以先进的理念规划、建设、经营城市，南通走出了一条与我国近代商埠城市和曾被列强所占据的城市迥然不同的发展道路，被誉为"中国近代第一城"。

南通于五代后周显德五年（958）筑城设州治，名通州。北宋时（1023—1033）一度改称崇州，又称崇川。辛亥革命后废州立县，称南通县。1949年2月，改县为市，市、县分治。1983年，南通地区与南通市合并，实行市管县新体制至今。目前，南通市下辖海安、如东二县，如皋、海门、启东三市，崇川、港闸、通州三区和国家级经济技术开发区；占地8 001平方公里，常住人口约770万，流动人口约100万。据国家权威部门统计，南通目前的总体实力在全国大中城市（不含台、港、澳地区）中排第26位，在全国地级市中排第8位。多年来，由于各级党委、政府的领导及全市人民的努力，南通获得了"全国文明城市"、"国家历史文化名城"、"全国综合治理先进城市"、"国家卫生城市"、"国家环保模范城市"、"国家园林城市"等称号，并有"纺织之乡"、"建筑之乡"、"教育之乡"、"体育之乡"、"长寿之乡"、"文博之乡"等美誉。

江海文化是南通市独具特色的地域文化，上下五千年，南北交融，东西结合，具有丰富的历史内涵和深邃的人文精神。同其他地域文化一样，江海文化的形成，不外乎两种主要因素，一是自然环境，二是社会结构。但她与其他地域文化不尽相同之处是：由于南通地区的成陆经过漫长的岁月和不同阶段，因此移民的构成呈现多元性和长期性；客观上又反映了文化来源的多样性以及相互交融的复杂性,因而使得江海文化成为一种动态的存在,是"变"与"不变"的复合体。"变"的表征是时间的流逝,"不变"的表征是空间的凝固;"变"是组成江海文化的各种文化"基因"融合后的发展,"不变"是原有文化"基因"的长期共存和特立独行。对这些特征,这些传统,需要全面认识,因势利导,也需要充分研究和择优继承,从而系统科学地架构起这一地域文化的体系。

正因为江海文化依存于独特的地理、自然环境,蕴含着自身的历史人文内涵,因而她总会通过一定的"载体"体现出来。按照联合国教科文组织的分类,"文化遗产"可分为四类:即自然遗产、文化遗产、自然与文化遗产、非物质文化遗产。而历史文化人物、历史文化事件、历史文化遗址、历史文化艺术等,又是这四类中常见的例证。譬如,我们说南通历代人文荟萃、名贤辈出,可以随口道出骆宾王、范仲淹、王安石、文天祥、郑板桥等历代名人在南通留下的不朽篇章和轶闻逸事;可以随即数出三国名臣吕岱,宋代大儒胡瑗,明代名医陈实功、文学大家冒襄、戏剧泰斗李渔、曲艺祖师柳敬亭,清代扬州八怪之一的李方膺等南通先贤的生平业绩;进入近代,大家对张謇、范伯子、白雅雨、韩紫石等一大批南通优秀儿女更是耳熟能详;至于说现当代的南通籍革命家、科学家、文学家、艺术家以及各行各业的优秀人才,也是不胜枚举。在他们身上,都承载着江海文化的优秀传统和人文精神。同样,历史文化的其他类型也都是认识南通和江海文化的亮点与切入口。

本着"文化为现实服务,而我们的现实是一个长久的现实,因此不能急功近利"的原则,南通市江海文化研究会在成立之初,就将"丛书"的编纂作为自身的一项重要任务。

我们试图通过对江海文化的深入研究,将其中一部分能反映江海文化特征,反映其优秀传统及人文精神的内容和成果,系统整理、编纂出版"江海文化丛书"。这套"丛书"将为南通市政治、经济、社会全面和谐发展提供有力的文化支撑,为将南通建成文化大市和强市夯实基础,同时也为"让南通走向世界,让世界了解南通"做出贡献。

"丛书"的编纂正按照纵向和横向两个方向逐步展开。

纵向——即将不同时代南通江海文化发展史上的重要遗址(迹)、重大事件、重要团体、重要人物、重要成果经过精选,确定选题,每一种写一方面具体内容,编纂成册;

横向——即从江海文化中提取物质文化或非物质文化的精华,如"地理变迁"、"自然风貌"、"特色物产"、"历代移民"、"民俗风情"、"方言俚语"、"文物名胜"、"民居建筑"、"文学艺术"等,分门别类,进行归纳,每一种写一方面的内容,形成系列。

我们力求使这套"丛书"的体例结构基本统一,行文风格大体一致,每册字数基本相当,做到图文并茂,兼有史料性、学术性和可读性。先拿出一个框架设想,通过广泛征求意见,确定选题,再通过自我推荐或选题招标,明确作者和写作要求,不刻意强调总体同时完成,而是成熟一批出版一批,经过若干年努力,基本完成"丛书"的编纂出版计划。有条件时,还可不断补充新的选题。在此基础上,最终完成《南通江海文化通史》《南通江海文化学》等系列著作。

通过编纂"丛书",我有四点较深的体会:

一是有系统深入的研究基础。我们从这套"丛书",看到了每一单项内容研究的最新成果,作者都是具有学术素养的资料收集者和研究者;以学术成果支撑"丛书"的编纂,增强了它的科学性和可信度。

二是关键在广大会员的参与。选题的确定,不能光靠研究会领导,发动会员广泛参与、双向互动至关重要。这样不仅能体现选题的多样性，而且由于作者大多出自会员，他们最清楚自己的研究成果及写作能力，充分调动其积极性，可以提高作品的质量及成书的效率。

三是离不开各个方面的支持。这包括出版经费的筹措和出版机构的运作。由于事先我们主动向上级领导汇报，向有关部门宣传，使出版"丛书"的重要性及迫切性得到认可，基本经费得到保证；与此同时，"丛书"的出版得到苏州大学出版社的支持，出版社从领导到编辑，高度重视和大力配合；印刷单位全力以赴，不厌其烦。这大大提高了出版的质量，缩短了出版周期。在此，由衷地向他们表示谢意和敬意！

四是有利于提升研究会的水平。正如有的同志所说，编纂出版"丛书"，虽然有难度，很辛苦，但我们这代人不去做，再过10年、20年，就更没有人去做，就更难做了。我们活在世上，总要做些虽然难但应该做的事，总要为后人留下些有益的精神财富。在这种精神的支撑下，我深信研究会定能不辱使命，把"丛书"的编纂以及其他各项工作做得更好。

研究会的同仁嘱我在"丛书"出版之际写几句话。有感而发，写了以上想法，作为序言。

2010年9月

（作者系南通市江海文化研究会会长，"江海文化丛书"编委会主任）

水韵南沙 五彩栟茶（代序）

张 锋

栟茶，又名南沙、茶江、茗海，地处南黄海之滨，是一个有着1400多年历史的中国历史文化名镇。这里人杰地灵，民风朴实，崇文重教，贤哲荟萃，是闻名遐迩的鱼米之乡，教育之乡、海鲜之乡、长寿之乡。

早在西周，扶海洲崛起，今栟茶位于扶海洲西北部，是滨海煮盐之地。唐初，栟茶为煎盐场亭，大历中筑堰御潮，渐有移民居住。"生栟树(棕榈)、茶树各一，干高逾丈，冠大如盖"，渔人下海捕捞，唯以栟茶二树为标，过往来去。继而设摊易货，搭棚为居，凿井成市，地称栟茶。宋、元、明、清，栟茶设场。到民国二年（1913），设栟茶市公所。民国十八年（1929）八月，栟茶建镇至今。

栟茶历来名人辈出。明代出过多位文武举人，有被列为皇室祭拜的开国功臣缪思恭，有为抗击外侮英勇捐躯而被明太祖下诏追封为"毅将军"的兰州指挥使于光，还有天启年间敢于口诛笔伐魏忠贤的朝廷典试官缪昌期。清康熙六年，出过头名状元缪彤，后又出过多位进士。乾隆年间，在举人徐述夔身上发生过"一柱楼诗"案，为清代四大文字狱之一，轰动朝野。康熙年间，孝女蔡蕙冒死救父告御状，成其"前有缇萦，后有蔡蕙"的千古美名。清末出过蔡少岚、蔡观明、缪文功等名士，著作颇丰，在全国也有影响。享誉全国的栟茶高级中学在当代出过两名中央委员、四名省部级领导、四位将军和数十位全国知名的资深专家与学者。

栟茶具有光荣的革命传统。1941年，苏中军区成立大会在栟茶徐氏宗祠召开。新四军代军长陈毅、一师师长粟裕、政委刘炎、政治部主任钟期光、苏北区党委书记陈丕显、苏北行政委员会主任管文蔚等高层领导出席了大会。

鉴古而知今，察往而思来。近年来，栟茶围绕"千年古镇、商贸旺镇、工业强镇、农业大镇"四镇同建的战略任务来挖掘自身潜力，并启动"水韵南沙，五彩栟茶（青色历史文化、绿色生态环境、红色革命传统、蓝色海洋经济、金色栟茶教育）"的中国特色镇创建计划，于2012年被列为"南通市中心镇"，2013年被列为"中国特色镇旅游新干线试点镇"，2014年被列为"中国历史文化名镇"。南黄海之滨的一颗闪亮新星正冉冉升起！

在南通市江海文化研究会的指导下，栟茶镇党委政府组织编纂的《古镇栟茶》出版了。《古镇栟茶》反映了栟茶悠久的历史和厚重的文化，突出了栟茶的时代特点；为宣传栟茶、认识栟茶、研究栟茶、建设栟茶、振兴栟茶提供了丰富的资料，为各级领导决策经济社会建设、规划未来蓝图提供了科学的依据，为积极探索栟茶古镇保护和旅游开发提供历史的思索，为向当地人民进行热爱祖国、热爱家乡教育和革命传统教育及镇情教育提供了生动的教材。

该书充分挖掘、利用文史资源，呈现了栟茶的历史渊源、古迹古韵、文化艺术、革命史迹、名人轶事等，在尊重史实的基础上，力求语言通俗易懂，贴近大众口味，成为一本可读性较强的地方文化历史读物。

我们试图通过这本书，让读者更加了解栟茶，认识栟茶，进而研究栟茶，爱上栟茶。

目　录

水韵南沙　五彩栟茶（代序） …………………………………… 1

栟茶渊源 …………………………………………………………… 1

南沙古韵 ……………………………………………………… 19

村庄集要 ……………………………………………………… 114

红色记忆 ……………………………………………………… 144

人文荟萃 ……………………………………………………… 157

茶江品鲜 ……………………………………………………… 218

附　　录 ……………………………………………………… 231

后　　记 ……………………………………………………… 268

栟茶渊源

大浪淘沙，沧海桑田。栟茶，这个充满水的灵气、海的风韵的千年古镇，以其悠久的历史，厚重的文化，在江海平原这块大地上独树一帜。

栟茶地处北温带，气候宜人，四季分明。唐初为煎盐场亭，宋代外来移民增长较快，日渐繁荣。明末受资本主义萌芽影响，栟人渔盐并举，农桑兴旺，商贸往来，倾动四方。明清时代朝廷官吏都很看重栟茶，因这里是文化沃土，文风绵延，贤达辈出。千年古镇，千年古风，正以日益丰富的内涵，不断更新的容颜，展示在世人面前。如今的栟茶，已成为经济发达、文化繁荣、社会和谐、生态优美的长三角北翼宜居宜旅的滨海小城镇。

聚沙成陆

栟茶，江苏如东西北部一块美丽富饶的土地，位于黄海之滨，与海安、东台毗连。远古的时候，这片土地还沉睡在大海中。斗转星移，沧海终成桑田。

古时候，长江携带大量泥沙，日夜不停地滚滚东流，注入浩瀚的大海，至入海口，海水顶托，流速减缓，一部分泥沙沉积于浅海底,历经万千年,海底渐淤渐高,海中沙岛开始呈现。由于母亲河不知疲倦地淤土造田,长江下游冲积平原终于生成并不断向东扩展。与此同时,古黄河带着大量泥沙流入黄海,经太平洋潮流撞击朝鲜半岛和山东半岛后回波南下,泥沙的沉淀对长江下游冲积平原的形成也起了重要作用。

距今六千年左右,长江入海口抵达镇江、扬州一带。随着长江口逐步向东推移,到了商周时期,"扬(州)泰(州)渐成扬泰砂嘴(又称廖角嘴)",被称为扬泰岗地。

据《日出南黄海》记述,上溯到三千年前的西周时期(公元前11世纪—公元前771年)起,长江入海口处大大小小的沙洲群陆续浮出水面,并逐渐涨成一片卵形沙洲,这就是古扶海洲。据传,这卵形沙洲原名浮海洲,意为从海中浮出的沙洲,后雅称为扶海洲。其位置在今如东县境内,大体南至如泰运河附近一线,西至丁堰、栟茶一线,东、北在范公堤内。根据《扬州府志》记载:"秦汉时,州(泰州)东百里有长洲泽,又东有扶海洲。"《后汉书·郡国志》载:"扶海洲上有草名筛,其食之如大麦,从七月稔熟。"此时,扶海洲西侧与扬泰古砂嘴之间有南北走向宽约10公里的浅海,随着扶海州的发育扩大和扬泰砂嘴一同向大海延伸。

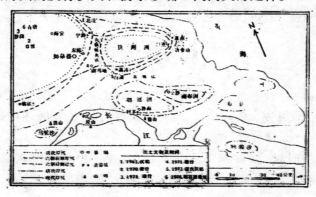

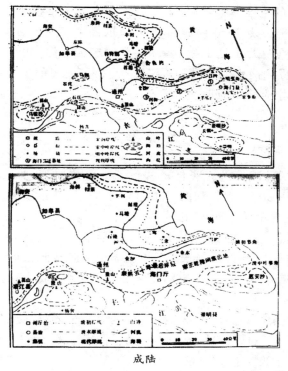

成陆

　　西晋时,支泓又缩狭成一条夹江。东晋(317年—420年)年间,扶海洲与扬泰砂嘴逐步涨接,夹江缩狭为一条西南至东北的小芹河,其位置大约在如皋东陈至海安沿口一带。此时,原浒澪、靖海地区正从小芹河口外的海中逐步涨出。东晋太元七年(382年)前后,小芹河淤塞,扶海州历经数千年不断淤涨,终与大陆连为一体。这是令人永驻心田的历史时刻。据地质专家考证,栟茶、浒澪、靖海主体部分为海积平原,并有少量江积成分,多为平缓地形,少低洼沟塘。而河口、沿口以南部分为江积平原。由此,也许可以推断,扶海洲与大陆最早的对接点应在沿口至浒澪之间。至此,栟茶地区基本成陆,大自然为人们又提供了一块可以开发利用的宝地。

栟茶虽然涨出了海面，但无法抵御大海潮水的侵袭。人们为了在这片土地上生存繁衍，开始筑堤拦海，世代相承。从此，堤内海水倒灌之苦逐渐减少，栟茶先民的生产和生活进入了相对稳定时期。

移民聚居

栟茶成陆，为人类活动提供了又一片广阔天地。岁月悠悠，往事如烟。先民何时踏上这块土地，留下的资料可谓微乎其微，有的仅为世代相传的口头传说而已。

据传，约在春秋战国时期，最早来栟茶的是渔民。那时，扬州、泰州岗地居民驾着独木舟，东渡宽阔浅海来到栟茶，先捕鱼采贝，然后定居下来，生息繁衍，成为这里最早的居民。

秦朝统一中国后，大量煮盐。西汉初年，领广陵郡（今扬州）的吴王刘濞，"招致天下亡命，东煮海水为盐"。栟茶地区迎来了第一批移民盐丁。这些烧盐人是二千多年前栟茶烧盐业的先驱。汉武帝即位后，又从四面八方招募民众赴海滨煮盐，可能有部分被安置到扶海洲栟茶地区，盐丁队伍开始发展壮大。

随着栟茶滨海的发育扩展，沙洲与大陆之间的海面逐渐变狭、淤浅。各个时期到扬泰地区的移民，有的为官府所逼，有的为生活所迫，零零星星来到这里定居。这时除了渔民、盐民之外，很有可能出现了牧垦者——农民。他们都是栟茶的先民。由于当时生产力水平低下，加之海水阻隔，交通极为不便，在相当长的时间里，人口增长极为缓慢。到了东晋时期（317年—420年），沙洲与大陆相接，栟茶被列入泰州东部版图，与邻近地区的人员往来越来越频繁，鲁人、扬泰地区客家人成为先民的重要来源。

隋唐时期，盐业生产日益兴旺，又陆续有人来此定居。中唐发生安史之乱，晚唐和五代以后，北方外族入侵，中原人为逃避战祸，陆续迁来。到了宋代，随着范公堤的修筑，栟茶运盐河（串场河）的开凿，定居条件有所改善，盐业技术有所进步，农业生产力有所提高，经济有所发展，"居民以渔盐自给，不为盗贼"，也吸引了一些移民陆续迁来。

唐初贞观年间，栟茶属广陵郡（扬州）煎盐场亭，建佑圣观（祖师观）供奉盐神，此观为尉迟敬德之子尉迟宝林督造。宋建法慧庵、准提庵、龙树庵、寿圣寺、东岳庙，朝拜人数甚多，可见当时聚居移民已有一定数量。

元末，也有因政事、兵事的留居移民，如栟茶伊姓蒙古人后裔。

明初以后，又有一批江南人迁居至此。元末，为反抗朝廷暴政，东台盐民张士诚率盐众起义。元至正十六年（1356年），占据平江（苏州）为王，朱元璋率部攻打，苦战多年，久攻不下。直至元至正二十七年（1367年），才破城获胜，张士诚被俘。朱元璋对此积怨很深。明洪武二十一年（1388年），朱元璋强制实行"洪武赶散"或"阊门赶散"，先后驱使苏州阊门一带及周边百姓来东台、栟茶等南黄海之滨服盐役，当盐丁。时至今日，仍有一些栟茶居民流传着"祖先是明朝时从苏州阊门迁来的"说法。还有"吃酒归吃酒，不谈顾（故）长州（苏州古地名）"的口头禅，可见当年朝廷的威慑力。明永乐年间（1403年—1424年），因"燕王"造反，也有一些苏锡常镇宁等地区的居民移居此地，以躲避战乱。

清至民国，盐业大兴，农耕发展，物产丰饶，商业发展，经济繁荣，除从扬泰、江宁、句容、皖、鲁移民从事农、盐、渔业的劳动者外，又增加了商贾成分。如来自扬州的钟姓经营盐业，来自如皋的周姓经营典当，来自安徽的姚姓经营香号、歙县的戴姓、当涂的包姓经营布店，还有太平天国时期的章姓从江宁迁居栟茶开中药店、行医。

此外，从栟茶地区口耳相传的姓氏排序中，亦可见到当年迁徙的履痕踪迹。栟茶地区有十大姓，即一缪二徐三蔡四于五周六唐七沈八杨九葛十王。关于这一排列顺序，流传两种说法，一是以外地人迁至栟茶的时代先后为序，二是以各姓氏的宗族人口多少为序。据民国初年所编《栟茶史料》载："栟之著姓，大抵由远方迁来，最早为南宋，徐氏缪氏是也，次为元末，蔡氏于氏是也。"据传，徐氏一支先祖寿六公徐念斋，明初从苏州阊门移居栟茶，同期寿七公移居掘港，寿八公移居丰利东乡。浒澪沈氏一族明初由苏州阊门移至如皋林梓，后来部分后代移至浒澪地区。一些人口较多的先民编（修）有家谱，建有祠堂，如缪氏、徐氏、蔡氏、于氏、唐氏、符氏、赵氏、李氏、张氏、沈氏、杨氏、周氏、顾氏、王氏祠堂。其族内辈分排列有序，后代取名须循规蹈矩。栟茶徐氏有60字，转令为"邦正省四六，千进君子重，肃廷以国夫，思甫继惟荣，永定全必正，长希守相公，道德承先祖，文章启大宗，克昌裕本茂，昭庆学元同，保世恒修广，其士自可隆"。沈氏转令为"一、二、三、四、五、六、七、八、九、十"。顾姓40字转令为"原永光川仲，景思文义本，尚大得其甫，继世启嘉增，怀才用理国，登忠自守成，维允生人仕，明良美载庚"。据现存蔡氏家谱考证，蔡姓一支为元末从河南至泰州再移居栟茶小蔡家庄的。蔡氏转令为"继绍增美，秉正守法，宝大永昌"。

据考证，此前栟茶之先民，以北方中原人为主。首先，栟茶地区居民方言属北方语系；其次，此期间，北方、中原战事频发，难民逃难到这块相对安定的地方是一个好的选择；再次栟茶地区以庄命名的地方较多，如蔡家庄、康家庄、沈家庄、吴家庄、李家庄、太平庄、单家庄、唐家庄、周家庄、万家庄、新庄、谢家庄、仁家庄、杨家庄、马庄等。

随着土地开垦，农商繁荣，生产生活条件的改善，人们逐渐转入以农耕为主的生产生活方式，加之自身不断繁衍，移民人口进入较快增长期。据栟茶史料记载，民国十八年（1929年）八月，东台县第四区在栟茶成立，合并角斜乡为四十八镇，其属于栟茶市原有范围者计三十八乡镇，民国二十三年（1934年）将四十八乡镇划并为二十四乡镇，人口约十二万。可见当时人丁兴旺，市镇已达相当规模。

2001年至2002年，因长江三峡工程建设需要，分别从重庆市云阳故陵镇和黄石市龙角镇迎来了20户97名移民在栟茶安家落户。他们在党和政府及乡邻的帮助下，克服了语言、自然环境、生活习惯、农业生产技术差异较大等一系列困难，艰苦创业，再建新家，较快地融入了栟茶这个大家庭。

20世纪80年代以来，改革开放大潮汹涌澎湃，人员往来更为频繁，栟茶的客籍人主要来自外地婚嫁过来的女青年，她们中绝大多数为少数民族。1982年栟茶镇仅有蒙古族1人，而今有蒙古、回、侗、仡佬、苗、彝、瑶、满、布依、土家、傣族共计138人，仅侗族就有85人。同时浙、鲁、皖一些人来此或打工，或投资兴业，有的已安家落户。此外还有一些来栟茶从事行政、文教、卫生等工作的外省、市、县定居人士。

栟茶的成陆史、发展史与迁徙史紧密相连。栟茶的祖先来自五湖四海，有的来自扬泰、苏南地区，有的来自中原，有的来自浙、鲁、皖地区。栟茶人历经两千多年的繁衍生息，相互融合，已成为一个欣欣向荣、蒸蒸日上的大家庭；栟茶经过代代相承、前赴后继的开发建设，已成为一块极具吸引力、前景无限光明的热土。

广辟草莱

　　古代先民东渡登洲迁徙聚居，无疑给扶海洲栟茶地区带来了无限活力，子民们的辛勤耕耘，则给这片新生的沃土注入了勃勃生机。

　　两千多年前，栟茶的先民们日出而作，日落而息，春夏秋冬，周而复始，一群群光着膀子的海夫在海滩上采捕渔货，一个个赤身裸体的盐丁在盐灶旁烧盐。这时的沙洲，已经有了一些绿地，偶尔也有三三两两衣衫褴褛的农民垦荒耕牧。

　　捕鱼，是栟茶人最早的生产活动。栟茶因海而生，居民当然靠海吃海。最早的时候，就有一支支由男人组成的队伍，踏着退去的潮水，赶着渐远的浪头，徒步在近海沙滩上小取，踩捕海滩上的文蛤、蛤子等贝类，这以小汛期为主。捕捞浅海港中的鱼虾，以大汛期为主。（农历每月两汛，每汛为大小汛期15天。）随着造船技术的提高，他们逐步发展了渔船捕捞作业。汛复一汛，年复一年，栟茶人练就了海上寻宝聚财的好本领，传承至今。开始时，渔民捕获的海货，仅够养家糊口，待踩捞捕获技术日臻熟练，海货数量越来越多时，渔民便西渡登陆，到市面上换取其他物资，以备家用。由于作业工具落后，设施简陋，加之对潮汛规律掌握不够，海难死人事件经常发生。但为了生存，渔民们不屈不挠地与海抗争，向海索取。

　　烧盐，是早期移民最主要的生产活动。盐，是人们的生活必需品，盐业更是朝廷的重要税源。官府看中栟茶绿洲北部潮涨潮落这一得天独厚的自然条件，押解犯人甚至强掳民众充当盐丁，到海边烧盐。初时，栟茶滩涂高程较低，每天都有潮汐至此。盐丁们日复一日，年复一年地割草聚柴，灶旁烧盐，滔滔海水被熬成晶莹的白盐。其时条件极其艰苦恶劣，盐丁们饱受劳役之苦，背灼炎热，肤若古铜，苦苦挣扎在生死线上，他们不愧为栟茶盐业的开山鼻祖。至今栟茶还流传着盐亭、盐场、盐灶、盐墩的说法，以"灶"为名的地方，记录着先民烧盐的印迹。

耕牧，是栟茶绿洲后来崛起的生产活动，但却成为栟茶人最主要的经济生活来源。沙洲越涨越大，越涨越高，无数次雨水浇灌套洗，盐碱逐渐退去。土壤的改良，草木的生长，农业生产技术的进步，吸引了许多农耕者开荒种地。这些农耕者或由渔民盐民转变而来，或由内地农民迁徙而来。他们为了生存，栖息在简陋的草棚里，带来了种子，操作着原始的农具刀耕火种，但只能获取很少的收成，继而他们又发展了牛羊猪鸡等牧禽饲养。这些最早的农耕者过着食不果腹、衣不蔽体的艰苦生活，然而今天栟茶地区的万顷良田都始于这些先民"广辟草莱"的拓荒。

盐业是历代封建王朝的重要税源，滨海地区的官府历来十分重视盐业的发展，盐业在很长历史时期内始终保持经济的主体地位。唐初，栟茶设为煎盐场亭。北宋建隆元年（960年）栟茶亭改为栟茶场（亭、场均为当时行政单位）。

随着时间的流逝，盐业逐渐退居次要地位，农业经济则上升为主体经济。

为抵御海潮对农业生产的侵袭，北宋天圣五年（1027年），范仲淹带领乡民在栟茶北部构筑了范公堤，从而为农田村庄提供了屏障，增强了抗击潮灾的能力，并增加了广袤的可开垦的土地。各地移民带来了犁耕技术和镰锄钉耙等先进生产工具，还带来了优良品种，大片荒地被开垦耕种，农业生产有了长足发展。

宋咸淳年间（1265年—1275年），栟茶开凿了运盐河（北串场河），向西直达泰州、扬州。此河开凿主观上为方便盐运，客观上更利于农业生产的发展。有了运盐河，再配以小型河沟渠,可以加快排咸降渍速度,排灌两便利。勤奋的栟茶先民挥镐开荒,大片盐碱荒地变成良田,农业产量大幅度增长,生产力水平上了新台阶。

运盐河开通,栟茶的交通运输更加方便,促进了商贸业的发展。唐初栟茶盐业已兴,随着盐渔业的发展,商品交易逐渐频繁,商业始兴。到了宋代日趋活跃,明清时代工商业则繁荣兴旺起来。尤其到了清代至民国年间,栟茶街面上前店后坊比比皆是,粮食行、木行、竹行、酒行、花行、鸡鸭行、八鲜行、鱼行、船行、理发店、钱庄、典当、客栈、杂货店、药店、布店、衣店、染坊、茶食店、肉店、豆腐店、烧饼店、纸马店、香店等等,满布街巷。与此同时,从镇区到农村,碾坊、槽坊、油坊、酱坊、粉坊、豆腐坊、手工织布业先后兴起。除此以外,小街深巷,小摊小贩无处不在,农村乡间的小商小贩日趋活跃,因而栟茶素有"小通州"之称。

清光绪、民国年间,如皋城人周子荻在东大街设福祥典当栟茶分典,后由安徽歙县人戴寿康接办永祥典当。包震录办棉布绸缎嫁妆店,缪仁昌办杂货店,掘港人开设於太记杂货店,如皋久大五祥商店开设栟茶久大五祥分号等等。据民国二十三年(1934年)统计,栟茶镇开设店铺有154家。

新中国成立后,党和政府领导人民围垦造田,平整土地,兴修水利,加强农田基本建设,推广优良品种,科学施肥,防病治虫,机械作业,现代农业生产技术的广泛应用,大幅度提高了农产品的产量和质量。新中国成立前镇区北部许多地方系盐碱沙土,不毛之地,"太阳一晒冒盐霜,大雨一到水汪汪,庄稼只长四边框,收的粮食不满缸",现已全部改造成优质高产粮田。更为可喜的是,全镇农副产品加工企业也有数十家,农产品交易市场更为活跃,栟茶已成为重要的商品粮、油、畜禽、海淡水产品生产基地。

镇名探源

古镇栟茶位于如东西北部,地处黄海之滨,东邻洋口镇、洋口渔港和洋口港,南依河口镇,西连海安县角斜镇,北接海安县老坝港乡,并与东台市毗邻。距县城掘港直线距离36公里,海洋铁路、栟茶运河、省沿海高等级公路、221省道横贯东西,225省道纵贯南北,水陆交通方便。全镇总面积95.7平方公里,耕地面积3806.2公顷,沿海滩涂4333公顷,总户数21387户,总人口60287人。

栟茶之名,远不可考,且众说纷纭。各类字词典上对"栟茶"一词的解释都是地名,在江苏。其得名独树一帜,自唐以来一直沿用至今。

悠悠岁月,大浪淘沙。据传,由于古代长江的泥沙沉积,聚沙成陆。最初人们来此捕鱼、煮盐。相传唐初有栟树(棕榈)、茶树各一,干高逾丈,冠大如盖,分外显目。渔人下海捕捞,海天一色,时常迷路,故皆以"栟茶"二树为出海渔归的标识。继而往来者借其树荫歇脚,设摊易货,搭棚设居,形成集市,后遂以树为名曰"栟茶"。

又传:海安以东有以贲姓居民为主居住的"贲家汊",因读音相似,后雅致化为"栟茶",《栟茶史料》中有此记载。

又云,栟茶产茶,有"茗海"之雅称,又名茶江。

栟茶之地,生之颇早,据传在唐大历前(766年)北部尚系海滩,海潮日日侵袭。淮南黜陟使李承始建捍海堰,以拦海潮之袭。因海中有北沙,栟茶位于北沙之南,故名南沙。今考,古人留有一联绝对"南沙西北东岳庙",清代有"南沙书院",缪氏宗祠有对联"脉传东鲁,支甲南沙"。这些都是古名"南沙"的见证。

相传,栟茶二树长大以后,渔民便开始使用栟茶之地名，可以推断，隋唐之前，先民就使用栟茶之名了。据《嘉庆两淮盐法志》《淮南中十场志》《东台县志》等资料记载，唐时栟茶设煎盐场亭。宋元明清设栟茶场，民国初曾一度设栟茶市，后相继设栟茶行政、栟茶区、栟茶镇，都冠以栟茶二字。

栟茶地处古扶海州西北角，这块土地成陆于西周，初建于唐，发展于宋，繁荣于明清，延绵至今。自古以来，物产丰富，农桑渔盐并举，商业兴旺。古迹遍布，文教称盛，人才辈出，著述颇丰，国之栋梁，亦出其间。明清两朝有高中状元、榜眼的，并考中进士、举人多名，其中进士19人，举人23人。有惊动朝野的清康熙年间"孝女蔡蕙冒死告御状救父"一事和乾隆年间"一柱楼诗"案。今出有全国政协副主席、省委书记、将军、著名画家、中国工程院院士、著名专家、博士生导师、博士、教授等。

栟茶的水土养育了栟茶人，栟茶以其独特名字传承了千余年。如今的栟茶，是中国历史文化名镇、中国特色旅游新干线试点镇、全国发展改革试点小城镇、全国重点镇、国家级生态镇、中国教育之乡、中国海鲜之乡、中国长寿之乡，并已初步建设成江海平原最适宜读书、最适宜创业、最适宜休闲、最适宜养老的地方。栟茶正以日益丰富的内涵，日新月异的容貌，书写新的历史篇章。

盐场史话

从西周起，扶海洲崛起，栟茶位于扶海洲西北部，是滨海煮盐之地。盐为人类生活必需品之一，又是官府税收的主要来源，栟茶成陆后的发展，在大多数时间内都因盐而设场。

史载，唐初（627年）栟茶盐业已兴，这里即为煎盐场亭，且初具规模。北宋建隆元年（960年），栟茶亭改为泰州栟茶场。后历经宋元两朝。明洪武年间（1368年—1392年），官府在栟茶设场管理盐务兼地方事务。明洪武二十五年（1392年），栟茶场始设盐课司署（明清时称盐税为盐课），属泰州分司，设场大使管理盐务，兼理地方行政事宜，每年征收税银数千两，并建有盐课司衙门（今栟茶粮站内）。清雍正六年（1728年），海潮漂没盐课司署。清乾隆元年（1736年），栟茶场设立两淮通州分司，场大使李庆生重建栟茶盐课司署。乾隆三十三年（1768年），大使姚德璘扩建盐课司署。

1900年，八国联军进入北京后，清王朝将盐课收入抵算庚子赔款，盐税即为外国人操纵。淮南盐务局驻有外国顾问，督办盐之产、运、销事宜，并到各地包括栟茶巡查。

光绪三十三年（1907年），设缉私营两棚（相当于两个班），由殷帮带率领，驻栟茶北街准提庵，负责缉查私盐。

明初至清，盐场官称为大使。自洪武二十五年（1392年）栟茶场第一任大使张士良，至清宣统年间（1909年—1911年）大使方聘三止，据《栟茶镇志》载，500余年中，先后有70任大使。

民国期间，驻有税警，专事缉查私盐，保卫盐场。

1940年，新四军东进后，栟茶盐务被苏北行署二分区财经处接管。

1950年建立如东县盐务管理局，属淮南盐务管理局，栟茶镇设盐务管理所于北街。新中国成立后，县政府实行"废灶兴垦"政策，范公堤北海滩烧盐业逐步停止。1963年，栟茶盐务管理所撤销，并入掘东盐场。

栟茶产盐历史久远，清代最盛，据《栟茶史料》记载，乾隆三十五年（1770年）一年内煎盐120日。清道光、同治年间（1821年—1874年），栟茶场每年产盐量达10万余桶。当时沿海设灰亭555面，卤池585面，灶房240间，锅锹248口。

清光绪二十五年（1899年），有灶6处，亭场166户及草荡等。

清道光初年至民国年间（1821年—1940年），扬州盐商在栟茶北街开设钟复盛盐号，并建收盐、堆盐与转运盐包场。灶民将白盐用牛车从范公堤边沿牛车路运送到盐包场，盐商收之付款，另雇盐工拨盐上堆，通过盐包场南边运盐河，将盐运销外地。

古代，朝廷将产盐质量好、数量多、运输方便的盐场列为上场，栟茶划上场之列。据《淮扬志·盐法》所叙，淮南各场产盐方法以煎为主，淮北各场以晒为主。栟茶为淮南各场之一，海滩草源丰盛，具备煎盐条件。煎盐能克服天气影响，产量自然多，质量也好，色白味鲜，古人美其名曰"玉砂"。

民国年间，灶民逐渐转事农耕，出盐量大大减少，每年产盐量仅一万桶，每桶定额200市斤。直至新中国成立后的20世纪50年代末期，栟茶煎盐业方告停止。然而遗痕仍在，在栟茶桥北街东侧的三元村八组，人们仍称该处为盐包场，桥北街南侧沿栟茶运河边为包场路。

盐场史话

建制沿革

栟茶成陆后,从渔人捕鱼、盐民煮盐到农耕商工发展,历朝历代,统治者的触角不断延伸。据《嘉庆两淮盐法志》《淮南中十场志》《东台县志》《如皋县文史资料选辑》《如东县志》《栟茶史料》记撰综述如下:

唐贞观元年(627年),全国分十道,栟茶居淮南道广陵(扬州),为煎盐场亭。据孙家玉《明朝期振翮》记述,"初唐四杰"骆宾王因反武则天兵败曾遁迹于此。

宋(960年—1279年),栟茶属淮南东路,为泰州栟茶场。

元(1279年至—1368年),栟茶为扬州路泰州栟茶场。

明洪武元年(1368年),栟茶场直隶中书省扬州府泰州县宁海乡二十九都。栟茶场治所在地,划分为居仁坊、牙香坊、河北坊、永安坊、通济坊五坊。每坊设保正一人。洪武二十五年(1392年),栟茶场设盐课司,建盐课司衙门(今栟茶粮库内),属泰州分司,由大使张士良、副使练叔开创建。

清雍正二年(1724年),栟茶场属江苏布政使扬州府泰州县。

清乾隆元年(1736年),栟茶场改隶两淮通州分司。三十三年(1768年)泰州分县,析置扬州府东台县,栟茶场属之,其时课盐司兼理民事。据《嘉庆两淮盐法志》载,栟茶在角斜东南十八里,为东台县境,旧隶泰州分司。清乾隆元年(1736年)改隶通州,东至丰利,西至富安,南至如皋洪零沟,北至大海。《栟茶市乡土志》载,栟茶在东台境之东南,距县一百六十余里,系沿海中十场最大的场。东西约广六十里,南北最广处四十五里。东界丰利市,南界岔河市,西南界丁堰乡，西界李堡市，西北界富安市，北临大海。

清宣统三年（1911年），东台县公署委任董事一人，设董事办事处，办理县委托事件，处理地方事务。十一月宣布光复，栟茶实行地方自治。

民国元年（1912年），废府州厅，栟茶仍属东台县。

民国二年（1913年）设栟茶市公所，改代议制，选举议董两会。议事会立法，董事会执行。议事会设议长一人，副议长一人，议员二十九人，董事会由总董主持，另设名誉董事四人，实际权利集于总董。

民国四年（1915年）袁世凯窃国，擅改国体，栟茶市废除代议制，地方事务由市公所市董包办。

民国十六年（1927年）春，议董两会复活，仅昙花一现。

民国十七年（1928年）一月一日，栟茶市行政局成立。

民国十八年（1929年）八月，栟茶与角斜乡行政局合并，改称为东台县第四区区公所，辖四十八乡镇。同时设立栟茶镇公所，乡镇以下划分闾邻。二十五家为一闾，五家为一邻。

民国二十三年（1934年），四十八乡镇合并为二十四乡镇。实行保甲制，每百家为一保，每十家为一甲。

1940年10月27日，新四军东进栟茶，建立民主抗日政权。栟茶区属泰县，管十四乡镇。栟茶仍设镇公所，沿用保甲制。

1941年4月，栟茶区属泰东行署。

1941年8月15日至1945年8月21日，日伪盘踞栟茶镇，建立伪政权。设区公所，隶属东台县第四区。乡镇设乡镇公所，继续实行保甲制。栟茶镇下辖十四个保。

日伪"清乡"时期，栟茶区属伪如安特别区。

日伪侵占时期，抗日民主政权转入农村坚持斗争。1941

年,栟茶区划为栟南区与栟北区,属东台县。1943年9月至1945年8月,栟茶区划分为栟北区和栟丰区,分属东台县和如皋县。1945年9月,栟北区和栟丰区合并为栟茶区,属如东县。

1945年8月,抗日战争胜利,区镇政府迁回本镇。年底废除保甲制。全镇划为翻身、民主、和平、怀诚、祝庭、鸿生、凌曹、烈士、胜利九个街区。

1946年11月17日,国民党军队占领栟茶镇,建立区、镇政权,属东台县第四区,直至1947年11月30日,栟茶镇解放。在此期间国民党军队时占时退。新中国成立后,区、镇政府迁回栟茶镇,属如东县。

1950年,栟茶镇政府更名为如东县栟茶区栟茶镇人民政府,区政府更名为如东县人民政府栟茶区公所。

1954年,建立如东县栟茶镇人民委员会。

1955年,栟茶镇由区属镇改县属镇。

1956年春,镇郊农民组成三个农业生产合作社,即大同一社、二社、三社。

1958年1月,栟茶镇九个街区合并为怀诚、鸿祝、凌曹三个居民委员会。

1958年10月18日建立栟茶镇人民公社,下辖三个居委会和三个农业生产大队,即大同大队(大同一、二、三社合并)、棉元大队(由于港划入)、汤进大队(由德贵划入)。

同年12月31日,栟茶与德贵公社合并,仍称如东县栟茶人民公社。辖棉园、大同、唐尖、汤进、姚埠、解放、新坝、五尖、南港、姜埠、新洋、太平、安舵港、洋口、范园、靖海、德贵十七个生产大队及盐业、渔业大队各一个,工区一个(栟茶镇)。

1959年5月,栟茶与德贵仍按原体制分别建立栟茶镇人民公社和德贵人民公社。

1963年3月，棉元大队和汤进大队分别划归于港公社、德贵公社。

1966年6月，"文化大革命"开始。

1967年1月，建立栟茶镇人民武装部革命生产领导组，主持全面工作。

1968年5月19日，建立栟茶镇人民公社革命委员会。

1981年9月1日，复建如东县栟茶镇人民政府。设镇长、副镇长各1人，同时撤消栟茶镇人民公社革命委员会。

1995年2月，原靖海乡及原于港乡符堃、棉元两村并入栟茶镇。

下辖三元、符堃、棉元、弯河、新元、洋港、解堡、港头、向荣、姚埭、栟北、南港、港西、姜埭、姜河、十字路、五灶港、安舵港、蔡杨、太平、杨弯、灶东、六灶、姜北二十四个村，并辖怀诚、鸿祝、凌曹三个居委会。

2000年4月，原浒澪镇及河口镇河垦村并入栟茶镇，增辖三里渡、竹园、来福桥、杨堡、浒北、陈湾、五灶、子洋、大窑、临河、马场、双新庄、单庄、河垦十四个村和浒澪居委会。

其间经1998年、1999年、2001年进行三次村（居）域区划调整设置。2004年怀诚、鸿祝、凌曹居委会合并为栟茶镇茗海社区。

栟茶镇现辖大窑、陈湾、新庄、杨堡、竹园、浒澪、兴凌、兴镇、双港、江安、兴灶、栟南、三园、三星、洋堡、港头共十六个村，并辖栟茶茗海社区和浒澪、港头两个居委会。

南沙古韵

栟茶是古沙洲的一部分。唐淮南黜陟使李承始建捍海堰，以挡海潮之袭，因海中有北沙，栟地在南，故为"南沙"。

这里没有长三角繁华都市大上海的喧嚣，没有六朝古都南京桨声灯影秦淮河的脂粉，也没有人间天堂杭州西子湖畔的歌舞，更没有世界级的非物质文化遗产，有的是1400多年平缓流淌的盐运水道和悠远绵长脍炙人口的春秋古韵。

一条条曲径幽深的老街巷道，一幢幢如鸟翅飞檐的青砖小瓦房，记载着上千年乃至更久远的史事，三里长的石板街留下了许多代栟茶人的足迹，雄姿巍巍的范公堤这道捍海大堤在栟茶沿海矗立了千百个春秋。堤外港汊纵横交错、海浪滔滔，南黄海的涛声，犹如一曲优美动听的交响曲，令人陶醉；堤内碧澈立体的水网体系，润育着一代又一代栟茶儿女。一个个盐墩、灰场和锅鏊，彰显出先辈创业之艰辛；一柱楼、寿圣禅寺，设计精巧，匠心独具；各族宗祠、各种牌坊，风格各异，美妙绝伦，无不折射出历朝历代栟茶人的聪明才智。

市井概览

浒澪街

原浒澪镇位于南黄海之滨,如东以北,东至洋口渔港15公里,西至海安县角斜镇4.5公里,南至栟茶镇3.5公里,北至范公堤3.5公里。西有角斜镇,北有老坝港镇,东南有栟茶镇,三镇环绕,浒澪镇居中。浒澪镇城内南北各有横穿东西的浒洋河、挺长河,东西各有纵贯南北的团结河、江海河,把镇域分割成"井"字形。有8座桥连接四面交通,镇区面积为4平方公里,人口千余。它似泊在水上的一片荷叶,地理位置优越,自然环境优美。

浒澪镇区为原浒澪乡人民政府驻地,乡人民政府管辖,总面积为36平方公里,2.6万人;主要河流20条,载重5吨以上桥梁16座;有直通栟茶、掘港、南通的班车,交通便利,往返上海、南京当日可回。

1995年,浒澪乡撤乡设镇,2000年4月与栟茶镇合并至今。

浒澪镇历史悠久。

远古时代,浒澪还是一片茫茫的长江口海域。长江每年输沙沉积,加上海潮顶托,逐步形成了沙洲、浅滩、陆地。据考证,浒澪大约在东晋年间从海中涨出成陆。

唐贞观元年(627年),栟茶为煎盐场亭,浒澪已是草莱之地,可提供煎盐柴草和垦荒之地。

浒澪得名于曹将军收野马和打虎的传说。相传,浒澪为草莱之地时,曹则徐在此收养野马,不久入朝廷做官,里人称曹将军。后他因不满朝廷荒淫无度而辞官,又到浒澪时打死老虎,为民除害,人虎双亡,同葬。为防朝中奸臣掘墓,村民共筑墓九个,以假护真。墓取名"虎陵",亦称"曹将军墓"、"九人墓"。浒澪由墓名"虎陵"谐音演化而来。另传为避唐皇祖上名字禁忌,"虎"改"浒"读"许"音。

又传,乾隆皇帝南巡,读"浒"字时漏掉三点水,将"浒"读成"许",如苏州的浒墅关、常熟的浒浦等,遂沿用至今。

又传,浒澪地区由于地势低洼,历史上长期易涝成泽,人们称之为浒澪,地名二字各有三点水,意为水边之地。

浒澪镇发展于唐宋元,兴盛于明末清初。1972年春,在浒澪村四组挖掘出一元代古墓,墓主乃一女尸,头发衣服基本完好,安葬防腐措施严密。由此可见,先人早就在此耕耘劳作,经济技术已达一定水平。《淮南中十场志》载,清代栟茶区域有浒澪镇,在场西北七里。雍正二年（1724年）,浒澪镇属江苏布政使扬州府泰州县栟茶场。乾隆三十三年（1794年）,泰州分县,改属新建的东台县栟茶场。民国十八年（1929年）,栟茶市行政局与角斜乡行政局合并,成立东台县第四区区公所,实行闾邻制。民国二十三年（1934年）,取消闾邻制,改行保甲制。1940年10月,新四军东进栟茶,第八团团部驻寿圣寺,接管国民党第四区区公所,建立抗日民主政权,称栟茶区公所,沿用保甲制,浒澪镇属泰县栟茶区。1940年底至1949年秋的人民政权时期,浒澪镇属栟北区。栟北区先后隶属泰东行署、东台县、如皋县、如东县。1948年初,浒澪镇属如东县。

人民政权时期,浒澪镇为栟北区公所驻地。1941年5月,浒澪建立栟茶区农民抗敌协会。1941年春,苏北行政委员会民政处设浒澪镇北巷口（处长宋日昌）,保安处设浒澪镇张氏宗祠（处长周林）。

1947年11月30日,浒澪镇解放。1948年初属如东县至今。浒澪镇先后为浒澪乡、浒澪人民公社、浒澪镇党政机关驻地。

浒澪镇千百年来偏处海隅一角，历经沧桑。古为俊逸之士归隐的理想之处，更是先民置田建宅的广阔天地。在这块风水宝地上，建起了"四乡八堡"向往的集镇。古有英雄为民除害而蒙难，乡民为其护墓。宋时浒澪乡民跟随范文正公构筑捍海堤，保住这方水土，生息繁衍，开挖河道通栟，通过运盐河与外界通商。

浒澪镇的形成和发展与通商息息相关。据《如东县志》载："明代中叶，掘港及其他各集镇的市面日益繁荣。清代，山西、安徽及南京、扬州等地的商人来我县开设商店，也推进了我县的商业的发展。"浒澪镇清代已是栟茶区域内唯一的下属商业集镇，通商至少是从明代中叶或更早起。浒澪镇1951年底是如东县二十二个大小商业集镇之一。浒澪镇曾有黄家大门三座，是旧浒澪镇最知名民宅，皆以三间高堂黛瓦屋为一座，建筑风格与浒澪镇庙宇广霖院、毗卢院相同。新中国成立前，黄家大门卖去一座。新中国成立后，宅主后裔拆除于20世纪90年代。黄家大宅始祖为苏州阊门人，运出浒澪鱼米地货，带回南北杂货，沟通了浒澪镇与外界之贸易。

20世纪30年代，是浒澪镇发展史上的一个重要时期。由于兵祸较少，苏中相对太平，苛捐杂税一度较少，市场较为繁荣。粮油业、布业、烟酒业、首饰业、陶瓷业、茶食业、日杂业、"五洋业"、禽畜业、医药业、鱼货业、茶馆、客栈、饮食服务业等俱兴。商号店面，挨门逐户，遍布街巷。商业的发达，又刺激了手工业的发展，手工作坊终日飘散着特色糕点茶食和糟坊酿酒的香味。浒澪通往栟茶的河中，每每有一对对精壮的汉子打着赤膊，喊着号子，把浒澪的鱼米地货抬上大船运出，又有运载着江西景德镇瓷器、里下河茨菇、荷藕等外地货物的船只、竹排、木排顺流而来，装卸货物的号子声此起彼伏。南村北乡的农夫推着一辆辆满载货物的独轮车赶往浒澪，一路上不停地吆喝开道。店铺的囟子门被一块一块地卸下来……早市的浒澪镇,很难见到一个闲人。

然而这繁荣只是在民族危亡大背景下的一隅之安。上世纪三十年代末,匪患侵害。民国十九年(1930年)12月8日,匪船40余艘停泊海面,匪众数百人,荷枪登陆,包围范公堤南北,抢得鸡犬不留,浒澪镇商店也被抢。后日伪侵占,实行烧、杀、抢三光政策。兴盛一时的浒澪镇至此一落千丈,直至1947年12月解放方获新生。

浒澪镇很早就建有两座庙宇。镇东广霖院有僧众9人,院舍15间,前后三殿,大殿供奉着观音菩萨等,东西各有三间厢房,另有僧舍,均为青砖黛瓦,庄严肃穆,古色秀丽。据末代僧人说,此院不亚于栟茶寿圣寺。镇西有毗卢禅院,供奉"毗卢菩萨"等。1958年三庙遣散僧众,庙堂移作他用,后渐拆除而了无痕迹。

浒澪人文葳蕤,清末民初,张可鑑先生为知名文人,工诗,善书画,曾将少年康平推荐给上海著名画家张书旗先生学画,康平后成为著名画家。民国十八年(1929年),建浒澪小学,设高小一级,初小二级,张可鑑任校长,并捐自家田为学校日常费用。校园四面环水,一个码头进出。其后,来福小学、富滩小学等相继建立,一时学风大盛。

张可鑑任过民国时期浒澪镇长、栟茶区长,爱国抗日,后被错杀,20世纪80年代被平反昭雪。浒澪镇人民政府20世纪90年代为张可鑑立纪念碑于浒澪小学内。

新中国成立后,浒澪镇内设有浒澪中学(已撤并栟茶茗海中学)、浒澪小学、浒澪幼儿园,在省、市、县内都享有较高的知名度。此外,还建立过若干村小,均已撤并。

1940年,新四军东进,浒澪抗日救亡斗争风起云涌,康平等进步青年参加"海风俱乐部"宣传抗日。1941年春,新四军于栟茶徐氏宗祠举行苏中军区成立大会,陈毅、粟裕、刘炎、钟期光、陈丕显、管文蔚及苏北区县各界代表出席大会,浒澪青年代表康平出席了这次盛会。康平1942年参加革命后,从事文化宣传工作。解放战争期间,以画为武器,战斗在浒澪。新中国成立后,历任江苏省美术陈列馆馆长等职。

1941年5月,浒澪农民抗敌协会在党领导下开展了减租减息和保卫夏收的斗争。1946年,进行了土地改革和惩奸斗争。

1947年4月,国民党"绵阳"部队第四十九师七十九旅一个营,从栟茶去角斜,途经浒澪镇杨家堡,被我华东野战军第11兵团第7纵队全歼。

1947年11月29日晚至30日下午4时30分,中国人民解放军华东野战军第12纵队35旅104团解放栟茶,匪区长李连生窜逃至栟北,被浒澪农民发现并报告我军,罪恶累累的李连生被活捉。

浒澪镇在解放战争中牺牲的革命烈士有:张大亮、张宏彬、吴功太、董德兴、李元柏、缪祖仁、顾金华、徐希荣、曹显义、张正和、徐长忠。

浒澪是著名的歌舞戏之乡。浒澪花鼓是融歌舞戏于一炉的民间艺术,清乾隆年间开始流行于浒澪西下洋一带。明代中叶,南京、扬州、镇江等地移民来此躲避战祸,垦荒种地,一部分居住在浒澪西下洋一带。因地荒人穷,文化生活贫乏,他们便和当地人一起演习花鼓,在自娱自乐的同时,卖艺求生。清朝中叶,太平军沿长江东下,一支姓姚的皖籍百姓移居栟茶,其中一部分人也定居下洋,在生产生活之余,和当地人一起演习花鼓。多地民众交流演艺,兼收并蓄,发展演变成了独特的浒澪下洋花鼓,流传至今五百多年,形成曲调二百多首,清末失传。新中国成立后搜集整理44首。2007年,浒澪花鼓列入江苏省首批非物质文化遗产目录。

五百多年来,浒澪花鼓深受民众喜爱,每每演出,人山人海,观众如潮。"社鼓村村急,秧歌处处生","歌舞历年年,聒得居人夜不眠","始以乡村,继以镇市;始以日,继以夜;始以男,继以女;始盛于村俗乡民,继沿于纨绔子弟",这些历史记载足见浒澪花鼓为群众喜闻乐见之程度和流传之广。

浒澪花鼓剧团演出大、中、小型节目不下500个。《牛棚新事》参加省市会演广受好评。1963年《人人都爱社》收入《江苏歌声》,灌成唱片,一时全国风靡。1986年7月,剧团随南通市民间艺术团到中南海怀仁堂为中央领导和外国驻华使节演出《闹春》,《人民日报》《文汇报》和《新华日报》都为之发过消息和评介文章。北京、上海、南京的电视台也多次播放浒澪花鼓、花鼓舞、花鼓戏的录音、录像。1990年3月第二届南通艺术节,南通电视台展播《贺喜》片段,剧本载入《中国民间舞蹈集成·江苏分卷》,深得各方好评,在如东文化史上留下了光彩夺目的一页。20世纪90年代浒澪镇文艺工作荣获多项殊荣,1991年获江苏省群众文化先进乡镇称号,1992年被评为江苏省二级文化站,1997年被评为江苏省群众文化先进集体。

浒澪镇古风犹存,有说不完的民俗礼仪,道不完的节令喜庆。春节期间,屋檐上芝麻秸夹红绿黄三色旗,谓之芝麻开花节节高;檐下挂红灯笼数盏,夜晚点燃,名曰"天灯"。院落场中物件均收回家中,场地打上石灰"囤子",压岁。入睡前,茶食糕点置于床头,以图"来年甜"。腊月初八吃腊八粥,腊月廿四送灶爷上天述职,大年三十接灶爷。除夕夜起,鞭炮声响,此起彼伏,家家焚香,香气四溢。农历正月初一,早上吃汤圆;午饭前,足不出户,水不出门;午饭称"团圆饭";饭后首次打扫,满水缸,名"长水";饭后出门方与亲邻互致祝贺或观赏灯会戏剧。正月初二走亲戚,初五接财神。正月十三"上灯",正月十八"落灯"。"上灯圆子,落灯面",高潮当是元宵节闹灯会了,村人点野草"放烧火",祝愿新年五谷丰登。"过了正月半，各把头路转"，家家户户开始了新一年的劳作。

新中国成立以后，特别是改革开放以来，浒澪工农业生产长足发展。乡镇工业在栟茶地区起步较早。1958年建回纺厂，20世纪80年代发展为南通毛巾厂联营厂，90年代与大东公司联营。自20世纪70年代起，先后办起了砖瓦厂、渔网厂、建筑公司、服装厂、皮件厂、缫丝厂、钩花厂、扎染厂等大小数十家企业。20世纪80年代浒澪淡水鱼养殖场驰名省内，现已全面建成优质粮棉生产基地。

浒澪市政建设日新月异。1995年，原3米宽的丁字街拓宽成22米的东西南北十字街，东西长1500米，南北长1000米，柏油路面。车辆行人如织，商家林立，呈现出一派繁荣兴盛景象。

石板街

石板街

古老的栟茶自聚沙成陆以来，历经二千多年，随着渔、盐、农、商的发展，明清时期逐渐形成了颇具规模的闻名古镇。旧时，栟茶有丁字形三条街道，一为东坝头至西圈门长约530米的东街；二为西圈门向西至虹桥东首非北巷540米的西街;三为缪家祠向北经小桥口至北街头城隍庙长520米的北街。这些街路原来有的是砖路,有的是泥路,雨天满街泥浆,晴天满街沙尘。特别是下雨天,一些运盐、送货的小车在泥泞的街道上寸步难行,影响交易往来,也影响居民生活。

  清光绪年间(1875年—1908年),铺设条石街,改善镇区交通状况成为当地有识之士关注的重点,并先后加以铺设。栟茶乡绅缪卓哉、缪希陶出资购条石铺设东街,缪卓哉建东部(现为东大街),缪希陶建西部(现为中市街)。因资金问题初拟只铺至周家祠以西部分,后经缪治平察知,一大户伊家藏石甚多,经商得同意,延长加铺至四福行门口。向东至东坝头尚有20余丈为泥路,新中国成立后补齐。栟茶知名人士蔡道生出资独造西街条石路面。自中市街向北至小桥口为蔡少岚独资捐助修建。小桥口向北至北街头,初拟由栟市商店抽资收日税以及盐务略加补助修建。正在筹议间,适逢方聘三来栟茶场任职,乘轿经北街时,天下大雨,道路泥泞不堪,官轿几次滑跌,甚为揪心。任职后便加紧筹款一月,遂往扬州购石,乃令克日组织建造,很快铺成。

  石料为花岗岩,由粗料加工成石条,街道中间横铺短石条,两侧竖铺长石条。短石条每块长1米、宽0.33米、厚0.15米,镶于两侧的长石条长1.2米、宽0.33米、厚0.15米。传说,横铺条石为官人乘轿行走,竖铺条石为佣人提灯照明。东石桥向西约10米处铺有"三步两口井",圆形方孔石板;缪家祠向北小桥口铺有"三步两搭桥"跨街条石。街宽3米,可供两顶官轿相向而行。整个路面宽敞整洁,行人无不赞许。

  丁字形三条条石街总长1600余米,共有12000多块石条。不知从前是否有人数过,即使数过恐怕也不愿意披露出来,因为这里的人们喜欢把无事在街上闲逛的人讥笑为"数石头"。条石每块重约300~400斤,总重约2千吨,在当时运输工具十分落后的情况下,工程艰巨程度可想而知。

当年条石街商贾云集，楼堂四耸，车马喧嚣，市井繁荣，如今，除西石桥段条石被掘除，桥北街铺成砖块路面外，其余条石路尚存。这是旧时栟茶存留的一项重要工程，虽然它与宽广、平坦的水泥柏油马路相比，显得古老和落后，然而仍不失为古镇一道特有的风景线。

启秀巷

启秀巷

栟茶镇四面环水，东西街三里多长，以整齐花岗岩条石铺成，东至龙王庙桥，西至西石桥。栟茶镇虽然不大，但人口密集，市井繁荣，店铺鳞次栉比。东西街有数十条巷子伸向河边，如双池巷、非北巷、红孩井巷、育婴堂巷、良臣巷、启秀巷、万安巷等，这些巷子的名字，都各有一番来历和故事。

就说其中的启秀巷，位于中市街偏东，其北巷口面对中市街，斜对面为现在的栟茶小学，南接菜场路。清乾隆年间，巷内住两户富家，巷西是缪家，巷东是徐述夔家。徐家有几十间房子，两幢楼房中，有一幢为著名的"一柱楼"。徐因痛恨满清统治，在一柱楼内写下许多反清诗句而获罪，死后被开棺戮尸，株连九族，财产籍没入官，酿成清代四大文字狱之一——"一柱楼诗"狱。一柱楼随之寥落，这条巷子也被改名为叛房巷。(《一柱楼诗》案,因有另文详叙,在此不再赘述。)

　　清末附贡生蔡少岚(1859年—1913年),世居栟茶,家道殷实,藏书甚富,能诗善画,挟清末"废科举,兴学堂"之风,致力于地方教育和慈善事业。戊戌变法后与缪文功、叶晓笠等有识之士,创办启秀文社,以开民智。光绪二十八年(1902年),又会同地方士绅禀江苏学政批准,兴办"栟茶市公立启秀两等小学堂"。蔡少岚呕心沥血,倾家办学,第二年辗转购得徐旧宅数十间,从事修葺,历时三年,初具规模。学校有教室、礼堂、俱乐部、艺术馆及体育场两个。学校大门面南,门厅有一对紫色竹叶花石石鼓,此为徐宅遗物,新中国成立后曾存放于如东县文化馆。过了门厅就是礼堂,礼堂上方有缪文功先生手书校训"知耻"二字,苍劲有力。内有小舞台,供集会、典礼及演出之用。出礼堂向东即为原"一柱楼",时为学校图书仪器室,陈列着矿物、动植物标本、各种贝壳,还有手摇发电机、抽水机等。这样的教学设施,在当时尚属少见。一柱楼门口立匾一方,横额是清末状元南通人士张謇手书"古一柱楼"。清晨,校园内书声琅琅。课余,操场上学生玩得欢畅,礼堂内表演节目,欢声笑语。放学时,巷内一片欢笑。二三百学生生机勃勃,每天从这条巷子来来去去,人们已淡忘了原来的巷名,后因启秀小学得名,改叫启秀巷。启秀小学抗战前又改称"栟茶小学",后栟茶小学迁往北巷口斜对面绅士缪希陶旧宅,即现在的省实验小学——如东县栟茶小学。原启秀小学连同"一柱楼"于1947年被拆毁,现在荡然无存,原址已成为居民住宅区。

　　悠悠岁月,百年沧桑,无论是过去的启秀小学,还是后来的栟茶小学,都为社会培养了一大批可造之才,在地方教育史上留下了动人心魄的篇章,而与此相关联的启秀巷也将永远镌刻在栟茶人的心中。

良臣巷

良臣巷

在栟茶镇中市街东部,毗邻启秀巷东边的一条巷子叫良臣巷,北接中市街,南至菜场路,长80多米,宽约1.5米。良臣巷历史久远,相传在南宋时,有一个叫徐暄的人住在这条巷内,他在山东曲阜为官,官拜宣圣府勾管。当时曲阜为宣圣府,勾管乃文官。南宋末年,李全之乱,曲阜沦陷,徐暄被俘,元帝劝降,并授他言官。徐暄不从,被关进大牢,受百般折磨,不屈而死。子扶柩回栟茶,葬于东场三隘口(原新林旗杆村),栟茶地方民众敬仰他不降元朝做官之高风亮节,将这条巷子命名为良臣巷,以示纪念。

到了清朝乾隆四十三年后(1778年),这条巷子改叫叛房巷。事因徐述夔"一柱楼诗"案获罪,被满门抄斩,开棺戮尸,财产入官。在这条巷子内西侧的数十间房和两栋楼房(内有一柱楼)为徐氏房产,全部没收入官。该案为清朝最惨烈的文字狱之一,震惊朝野。地方官称徐述夔是叛逆,曾在一柱楼内写下大量反清的诗篇,于是就把良臣巷改名叛房巷。

当地百姓敢怒而不敢言,心中仍记着是良臣巷。

辛亥革命推翻了清王朝,徐述夔的文字狱得以昭雪平反。民国初年,南通张謇来栟茶将叛房巷仍改名为良臣巷。

万安巷

栟茶镇北大街西侧有一条东西走向的巷子叫万安巷,巷口北面临街的三间朝东的房子是章顺铎先生的住宅,早先是他家的一片药铺店"万安堂"。万安巷因万安堂而取名。而今章先生年过古稀,仍身体硬朗,童颜鹤发。说起这万安堂药铺店,乃是中医世家章家所开,到章先生这一代是第五代,可称罕见。

追溯到他的老祖辈,第一代中医,原籍江宁(南京),因太平天国战争,举家从江宁迁来栟茶。见栟茶古镇人口密集,市井繁荣,商贾如云,乃鱼米之乡,但缺医少药,于是立志学医,悬壶济世,造福一方。五年后学成归来,就在北大街臭沟头巷口朝东店面开了一片中药铺。为了万家安康,店名取作"万安堂",开设店堂门诊,出售中药。年复一年,几度春秋,万安堂日渐兴旺,看病的人日渐增多,在小镇也小有名气。老祖宗立下宏愿,章家要代代行医,为民造福。章氏的第二代中医即章先生的曾祖父继承了父亲的医道,也吸收了外来名医的精华,除坐堂候诊外还走外出诊,万安堂在栟茶名声渐大。光绪年间,栟茶名士缪文功先生手书对联赠章家:"万石君海上仙人,安期生汉家长者。"巧妙的藏头联,除店名"万安"外,又将两位古代贤人姓名"万石君"、"安期生"镶嵌其中,对仗工整,真是绝妙佳联。上门看病、买药的人络绎不绝。

春去秋来,斗转星移,章氏的第三代中医即章先生的祖父章汉臣,遵照父训"学医济世,崇尚医德"。富人看病不谄媚,穷人看病热心肠对待,无钱买药的穷人则免费。数十年来,乡里称贤。人们已经忘记了臭沟头巷,只知道巷口的万安堂药店，四乡的人都熟知栟茶北街的万安堂。

　　章先生的父亲章子臣，人称章二先生，是章家第四代中医，吸收了先辈的中医精髓，又师承如皋名中医於少卿老先生。学成回来，声名鹊起，四乡八镇的人都来找他看病。他还经常下乡为重症病人出诊，无论路远路近，风雨雪落，从不迟疑。他认为做一个医生，治病救人第一。他有一颗恻隐之心，对穷苦无钱求医买药者，分文不收；半夜敲门求医的，热情接待。数十年寒暑冬夏，治好了不少疑难杂症，乡里人人称颂。

　　章二先生深谙药理药性。上世纪50年代初，栟茶有一所大众医院，当时有姚九江、缪应国等几位中医，一次遇到一件棘手的事情。有一个病人患感冒在该院诊治，服了一剂中药，第二天来院复诊时，口不能言，即请章二先生来会诊。章二先生看了处方，说用药不错，只是一味"法半夏"出了纰漏，立即到中药铺寻查。果然是中药抽屉里放着法半夏，但另有生半夏放在麦楷匾里，拉抽屉时不慎将生半夏掉落少许在法半夏内，病家来抓药时一起抓进去的。生半夏服过量会使人变哑。找到原因，章二先生即用生姜汁给病人服下，第二天病人就能开口讲话了，可见章二先生对药性药理认知极深。章二先生祖祖辈辈对此十分严格，一丝不苟，从没出过差错。

　　章二先生的儿子章顺铎也学中医，老先生将毕生所学传承给儿子，并谆谆教导：医技好学，医德难学，决不能做庸医害人。并将儿子送往如皋深造，师承名中医黄杏楼。几年后章家第五代中医进了联合诊所，后来又进了第三人民医院，在栟茶一方口碑颇好。

　　随着岁月的流逝，章二先生年事已高，万安堂无人经营而关闭。上世纪60年代初，章二先生谢世，享年八十岁。事过多年，人们仍然怀念这位银发飘洒、慈眉善目的老先生。老一辈的人都记得万安堂药铺,万安巷也因此传名至今。

　　章家的第五代中医章顺铎先生,虽然十多年前退休在家,但可没闲着,经常有人寻医上门,他都热情接待,把脉开方。他的大门上有一幅年年不变的对联:"医存济世志,德尚泽杏林。"

育婴巷

　　由栟茶镇中市街口东行百余米,有一条育婴巷。南北走向,东与双池巷相邻,巷首临中市街,巷尾接环栟北路,长约200米,宽2米,是街区较长的巷道。巷名原为妙香庵巷,巷内有妙香庵,后道姑迁徙,香火杳然。

　　1940年前,栟茶中学第一任校长、中共地下党员徐一朋曾在巷中妙香庵内办了一所救济院,栟中教师刘义甫协助。1941年初,徐因地下工作需要,离开栟茶去兴化,由缪天民接任院长。缪当时三十岁上下,富有才干,接受后沿着徐的足迹,短短数年内,为地方穷苦百姓做了大量好事、实事,获得人人称颂。

　　一是养老,由方让卿管理。救济院有十多个孤寡老人长年生活在这里,有专人料理日常生活起居。这些老人丧失劳动能力,无依无靠,救济院不仅负责吃住,还要给他们治病,直到送终。每年都有老人由救济院收留养老。

　　二是施药,由叶俊国管理。穷人生病无钱买药可向救济院求助。院长缪天民开条子到卫生堂药店买药,由救济院结账。不少贫病交加的人到救济院求助,救济院都伸出援手。

　　三是放贷。穷苦百姓遇到天灾人祸,小本经营的买卖人遇到困难,都可以到救济院借贷,不收利息。少数人血本无归,最终还不起贷款,救济院就作罢,改为救济处理。这样的事情时有发生。

　　四是教育。1943年初,缪天民在西大街开办平民小学,学费、书费全免。学校聘请王友生和蔡静(女)任教语文、算术等学科，教师薪水每月一担大麦，由救济院发放。三十多个贫寒子弟在此安心读书，直到栟茶解放后改为栟茶小学。

五是育婴堂，由缪祖佩管理。救济院每年收养十多个贫苦婴儿，大多是穷人家养不起送来或遗弃的。救济院的婴儿由一位薛姓老太到民间寻找奶妈哺养，数月半载以后，就有无子女的人家想领养。后来，四乡八村都有来救济院育婴堂送、领婴儿的，这条巷子渐渐有了名气，被称之为"育婴巷"。新中国成立后，除了"文革"期间，这条巷子一直沿用该名。

救济院管理有序，短短数年中为地方做了不少慈善事业。当时栟茶已经沦陷，伪政府并无分文拨款，伪军有时还来敲诈，救济院依靠一千多亩荒田（包括少数熟田）和一百多间房屋（包括部分店面房）的钱粮收入勉强支撑，惨淡经营，最后于1945年关闭。

双池巷

双池巷因双池口而命名，位于栟茶小学西侧，南至中市街，北至栟茶运河，长100多米。在双池巷北侧，栟茶运河边，有一座翘角飞檐的小亭，黛瓦红柱，古色古香，这座小亭就建在古双池口的遗址。

双池口因双池而得名，早年这里曾有两个池面宽阔的龙潭东西相对。西侧的龙潭面积数十亩，东侧的龙潭略小一点。两个龙潭水体澄碧，深不见底。春有绿柳摇曳，夏有出水芙蓉，秋有丹桂飘香，冬有梅花点缀，好一派美景。直到上个世纪50年代，疏浚拓宽栟茶运河时，因要堆土才被填平。

提起双池口，个中还有一段传奇。据老人们讲，栟茶曾是个风水宝地。清朝雍正年间，栟茶天上放豪光，地上落凤凰，这是要出真命贵人的征兆。两个大龙潭传说就是凤凰的一双眼睛，附近的老百姓夜夜见豪光，朝朝听凤鸣。这件事一传十，十传百，很快就传到了朝廷，皇帝龙颜大怒，这还了得。于是朝廷派了一个"识宝猴子"（如东人对风水先生的俗称)下扬州,过泰州,到栟茶,任务就是把这个风水宝地给破了,除却朝廷的心腹大患。识宝猴子装成个讨饭花子,头戴破草帽,身穿褴褛衣衫,足蹬稻草鞋,肩上还背着个布袋子。其实这袋子就是"朝官袋",里面藏着皇帝赐给的尚方宝剑。"识宝猴子"来到双池口一看,气象果然不凡,双池之上霞雾缭绕,紫气蒸腾,确有宝地之征候。当下识宝猴子取出尚方宝剑,一下插在双池夹岸大道中的位置——凤凰的鼻脉上,接着脱下草鞋挂在尚方宝剑的手柄上。这天夜里,电闪雷鸣,狂风大作,暴雨中依稀还夹杂着凤凰鸟的凄凉哀鸣。据传,当夜"识宝猴子"还用同样的毒计破了栟茶风水三大宝地的另外两处——无论多大的洪水也淹不了的癞宝地,再凶的灾害也荒不了的凤凰嘴。第二天一大早,人们看到双池夹岸留下碗口大的一个洞,洞里流出的血水把两个大潭染得通红,洞脉里的血水流尽了,最后泛出了无数菜籽大小的活砂。"识宝猴子"走时留下一句话:"栟茶风水宝地已破,出真命贵人的天数已殁,但是栟茶一带将会生生不息地涌出三斗三升菜籽官。"凤凰宝地为"识宝猴子"所破,栟茶出真命贵人的美梦终成泡影。这只不过是传说而已,但栟茶曾出了一个敢跟皇帝较劲的人物,这却是历史事实。乾隆年间清朝举人徐述夔,家便住在双池巷正南过中街的启秀巷内。以徐述夔为案主的"《一柱楼诗》狱"案乃清代最为惨烈的四大文字狱之一。今人于树华老师编写出二十集电视连续剧剧本《一柱楼》,剧情跌宕起伏,可歌可泣。盼其早日能搬上荧幕。

仓 廒

仓廒的地名,很久以前就有了。清朝咸丰年间(1851—1862年),这里是栟茶名士蔡少岚家的粮食仓库,仓廒由此而得名。

栟茶运盐河有一条仓廒河(引河),向南弯向镇区的腹地,沿古坟园左拐到仓敖,仓敖河因仓敖而得名。河西边绿树成荫,芦苇摇曳,芦鸟鸣叫。古坟园是个半岛,东接北后街巷。岛上有缪氏二贤墓和其他古墓,牌坊高耸,古木参天。仓敖河的东岸通北街,南岸通西街,河岸东、南、西都有民房。岸边有一条官道。从街北中正桥向南,经仓敖右拐向西,往三里渡、五里坊、七里缺、十里桥和如皋海安方向。仓敖河顶端有一个水港码头,仓敖也因有了这水码头而热闹,河面宽阔,可停木船三十多条。1935年前,每到收割季节,佃户就到仓库向蔡姓大户交租粮。河下船行穿梭,岸上人声如沸。送粮的、做生意的、叫卖的……川流不息。如皋、海安、兴化、里下河的木船也有停在这里的。河岸东边有一家客栈,叫马栈房,不少做小本生意的人都喜欢住在这里。还有一家裕通粮行,甚为兴旺。码头边有两条木帆船,载客带货,一条开南通,一条开海安,顺风扯帆,逆风背纤,到达南通也要几个时日。后来,木帆船落后了,有了以蒸汽机为动力的内河轮船,俗称"机器快","栟茶—南通"、"栟茶—掘港"、"栟茶—海安"对开,载客载货,较前方便不少。

油画——记忆中的仓敖 徐苏画

从仓廒向西北眺望。隔着运盐河有一座高高的宝塔,在原寿圣寺内,名大圣塔,南宋年间所建。砖塔八角九层,塔尖是翡翠色彩釉瓷罩,其雄姿十几里外都能看到,后拆毁于"文革"。

　　仓廒河河水清碧,有一座西洋式亭子矗立在河中心偏西,名溯迴亭,为民国二十年(1931年)栟茶名人蔡晦渔(蔡少岚之子)所建。亭顶无飞檐翘角,远看像顶硕大的瓜皮帽,很是好看。亭子用钢筋混凝土建成。六根花岗石柱子,托住亭盖,亭子下方是混凝土浇灌的正六边形平台。河边曾建有木桥直通溯迴亭,该亭旧时为栟茶十景之一。每年夏天,不少少年在水中游泳、打水仗,累了就在亭上憩息。每当月夜,在仓廒河中驾一小舟,荡漾水上,月照溯迴亭,倒映水中,波光粼粼,美不胜收。

　　仓廒河南岸还有一幢小洋房,叫小绿云庵,也很别致。洋房边建有鹿苑,饲养梅花鹿、猴子等,也是留日学者蔡晦渔回乡建造的。可惜溯迴亭、小绿云庵都毁于"文革"。

　　因有了仓廒,就有了仓廒河,因有了仓廒,就有了河边的仓廒巷。

　　圈　门

　　说不清在清朝哪年,栟茶市四街建起了圈门。圈门仿佛城门,但没有城墙,门上墙面也没有城垛,用青砖砌成拱形,叫圈门但无门开关。圈门高3米,宽2米,墙厚70厘米左右,门两侧墙宽大约各2米左右,远远看去酷似古城门。门上方有一横条石,刻有圈门的名字。南圈门名"由义门"(现南沙商城南边),西圈门名"通济门"(原西石桥东岸,现粮管所西边),北圈门紧靠北板桥北边,门上刻有"镇坎"二字,东圈门有两处,一在东石桥东,上刻"日新街",一在东石桥西,名"通利门"。四街圈门非官府建造,不为防盗,也不为战事防卫,这是地方富豪兴之所至,联合兴建的应景小筑。

从建筑美学的角度看，圈门内外，隔而未隔，界而未界，许是为了增加街道的纵深幽长感而已。

四街圈门是小镇最热闹的地方。就说这东圈门，东石桥是石拱桥，跨越东西两岸，两个圈门正好在石桥的两头，十分壮观。到了春天，日新街圈门的砖墙上，芳草萋萋。不知何年何月，鸟儿衔了一颗桃树种子，掉落在圈门上面的墙缝中，几年长成一株小桃树，每年三月桃花开放。人们看到圈门上的桃花，传开了两句童谣："千人头上一颗桃，走过都要瞧一瞧。"四个圈门早市最热闹，乡民上街，肩挑的、手提的都经过圈门口。四桥下船行如织，上岸卖草的、卖粮的、卖其他农副产品的，也经过圈门。街上店铺开门早，鳞次栉比的商店迎接四面八方的客人。圈门口人声嘈杂，小贩的叫卖声不绝于耳。常有走江湖卖艺的，卖狗皮膏药的，耍猴的……总喜欢在各个圈门口讨钱。

小镇的人说，吃在圈门。圈门附近卖吃的东西多，早点各色各样，晚茶品种齐全，小吃店生意兴隆。乡下上街买卖的农民，时不时地到圈门口小吃店歇歇脚，吃碗盖浇面或者肉包子、烧饼什么的。

每年除夕，这四街圈门，鞭炮连天，此起彼伏。圈门口挂着一对大红灯笼，圈门两边贴着大红对联，内容各不相同，都出于本地的书法圣手。家家店铺都挂上红灯笼，贴上对联，一派祥和气象。午夜，钟声敲响，四街圈门鞭炮齐鸣，震天价响，迎来万象更新的春天。

元宵佳节，圈门上挂满各种花灯，打扮得花团锦簇，异彩纷呈，焰火如万千花朵升向天空，与星月交辉，真是火树银花不夜天。四乡的人都涌上街看灯会，人潮如涌。圈门口的人最多，各类彩灯都分别集结于四圈门，龙灯、鱼灯、狮子灯、二仙灯、八仙过海灯、鸟灯……各种造型应有尽有，争奇斗艳。这些彩灯都出自民间艺人之手。南圈门的一路灯队向东圈门，后向北，西圈门的一路灯队向北，两路灯队到北圈门汇合。长长的灯队走遍栟茶环水四桥，一轮圆月映在水中，熠熠生辉，灯的倒影把河水染得五彩斑斓。

"东风夜放花千树，更吹落，星如雨，玉壶光转，一夜鱼龙舞。"人们目不暇接，沉浸在欢乐之中。

岁月悠悠，往事如烟，四街圈门在民国十八年（1929年）被栟茶市行政局拆去。这些美好的时光，只留存在老年人的记忆中。

红鞋井

红鞋井位于栟茶镇茗海社区南园路中段，原属三园村3组。

据传，清同治初年（1862年），栟茶镇东石桥东有一大户，姓张名通鉴，家有一进三堂，还有东西厢房、后花园。花园内有占地8亩多的大池塘，为荷花池。该大户人家有一年少女佣，名叫王瑶琴，人皆称其有沉鱼落雁之容，闭月羞花之貌。瑶琴与邻居张水生两家住在栟茶南乡长料荡，在同一个堤坝圩子里，四面环水，进出非船不可。两家相处很好，亲如一家。瑶琴与水生同年同月生，一起长大，小时候一同放牛、割草，可算青梅竹马，两小无猜。村里人世代相传，皆会游泳，男女都一样。夏天，瑶琴与水生在水中扎猛子，一同摸鱼，摸蟹，钓鱼，钓虾。阵雨后，他俩驾着小船撒网拉鱼。水淹后，到田塍沟里捉鲫鱼、鲶鱼，弄得两人一脸一身泥水。秋天"搁稻"后，结伴到稻田抓鱼，抓蟹，一抓一把，或者用木盆荡在小河中采菱角……

瑶琴14岁时与水生在芦苇深处私订终身。后母亲重病，无奈借街上张家地主钱债，地主逼债，14岁的瑶琴咬着牙到张家当了小丫鬟。离别时两人相对而泣，五内如焚，瑶琴含着泪对水生说："我心中只有你，非你终身不嫁。望上苍见怜，天从人愿，三年还清欠债，我定回来完婚。"然而，地主见她美貌，要她做妾当小，若不从，就将她卖入娼门，以身抵债。瑶琴昼夜哭泣，投荷花池自尽。死后三日，池中浮出一只绣花红鞋。传说是日空中和风微拂，幢幡宝盖忽隐忽现。此女被玉帝接走，升为仙子。瑶琴投水的荷花池被人们叫作"红鞋井"。后来张氏家族没落，房屋也几经易主，但荷花池却依旧如初。红鞋井中的水清澈醇厚鲜甜，取之不尽。据传，用红鞋井的水煮饭烧菜鲜美可口，做豆腐不用点盐卤也鲜嫩味美，做茶食产量要多一成以上。东街的豆腐店、茶食店、酱麻油作坊和周围居民都争用此水。红鞋井水做的食品渐渐成了品牌，红鞋井因此更加出名，至今人们还深深地怀念着瑶琴。有诗为证："玉池波浪碧为鳞，清歌一曲翠眉频。红鞋井水纯又清，让人思念到如今。"

柳荫阁

柳荫阁位于栟茶东大街北柳荫新村，地处三园村二组。柳荫阁原先四边环水，人们靠船出入，现址北至栟茶运河，西至忆农河，东靠古龙王庙，南临古关帝庙，是栟茶东街龙头景点之一。该区有居民103户，196人，耕地面积162亩。区内有东西排灌小河一条，河南为三层居民楼共计5栋35户，河北为农民居住房79户。此地家家有彩电、冰箱，基本上户户有摩托车、电瓶车，先富起来的人家还有小汽车。河北也是蔬菜生产基地。

据史料记载，清朝咸丰元年（1851年）秋，海潮成灾，海潮落去成了丫子、港汊和沙墩。从苏州阊门移居来栟的缪姓后裔在此墩子上因势利导，疏通河道，兴建房屋。那时此处四边环水，人们靠船出入。祖先们因地制宜，在河边栽植千余棵垂杨、榆柳、笆头柳和芦苇。缪氏在此经营了好几代人，按风水就地兴建了亭台楼阁，取名柳荫阁。

柳荫阁的居民世代以种粮、养猪、种菜、经商、行医为生。民国二十九年（1940年）五月，柳荫阁缪文标家产一奇猪,一头四耳,两身八足,曾陈列于启秀小学博物馆。

柳荫阁人杰地灵,人才辈出。革命烈士有缪怀仁、缪诚。新中国成立后为纪念先烈,栟茶镇人民政府将东街命名为怀诚街,属怀诚居委会。前国民党高级将领缪锦璜系黄埔军校第四期毕业生,国大代表,1948年于云南起义,1949年任无锡军校教官,1950年任如皋师范教师,1954年转如东中学执教,1958年病故。此地现有大中小学教师17名,高级工程师3人,市县局长各1人。

柳荫阁风光宜人,四季如画,是居住、散步的好去处。

盐包场

盐包场

盐包场,是旧时盐商包盐、堆盐、销盐的经营场所。栟茶盐包场位于栟茶运河河北,栟茶中学东南侧。

栟茶曾是海盐的重要产地,具有悠久的历史。据《栟茶史料》记载,栟茶隶淮南道,属广陵郡(扬州)。栟茶场设有场官衙门于现栟茶粮库内,专营盐务,受理盐课,兼管地方行政。场官掌握栟茶经济政治命脉,很有权势,直至辛亥革命推翻清朝政府,场衙也随之撤销。

栟茶盐场在栟茶北约十华里的范公堤外沿海滩涂。东起洋口，西至四十总，全长30多华里。四十个总口又分为6个灶，每灶设灶长、灶头各一名，灶民30至50户，6个灶共有二百四五十户。古时候栟北海边，北有范公堤，南是嵇公堤，中间相隔3华里。原先灶民住在夹堤内，后移至范公堤外。每户灶民在海滩上筑有土墩一个，建草棚3间，棚内砌灶3眼，用锅、鏊煎盐。煎盐一次连续三天三夜，每烧一昼夜，叫一伏火，产盐20桶（每桶200市斤），可装一牛车，送交盐店（盐包场）。每年生产以春秋两季为主，夏天很少，冬天不开火。

盐商又叫垣商。清道光元年（1821年），扬州钟姓盐商于栟茶北街开钟复盛盐店，在栟茶盐包场经营，委派一扬州人驻栟茶盐店，最后一位是林安叔。盐商在四十总野鸭荡有草田一万多亩，租给灶民煎盐。灶民一般用牛车运盐，通常直送包场堆置。

盐店统管盐务，下设4个部门，用10多个先生，有账房先生、管账先生、收盐先生（收理盐民的盐）、潨（音从）盐先生（负责装卸盐船）、查灶先生（到盐民的墩子上检查生产，督促运送）。收盐期间还雇用临时工20多人。

为了加强对盐务的监督和管理，政府设有税督和场督。税督直属中央财政部；场督属淮南盐务局，是盐商的自卫组织，保卫盐场，缉拿私盐。地方人称税督、场督为"盐兵"。

1940年新四军东进后，旧淮南盐务管理局被苏北行署二分区财经处接管，伊福善任栟茶场长，副场长和会计为黄克明，取代了原先的盐官场盐商。栟茶解放后四处设盐盆，降低了盐价，方便了群众。后来，煎盐改晒盐，栟茶盐场的资财逐步并入了掘东盐场，二十世纪五十年代末，栟茶不再产盐，盐包场随之撤除，原场地为三园村包场组村民耕种。

卫生堂

卫生堂药店位于中市街西部北侧，面南，砖瓦房、木地板，高出街面四踏步，上有卷棚。

栟茶镇的旧时药店中，普济与卫生堂历史悠久，重视药材质量，货真价实，为群众所称道，曾为解放区医药供应作过贡献。

普济卫生堂药店，为缪润清、缪文清兄弟所创。缪氏先后学徒于南通顺寿堂药店。缪润清在1911年学徒期满后继承了养父缪藕塘开设的"乾泰来药铺"，改名为"普济药店"，经营中药、丸散、膏丹，并曾租地试种植中草药如紫苏、薄荷、薏仁、生地等。

1918年，缪润清又将原王姓开设而濒临倒闭的卫生堂接替盘买，改名"润记卫生堂"，除经营中药外，兼售西药，开办零售与批发业务，设有门市部、批发部和三处货栈，成为栟茶地区有名的中西药店，而"普济"则为一分店。为了适应业务的需要，除聘请店员外还招收学徒17人，最多时学徒近30人，且订出店规，礼貌经商，保证质量和遵守商业道德。在资金周转方面，单靠本身利润积累是不够的，主要依靠上海、南通、如皋等地药材厂商的支持，赊销批发，如中药来自上海合利元、裕昌、万利、雷允上、胡庆余堂等药行及在南通、如皋早有来往的药店，西药经营与上海五洲药房、信谊药厂、中法药厂、生化药厂、济华堂、宝华药房等均有往来。当时药店拥有流通资金数万元，仓满货足，规格齐全，价廉物美。

考虑到医与药的关系，药店业务要靠医生支持，卫生堂加强了与当地医生的联系，在堂内设立医局，聘请陆性之、王君玉、蔡祖基、尤适均、赵紫东、薛德黎等中西医师定期接诊，并承接了救济院施药配方的业务，以利广大病患。卫生堂药店的兴盛时代为1933年至1941年间。

1940年新四军东进，10月进军栟茶，缪润清参加商抗会任经济干事。东北抗日根据地部队曾派员向这个店购买军用药品和医疗器械，经海道用木帆船运输，由朝鲜族高医官与缪润清、缪文清直接联系，又通过如皋迁栟茶的金坤一向上海购进西药，伪装于中药大件中，经沦陷区运到栟茶后再转运。

1941年秋，日军侵占栟茶前夕，卫生堂随民主政府迁至南乡于家港复兴庄，不久迁回栟茶营业。

1956年，实行公私合营，卫生堂改为集体商业，很是兴旺，有职工十多人，是栟茶地区唯一经营中西药的药店。20世纪末，企业改制，卫生堂不复存在。

永祥典当铺

清光绪十年（1889年），如皋城人周子荻在栟茶镇中市街东部（现为当铺东巷、当铺西巷）开设如皋福祥典当栟茶分典。民国八年（1919年）由安徽歙县人戴寿康接办，福祥典改永祥典。当时资本近十万银元，房屋40余间，职工23人。主要业务以投典质押物品的借贷以月息获取盈利，质押物品一般是金银首饰、贵重衣服、铜银器皿等。典当按质物时值的30%至40%的比例折算借贷，月利2分，官定限期三年，实际30个月，后又改为26个月，到期若无钱赎回，便作止赎，俗称"满当"，质押物归典当所有。穷人所典物器常因无钱赎取而低价转卖当票，继而一贫如洗 。1941年夏，日伪盘踞栟茶镇，民不聊生，因无法经营，永祥典当铺关停。

滨海掠影

捍海古堤

栟茶镇向北五公里处，有一道东西蜿蜒的捍海大堤——范公堤。栟茶一段，东至黄沙洋（今小洋口），西至四十总磨担头，长15公里。行走在范公堤上，只见那树木参天，郁郁葱葱，空气清新，令人心旷神怡。

捍海堤古时称"皇岸"。捍海堤建筑的历史见证着栟茶镇发展的历史。唐大历年间（776年—779年），淮南西道黜陟使李承为抵海潮入侵，修筑了一条海堤，时称"捍海堰"。北宋开宝年间（968年—976年），知泰州事王文佑曾增修。其后因堤身较小不固，海潮长期冲刷时常溃决，逐渐失去抵御潮水的作用。每逢海潮泛滥，田户淹没，亭灶被毁。宋天圣元年（1023年），范仲淹在东台监西溪盐仓时，看到旧堰久废不治，田园荒芜，民不聊生，便具摺给时任江淮制置发运副使早年同窗张纶，奏筑海堤，以挡海潮之侵袭。张纶一面向朝廷呈报，一面举荐范仲淹为治海领导人。天圣二年（1024年），宋仁宗擢升范为兴化县令，并委派其主持筑堰。由于旧堤大部坍塌，加之海岸线变迁，堤址需重新勘定。但宋代勘测技术尚不发达，海岸定线十分困难。范仲淹深入实际，亲临海滩观察思考，在当地渔民的指点下，组织沿海百姓于大汛期将砻糠（稻壳粗糠）遍撒海滩。大潮涨来时，装满砻糠的渔船随潮而至，奋力播撒。砻糠随海潮涌进，潮水退去，沙滩上留下一线疏疏密密的糠线，逶迤伸向远方。这时沿线滩涂上来了许多人，在为首的指挥下，有的忙着栽脚把，有的忙着做记号，有的忙着测量，新堤址就此确定。

由于捍海工程浩大，风潮灾害频繁，天气寒冷（一般在冬天进行），一些民工畏难动摇，导致"兵夫惊散"。范仲淹在《宋卫尉少卿分司西京胡公神道碑铭》中记述："风雪大至，潮汹惊人，而兵夫散走，旋泞而死者百余人。"范仲淹则顶风冒雨，临阵督察。有史料称，范仲淹与同科进士滕子京"同护海堰堤之役"，与民众同甘苦，共患难。范还捐出自己的官俸补贴筑堤费用。在他的感召下，民夫复出，情绪高涨，工程进展迅速。在海滩工地上，人们冒着严寒，挖土、挑泥、打夯，人山人海，号声震天，场面热烈。天圣五年（1027年），从东台富安至栟茶场捍海堤筑成。当时堤高二丈四尺，顶宽一丈二尺，底宽五丈，长三十余里，设四十总，每总有官口，为堤内外运输孔道。后人皆感范仲淹之力，故称范公堤，俗称北捍堰。清乾隆三年（1738年），栟茶场大使李庆生为了纪念范仲淹筑堤之功，在镇之南郊，旧场公署东侧建范文正公祠，俗称范公祠。

　　清光绪八年（公元1882年），时任两江总督兼南洋通商大臣的左宗棠登临范公堤勘察，赈款修堤。

　　堤成后，"滨海泻卤皆成良田"。据《江苏两千年洪涝旱潮灾害年表》载，在堤成百年之内，近海沿范公堤内，很少受海潮倒灌之害。

　　范公堤的筑成是本地区大规模围海造田的开始，也可以说是栟茶成为鱼米之乡的肇始。由于范公堤"束内水不致伤盐，隔外潮不致伤稼"，农事、盐课两得利，不仅福泽当代，而且惠及后世。

范公堤

　　稽公堤位于范公堤南三里，俗称南捍堰，为清雍正年间所筑，形如半壁屏障。栟茶北境去海很近，如逢大汛，加之狂风暴雨，常有漫堤或决口，造成多处龙潭。每次决口，潮水如马跑，一路狂泻，所到之处一片汪洋，最远处能流到堤南40多里的岔河，危害田地，危及生命。仅有范公堤，势难捍御，故筑夹堤为防。东起小洋口，至西北部角斜界止，计筑栟茶场新堤共36里。清雍正二年（1724年），堤内遭暴雨大潮袭击，溺死男女大小49558口，河道总督稽成筠勘潮灾至栟，里人周尧天（从华）率众涕泣，为民请命。"九尺皇岸三尺蒿，蒿子头上浪滔滔。"雍正十年（1732年），稽据以奏闻，历经数载，筑成是堤。乾隆五年（1740年），场大使李庆生筑堤横锁两堤之中，谓之格堤，以防范公堤破堤后，海水四处漫溢。近代因范公堤不断修理加高，挡潮作用增强，加之海潮后退，稽公堤作用减弱，到解放初期已残缺不全，后因平整土地、公路建设，已荡然无存。其址现为221省道。

潘公堤位于栟茶范公堤北3华里，东至小洋口，西至磨担头，全长约16公里。清雍正年间，小洋口至磨担头一段范公堤北海滩增高较快，当时一位潘姓地方官组织民力进行围垦，所筑海堤，百姓称之"潘公堤"。潘公堤修成后，成为小洋口至磨担头一段抵挡海潮的大堤。两堤之间的垦区，面积约25平方公里，当时称之为夹捍堰，人们陆续迁居此地进行垦植、烧盐。此堤后在清咸丰六年（1856年）特大海潮中被冲溃。

1969年，如东县人民政府发动群众围海造田。在范公堤北3—4公里处，又筑一道新堤。洋北港合拢时，为抢时机，阻风潮，由当地党员、干部带头跳进海水中筑起"人墙"，拦住狂风恶浪，确保工程顺利进行。至此，栟茶镇一度成为县内外少有的堤内有堤、堤外有堤的海堤之乡。人们在这片肥沃富庶的土地上，安稳地劳动着、生活着。

栟茶运河

漫步在颇有几分气势的栟茶卫海桥上，映入眼帘的一条大河像玉带穿镇而过，清澈碧澄、波光粼粼的河水缓缓向东逝去，大小船只川流不息，日夜奔忙。这就是栟茶的母亲河——栟茶运河。

栟茶运河

栟茶运河西起海安县塔子里，经海安、李堡、河口、栟茶等镇，东至如东县小洋口注入黄海，为海安、如皋、如东地区排涝入海的主要通道之一。全长73.2公里，其中27.55公里流经如东县，正常水位2.0~2.2米，最高洪水位4.0米左右，枯水位1.0米左右。

栟茶运河1954年由海安、如皋、如东三县扩浚，1956年春竣工。1955年，党领导人民在清乾隆年间建成的洋口三门涵洞（农民讥讽为三个狗洞）的原址修建了九门小洋口大闸，成为栟茶运河的入海口，承担起海安、如皋、如东三县90万亩左右农田的灌溉和排涝任务。栟茶运河的开拓，不仅使两岸农田旱涝保丰收，而且为航运、水产养殖、多种经营、工商企业发展创造了基础条件。

栟茶运河原为古运盐河。旧时栟茶人以海水煮盐，产量颇丰。宋咸淳五年（1269年）两淮制置使李庭芝经奏准开凿了串场河，又名运盐河。栟茶运盐河作为串场河支河（亦称北串场河），于后开凿。从此，栟茶所产食盐通过此河运往泰州、扬州，直达大运河，再运往各地，故栟茶有"苏东古盐都，运河入海口"之称。

关于这条古运河，民间有"金龙游成串场河"的传说。

据传东海龙王三太子变成一个眉目清秀的白面书生来到人间,一位大娘热情招待了他,三太子想帮她点忙。大娘告诉他,栟茶至泰州180多里路,运盐的人只能靠肩挑车推,十分苦累,大娘的丈夫就是因运盐而累死的,如果有条河,盐装在船上运到泰州,直达扬州,那就省力多了。三太子听后,就地一滚,变成一条龙,跳进栟茶镇北川河湾,奋力向西游去,经三里渡、五里坊、七里缺、十里桥、丁所、西场、海安,直至泰州才停住。只见游过之处,一条新河出现了。后来人们叫它北串场河即运盐河。实际上此河是以自然河湾为基础,人工拓宽疏浚的结果。

拂去历史的尘幔,可见串场河的端倪,因贯串古盐场而得名。这条运盐河历史上曾有过百舸争流、千帆竞过的盛况。1882年,时任两江总督兼南洋通商大臣的左宗棠曾从海安乘官船浩浩荡荡顺流而下,来栟勘察范公堤,而后拨款修堤。作为苏北沿海历代水运的重要动脉,"水上走廊"的美誉曾使它名扬万里。就是这条河,流过了古镇栟茶700多年的产盐史。

新中国成立后,新生的栟茶运河似一位慈祥的母亲,无私地用乳汁哺育着两岸儿女。她引入长江水,排出苦咸水,运河两岸人民过上了幸福富裕的好日子。

如今,栟茶运河两岸建起了石驳景观带,高高耸立的灵塔,似欲腾飞的凤凰,碧绿的草坪,盛开的鲜花不时散发出诱人的芬芳。亭台楼阁、健身长廊、曼舞场地、古典岸灯点缀其间,让人流连忘返,游人们都有一个共同的感觉:居住在这里真是一种享受,一种幸福!

通济桥

栟茶,环镇皆河,古运盐河穿北街而过,将石板街截为河南河北两段。河上曾架设砖石桥,名曰"中正桥"。后因岁久砖石圮坏,易以板木,俗称"北板桥"。桥西一里许,有一座独拱石桥，就是"通济桥"。据史料记载，通济桥初建于南宋咸淳年间（1265年—1274年），用花岗岩叠砌。桥面宽二丈有余，高四丈，长十多丈。桥面以宽平条石铺就，所以平缓不陡，行人车马过桥并不吃力。

通济桥

桥北是寿圣寺遗址，已荒颓败落，只剩下重建的大圣塔一座。原塔八角九层，每层都有佛龛，有石雕佛像一尊，塔顶是翡翠色釉面瓷罩，据说内藏佛家宝藏。桥南有仲家的杂货店、曹家的豆腐店、朱家竹场、吴家木行、严家染坊，人流量较大，人气也较旺盛。

传说，当初建桥，砌到这跨度较大的拱顶时，最中间的条石无法合龙，后有仙人托住才得完工。据说有人曾见过桥底圆拱上的五个大手指印。好多人曾偷觑多次，但从未见到，只见过日照水波返映拱顶荡漾的光影。

古运盐河，就从通济桥流通过，河中有许多运盐的木船。这些船有叫"荡撇儿"的，装满了也只有十担左右；有叫"黄壳儿"的，船上有棚盖，舱内有锅灶、铺位，顺风张帆，顶风背纤；更好的就是"快船"，此类船头尖尾翘，行驶阻力小，数人背纤，双橹齐摇，比一般船快很多，人称"摇摇快",这就无怪乎后来栟茶人称装有蒸汽机的内河客轮叫"机器快"了。

新中国成立之初,毛主席发出"一定要把淮河修好"的伟大号召,栟茶运盐河属治淮工程的一部分。1954年拓宽运盐河,修成栟茶运河,通济桥同时被拆除。据老人说,桥身很坚固,据说是用糯米汁和石灰将石料砌为一个整体,因而拆桥费了很大的劲。

近千年的通济桥拆除了,但留给栟茶老人们的记忆是永生不忘的。通济桥见证了栟茶太多的历史:清乾隆四十三年(1778年),乾清门侍卫阿弥达率清兵从通济桥杀气腾腾地经过,封锁栟茶镇,抄斩徐家满门,酿成震惊华夏的"一柱楼诗"狱案;1941年,新四军东进,第三纵队经通济桥到达栟茶镇,中共泰县县委派冯坚等同志在栟茶开展工作,建立了中共栟茶区委;抗日战争最艰苦的年代,镇西油漆工出身的凌宝连,时任农抗会主任、游击队指导员,经常出没于通济桥一带,神出鬼没地奇袭日伪军;1947年11月30日,解放军战士在激烈的枪炮声中解放了栟茶,匪区长李连生从通济桥仓皇逃窜,逃向通济桥西北"杀猪坟",被我军民擒获,血债累累的李连生得到了应有的下场……近千年的通济古桥被拆除了,如果在今天,人们一定会以特殊措施保留下来,因为它毕竟是栟茶地标性的建筑啊!

卫海桥

栟茶运河静静地流淌着,那粼粼碧波多少次映照着南来北往的人们的身影。站在横跨河面犹如彩虹的卫海桥上,凭栏望着川流不息的车辆和来来往往的行人,凝听着河水的窃窃私语,会勾起人们对卫海桥往事的多少回想。卫海桥,记载着古镇栟茶的历史沧桑,记载着古镇栟茶的新诗篇章:徐述夔在此驻足长叹,粟裕将军在此手臂一挥,新四军一师大会在小镇召开,何晴波在木桥畔吟诗,李金华赤着脚跨过桥到栟茶中学求学……

　　新中国成立前，横跨在栟茶镇街北首运盐河（今栟茶运河）上南往北来的唯一通道，是一座抽掉桥板才能通船的桥。后来，乡绅缪中正做公益事，将河两边各打石墩，用粗木作龙骨架在石墩上，抬高桥身，桥面用木板铺，使南北交通畅通，行船也不用抽桥板了。为记住缪中正的善举，此桥一度叫作"中正桥"。由于桥面全用木板铺成，人们通常称为"北板桥"。

旧卫海桥

新卫海桥

日寇侵占栟茶以后，日伪勾结，无恶不作，残害无辜，杀害抗日志士，人们恨之入骨。当时，日寇警备队队部驻扎在北板桥北城隍庙内，南来北往的日寇汽车常经过北板桥运送军需物资到警备队队部。1943年春节后的一天，春寒料峭。一辆日寇军用大卡车满载军用物资，由南向北慢慢驶向北板桥。卡车开到板桥中间，板桥的龙骨突然断裂，轰隆一声，翻入大河，激起数丈高水浪，车身全部没入水中，车头斜露水面，搁在压断的木板上。岸边百姓拍手称快，日伪闻讯而来哇哇直叫，折腾了半天也不知怎么一回事，弄得日寇丈二和尚摸不着头脑，惶惶不安。

新中国成立后，卫海桥发生了巨大变化。1954年拓宽栟茶运河时木板桥拆除，在原桥址东侧和西侧先后重建了木质桥，称"卫海桥"。后因桥身腐朽，不便行驶载重车辆，1980年初木桥再次被拆除再建为钢筋混凝土拱形桥，成为通往苏中海防前线的"咽喉"，仍称"卫海桥"。

改革开放以来，特别是"十一五"期间，新建的卫海桥宽敞的水泥路面比过去宽了好几倍，古色古香的花岗岩护栏和人行道饰面上雕刻着祥云飘逸、锦上添花的图案，蔚为大观。全国政协副主席、国家审计署原审计长李金华书写的"卫海桥"三个遒劲的大字令人耳目一新。站在雄伟壮观的卫海桥上，放眼望去，不再是杂草丛生、千疮百孔的河堤，运河两岸已经砌石驳，悬挂的宫灯、水边观光长廊、亭台榭阁与五彩缤纷的花圃交相辉映，构成了诗画般的美丽景色，成为市民休闲、娱乐、健身的好去处，晚间颇有几分"桨声灯影秦淮河"的意境。桥的北岸东侧是享誉四方的栟茶中学，平民教育、校风育人的办学特色，吸引了四面八方学子，焕发了千年古镇的风采和魅力，更让卫海桥展现了无限美好的青春和力量。

石头桥和野马口

石头桥

石头桥位于原浒澪中学西北约500米处,野马口在石头桥东北20多米处的小叉河口。

石头桥桥西有一丈多长,二尺宽,一尺厚,桥两头用一块块大小不等的石头砌起,上部各用两块长长的青石支撑着石桥板。石桥两边有天然深潭,至今依然存在,周围长满了青草野花,显示着自然之景。说起石头桥,还有一段传奇的故事呢。

很早很早以前,栟茶西北的浒澪村一组黄家大门西,一位姓曹的殷实人家,有一天降生一子,取名曹则徐。这小子降生人世后非同一般,刚满3岁就能整日在家搓绳,当绳搓到一定长度时就学结"笼头"。他这样不断地搓绳,反复结"笼头",从来没有厌倦过。母亲问他为何这样搓绳、结"笼头",他一本正经地说:"娘,你果知晓,浒澪西二里之处,有一匹野马,无论白天夜晚,都狂奔不止,踏毁田地、茅舍,踢死、咬伤百姓,我要用'笼头'和绳子去套住这匹野马。"爹妈听说后,大吃一惊,甚为担心,并加以阻挠。但曹则徐执意坚持自己意愿,就这样一直搓了11年绳。14岁那年,有一天,他向父母请求说:"请二老将我家所有亲友请来见证,等设宴后我略显一手给他们看看。若是全场拍手叫好,你们便放我出去收野马,为民除害,否则我终身在家陪伴二老。"父母亲听了儿子的真诚之言,便择定良辰吉日,宴请所有亲友至曹家相聚。酒至三巡,14岁的曹则徐选了一张十分结实的高板凳,放在宴席的东头,他快步穿过宴席的每一个席位,向亲友们招呼致意,最后一个箭步,跃起高大的身躯,坐到那张高板凳上。谁知他这么一坐,那粗粗的凳脚已陷入坚硬的泥土中,足有一尺多深。而后请了四位很有力气的男子汉才将凳脚慢慢拔起。满堂亲友不约而同掌声四起,一个个伸出了大拇指,都说这小子非同凡人,定有来头。曹则徐跪在父母面前告辞,带着他早已搓好的绳子和笼头儿,到西天石头山上挟来了一块巨大的石头,直奔浒溇西北。到了目的地,他轻轻将巨石稳妥地放在小河上,铺成了一座远近驰名的石头桥,完成了他的第一个心愿。

  石头桥架好后,曹则徐准备收服野马,可不见野马踪影。他纵身一跃,不声不响地静坐在石头桥旁丈把高的无名树干上,耐着性子连等了三天三夜。第四天清晨,野马来到了石头桥,好像闻到了生人的气味,但不见其人。曹则徐见到这高头大马,心想:"畜生!今天是收拾你这害人精的时候了。"他毫无惧色,在树上大吼一声,那吼声将河水都震出了波纹。那野马见有人在树上,便前脚腾起,张开血盆大口,想一口将曹则徐吞下。因高攀不到,野马反复跳跃向上,连续几个时辰之后,渐渐无力支撑。曹则徐见此情景,从树上一跃而下骑到马背上,拍拍马的脖子说:"畜生啊畜生,我姓曹的今天来收你,是要与你同去南京保护朱洪武皇上……"那野马听后点头大吼一声,服服帖帖地让曹则徐套上笼头儿,向南京方向拜了三拜,然后驮着曹则徐向南京方向直奔而去。后来野马屡立战功,战死沙场,曹则徐被召入朝廷领兵打仗,受到皇帝封赏,浒溇人都称他曹将军。

石头桥口的老百姓不忘曹将军为民除害、收野马保皇上这一功绩，将石头桥东北20多米处的小叉河口称为"野马口"。如今石头桥尚存，而野马口已因平整土地而不复存在。

五灶港河

在栟茶镇西北有一条南北向的五灶港河，20世纪中叶河中段建有一座普普通通的木板桥，这便是五灶港桥。现在，它早已被拱形的钢筋水泥桥所替代。

五灶港河，原本是弯曲而宽窄不一的港汊，是范公堤、稽公堤形成以前的海港湾，它南至南沙，北起五灶，后被范公堤切断。只有在大洪水时，人们才会掘堤排水，一旦大汛将到，人们又急急忙忙地还土复堤，以防海水倒灌。

据说，范公堤外，该港之侧，除有晒灰烧盐的灶屋外，还有五座人工堆成的灶墩。这些灶墩都高于正常情况下的海潮水面，它们是盐民的居住场所，分别住着张姓、陈姓、高姓、茅姓和沈姓五家人，这是五灶来源的一说。

"五灶"的另一说，则是范公堤形成后，人们将堤外东至小洋口、西至磨担头的海滩划分为六个灶区，最东边的为一灶，最西边的为六灶，但人们又普遍称最西边的为五灶（因住五户），最东侧为六灶。这条原为港汊的河北端就处在五灶地区，所以在范公堤、稽公堤相继形成后，便有了五灶港河之名。

虹 桥

虹桥是栟茶镇三元村六组与栟南村九组的界河——虹桥港上的一座钢筋混凝土平桥。此桥2007年年底重建，长45米，宽4.5米，两边安装水泥栏杆，两头设有路灯，宽敞平直，是栟茶镇西出的一座必经之桥。

相传宋代以后，栟茶镇移居人口渐多，运盐河开通，西出栟茶被虹桥港阻隔，交通多有不便。于是，乡民筹资在此筑起木头吊桥，方便行人船只通行，这就是最早的"虹桥"。

虹桥定名始于巧合。据说,建桥竣工那天,正值盛夏的一天下午,太阳像大火球似的挂在天空,天气热得像大蒸笼。突然,西北天空涌出大片乌云,一眨眼工夫遮盖了太阳,狂风大作,豆大的雨点伴着隆隆的雷声降落下来,大地上的积水泻入虹桥港,流入运盐河。造桥老师傅放下吊桥让人们过桥时,风雨停了,黑云消散,太阳在西天露出了笑脸,大地恢复了平静。在蔚蓝的东方天空,出现了一道彩虹,一会儿,又一条彩虹挂在天空。老师傅高叫道:"看,彩虹两条挂东方,贺庆吊桥落人间,真是天遂人意。吊桥就取名'虹桥'吧!"从此,虹桥之名就代代相传。

几百年来,虹桥几次修建,古代已无可考证。近代据老人回忆,新中国成立前,虹桥为砖石垛木板吊桥,桥上搁有四根龙骨,上铺木板,由桥西的缪大和桥东的寡妇张笃英二人负责管理吊桥。两户人家生活贫困,以拉桥的微薄收入为生,乡亲们都很同情他们。

1942年日寇入侵栟茶,春天的一天,窜到蔡家庄拉伕,没拉到男性青壮年,便放火烧庄。张笃英的老屋被烧,她便带着三个儿女到桥东搭了两间"虎头屋",暂且栖身。1946年国民党军队驻扎栟茶,在虹桥东筑碉堡,强迫她将两间屋拆除,张笃英只好借住河西老蔡庄大伯家安身。她恨透了反动政府,借管理虹桥之便,白天放桥让人通行,晚上由缪大将桥拉到河西岸,断绝交通。此举搞得敌人无可奈何,夜里只好龟缩在碉堡里,而我方游击队可以在夜间于河西开展对敌斗争。栟茶区游击连战士曾多次在夜间隔河向敌碉堡投手榴弹,敌人当夜无法出动,只好在第二天砍去河西一个圩子的玉米苗进行报复。

1954年运盐河拓宽加深为栟茶运河,原虹桥拆除。在原桥址南约一百米处,重建了木板虹桥,桥长四米,宽三米。1970年春,木板虹桥被腐蚀,加之经济发展的需要,原木板桥拆除，改建成钢筋混凝土拱桥。桥长28米，宽4米，改名"新虹桥"，两边安了栏杆，中间挂有路灯。"新虹桥"建成后，水陆交通便利，虹桥路沿线先后建起许多工厂，这里成为栟茶镇的工业区，呈现出一派欣欣向荣的景象。

东石桥

东石桥位于栟茶镇中市街东首。1964年10月拆除东石桥，改建为钢筋水泥桥。1974年12月因拓宽疏浚岔栟河重建，钢筋混凝土结构，全长42米，宽4.4米，净跨30米，载重8吨。在那粮食短缺的年代，因城镇居民不忘农民辛劳之说，后取名"忆农桥"。

昔日的东石桥，原为拱形桥，建于宋咸淳年间（1265年—1274年），跨越东西两岸，两个圈门竖立石桥两头，十分壮观。传说日寇进驻栟茶时，一日本婆过桥，因此桥高陡又逢下雨，几乎爬行过去。日军非常气愤，责成地方改成三块长石板平桥。桥东首圈门上刻日新街，桥西首圈门上刻通利门。这座石桥是贯通东西大街，出入东南乡至丰利、岔河、马塘的要道。桥下河道，北通运盐河，南达岔河、双甸，水陆交通，四通八达。沿桥四周商铺林立。桥东为京货店、杂货店、布店、药店、烧饼店、刀面店、豆腐店、羊肉店、猪肉店、麻油店、糖圆店、香烛店、理发店、裁缝店、纸扎店、工艺店、石灰店、酒行、粮行、鱼行、竹行、银匠店、锡匠店、铁匠店、染坊、诊所、碾米坊、小学、私塾等50多家店铺作坊，还有关帝庙、都天庙、蔡家祠、王家祠、东周家祠。桥西南北河边有杂货店、粮行、草行、船行、木行等10多家商铺行业。桥西首有京广杂货、陶瓷、刀面、烧饼、药房、理发等10多家店面。每天卖粮的、卖草的、卖农产品的小木船和行人络绎不绝，如梭如流，市景繁荣，不愧为栟茶东市旺地。

南堡桥

南堡桥位于栟茶镇南，旧桥为木板平桥，"文革"初期，更名为"新堡桥",1980年恢复旧名"南堡桥"。据说此地原存一土墩,原住土墩北边的人们称之为"南堡",故得名南堡桥。1975年10日,改建成钢筋混凝土拱形公路桥。此桥长28米,宽7.5米,净跨20米,载重8吨。2003年10月拓宽重建,改名为新堡桥。

历史上栟茶的街头设有圈门,仿佛城门。南圈门名由义门,向南一里的护场河上建有南堡桥一座。桥北侧范公祠,飞檐翘角,祠前河湾交错,郊外田野葱绿,近处板桥曲幽,远处林木苍翠,每遇绵绵冬雪,玉龙银花,银妆素裹,入夜天霁,雪月交映,如梦如幻,煞是迷人。故曰栟茶"十景"之一:南堡映雪。

蔡家桥

栟茶镇大窑村东南角,不知从何年代起,就有一条古河道,可通帆船。这条河从浒澪斜伸向西南方向,从大窑村境内的五盐港(五引港)出口,汇入栟茶古运盐河,也就是后来的栟茶运河。这条河东端在新庄村境内有王家桥,西端有蔡家桥。这条河东段叫白滩河,西段叫五引河。

单说这蔡家桥,却有一段来历。

据传150多年以前,栟茶镇蔡氏家族的一位族人蔡奉孝,广置田地,仅在蔡家桥两岸就有数百亩,租给当地贫苦农民耕种。佃户们每年两熟都要缴一定数量的租粮,运到栟茶蔡家。每年农历六月二十五日和十月二十五日是缴租的日子,佃户将租粮送到栟茶蔡氏祠堂,还能吃上一顿便饭。那时候,租粮按成缴纳,缴多缴少要看田里的收成。因此,蔡奉孝经常下乡察看出租土地庄稼的长势和收成。据老人们讲,这位蔡奉孝在当时还算侠义,对待佃户们并不刻薄。年景好时按约定缴租,遇上天灾人祸,佃户们交不起租粮就酌情减免,遇到旱涝失收年份第二年还提供种子。

五引河在没有桥以前,只能靠小木船或涉水过河往来,农户耕种和生活十分不便。有一年，蔡奉孝按常例下乡察看苗情，来到五引河边，被河水挡住去路，只能隔河相望对岸的庄稼。于是他购买木料，建了一座三节头的木桥，长约十丈，宽一丈有余，桥下可行大船，桥上可行车马。因为桥两岸住户大多数姓蔡，当地人就称这座桥为"蔡家桥"。蔡家桥建成后，给两岸交通带来极大方便，蔡奉孝为当地农户和过往行人做了一件大好事。

合作化后，老桥年久失修成了危桥，拆除后，地方政府在老桥址西南边造了一座砖拱桥。"文革"中，五引河因为兴修水利，改道成南北走向的大河，政府又出资建了现在的水泥大桥。近年来，桥两端建成了水泥公路，这座桥也日益繁忙，成了车辆行人的必经之桥。桥虽改建了几次，但老蔡家桥的地名仍闻名遐迩，沿袭至今。方圆几十里的人都知道在栟茶镇西、大窑村东南有一座蔡家桥。

来福桥

在栟茶镇浒澪村境内有一座名为"来福"的桥，架跨于通江达海的挺长河最东端，南至浒澪镇二里，北至海安县老坝港。浒澪镇至老坝港镇水泥路由此桥相连，接221省道、范公堤。终日南来北往的车辆、行人川流不息地从桥上通过，十分繁忙。来福桥不算雄伟，一座普通桥梁而已，它的魅力，首先在于它地处黄海之滨范公堤内特有的格局。

这种格局，就是桥与盐渔相关。

清初，通栟茶的上官运盐河由栟茶延伸至浒澪镇，来福桥地处浒澪镇北，本无河，故无桥，出海、下海无水路阻隔。运盐河通浒澪，镇北遂有了小河与之相通。有河必有桥，最初的木板桥，上船下海图吉利，取名"来福桥"。正是这座小桥，方便了先民获取渔盐之利。新中国成立后，兴修水利，河面扩大，修成挺长河，通江达海，来福桥建成了水泥大桥。因地处浒澪镇北，桥名更名为浒澪北桥，后再次修建时，又恢复习惯称谓"来福桥"。

来福桥约在1980年兴修挺长河时重建为钢筋水泥大桥,因来福桥地处浒澪镇北,从地理位置易于辨识出发,改称"浒澪北桥",以隶体字题桥名,但人们仍习惯称"来福桥",方显来福桥历史和今日的独特魅力。2004年,因承受南北交通压力太大,山东省等北方运载玉米等货车撞坏了浒澪北桥(来福桥),桥上垒起砖墩待修。时值南通市扶持农村小型公益项目,重修此桥。桥面拓为宽四米,长三十米。在重建期间,因桥上有电缆、光缆线,为移动之事,工程队与有关部门商洽被搁浅。原北京师范大学副校长顾理昌回乡省亲,亲自到镇政府反映,将光缆电缆东移,求得问题解决。顾理昌同志,1945年曾任栟北区委书记,来福桥地区是他生活、战斗过的故乡热土。

"浒澪北桥"重建后,恢复了"来福桥"原名,以崭新的面貌再现,它似乎变得年轻了!

十字桥

兴凌村北首原河垦村,五灶港河与河垦中心河交汇成十字,农民农副产品运销受阻,生产生活极不方便,严重制约了地方经济社会发展,按常规要建四座桥梁才能保障村民通行。1978年,县桥梁水利设计专家实地勘察,认真研究,做出了一个如东建桥史上从未有过的精心设计——一座十字桥。县水利局于当年上半年在此动工,历时8个月,耗资60多万元。

此桥总长(一横一竖)近100米,净宽4米,是如东两座十字桥中较大的一座。站在桥中心,可达东西南北任何一个方向,老百姓称这种"一桥四通"的设计是前所未有造福代的大好事,真可谓"一桥飞架东西南北,垦区变通途"。

由于交通便捷,区域经济随之活跃起来,桥东堤内一片低洼地开发出180亩精养淡水鱼池,年产成鱼140吨左右,销往南通、无锡、苏州、上海等地。每逢垂钓时节,南通、掘港等地垂钓爱好者驱车前来,这里成了休闲娱乐的好去处。桥北堤外开发出500多亩海水养殖池,培育蟹苗、虾苗,养殖鲴鱼、河豚、对虾、文蛤等,蟹苗、虾苗成为阳澄湖、洪泽湖等规模养殖商的定点繁育基地。十字桥四周农田大棚蔬菜遍地分布,瓜果、蔬菜一年四季不断,南来北往的客商车辆日日可见,一片繁荣景象。

牛 桥

"三尺皇岸六尺蒿,蒿子头上浪滔滔。"栟茶北临黄海,新中国成立前,"皇岸"(即范公堤、北捍堰)外,潮来一片汪洋,潮退沙滩无垠。一百多年前即有居民挑筑潮墩。所谓"潮墩",是滩涂上的高土墩,人住其上可以避潮、种庄稼、制盐等,正常生产生活。潮墩大小不等,一般占地一亩左右。当时,东起洋口,西至四十总,盐民在潮墩上先后建起六处灶屋,晒灰煎盐,以此为生。盐民购草作烧盐之用,起早带夜,吃辛受苦,收入微薄,生活艰辛。官府设置盐署、盐官、盐警,收购产品,课以盐税,严厉打击私盐贩运。

当时,栟北海边各灶烧制的盐,均经过范公堤二十七总隘口,运销到栟茶北板桥东北侧的盐包场。运盐牛车从二十七总隘口向南穿过一片荒草地,先后经过下庄、上庄,最后抵达栟茶盐包场。下庄、上庄之间有一条东西河道,河面较宽。为运盐方便,盐署出资修建了一座木桥。这座桥南北各四个桥桩,用料都是约二十公分粗的木材,桥面以十七八公分厚的木板铺就,在当时的建筑条件下可谓十分坚固。因为桥主要便利运盐牛车通过,故名之"牛桥"。

牛桥建成后,运盐牛车和行人络绎不绝,成为栟北地区的交通要道,最多时一天有九十多辆牛车经过。运盐牛车队伍常常天不亮就从海边出发通过牛桥。一辆牛车常由两头海边特有的大水牛——海子牛拖拉,一条驾辕,一条拉套。因为牛桥有一定坡度,载盐的牛车到了牛桥北堍,驾车的盐民就"叭叭"甩动鞭子,大声吆喝,催牛上桥。海子牛低着头,呼着气,使劲拉车,木车轮咕咚咕咚辗过桥板,驶向桥南。牛车路是泥路,交通繁忙,晴天大风吹过,满天尘土,雨天变泥泞水塘,牛车行驶实是艰难。牛车除了拖盐,有时还将各色海鲜运往栟茶。春末夏初,成群结队的牛车从海边港滩拉着春鱼路过牛桥。驾车的渔民、盐民一边赶车一边唱着山歌:"日出东方遍地红,我驾牛车运盐忙。日不睡来夜不眠,挣钱糊口养家中……"牛车已成为当时栟北海边重要的交通工具,牛车路也成为当时的交通要道。

岁月流逝,当年分布在栟北滩涂的潮墩,在六十年代围垦造田时被平整,煎盐的灶屋随之消失,运盐的牛车早已被拖拉机、载货汽车取代,牛车路也被纵横交错的柏油、水泥或砂石公路代替。记录栟北盐民、渔民艰辛历史的牛桥,也于六十年代农村大搞河网化时拆除。拆除时,木料大多仍无多大腐损。而今,只有六十岁以上的老人还能依稀认出当年牛桥的遗址在现今栟茶镇三星村十组的东部,向后人讲述那些杳然的往事……

奔牛桥

这是一位年愈八旬的老人叙说的有关牛与桥的奇闻轶事。

一百多年前,在"稀疏蓬蒿随风摇,零落盐灶几缕烟"的栟北广袤海滩,栖居者多为灶民,饲养业颇为发达,"夹堤内养牛者尤为甚也"。其牛体形硕大,剽悍健美,主要用于运输。早先,二十七总范公堤南侧现港头村15组境内有一条小河,河上有一座木质桥,桥宽可并行十多人,可通过一部牛车。其时,灶民用牛拉木板车运盐至栟茶盐包场,此桥为必经之道口,乡民称之为"栟牛桥"。

那时的牛与桥不仅是沿海先民赖以生存的交通运输工

具和设施，还曾在硝烟弥漫的战争岁月与当地人荣辱与共，屡建奇功。

清光绪三十三年（1907年），海匪屡犯栟北沿海，夹堤内外生灵遭殃。是年十月，匪船又抵洋北港，被下海渔民所见，遂告灶勇，群情激愤。灶勇缪一武、徐守太等率众灶民将自献二十余头牛集结于二十七总木头桥南侧，待命击匪。他们将牛尾上捆扎草把，泼浇洋油（煤油），牛角上绑捆尖刀。当海匪从港汊登陆至范公堤，距木板桥一百多米时，见牛群以为是放牧吃草，于是众匪向小桥蜂拥而来，欲抢其牛。此时，灶勇点燃火把，霎时间火乘风势越烧越旺，众牛在灶勇吆喝下如离弦之箭窜过板桥，冲向匪群，众匪纷纷向堤北逃窜。其时正逢涨潮，匪船早已上浮，几条港汊深不可涉，且水流湍急，匪徒在港汊中挣扎，无法开枪射击，被潮水淹死二十余人，其余被灶勇擒住，斩首于木板桥北侧。为纪念抗匪得胜，灶民称"栟牛桥"为"奔牛桥"。

民国十九年（1930年），海匪沈凤山部登陆栟北沿海，在夹堤内横行抢掠。如皋、东台警队闻讯赶来剿匪。在得知残匪强逼灶民为其运送粮草之消息后，警队指挥与灶勇合谋，约定在二十七总木板桥交货。这年11月9日下午，七部牛车装满茅草，警队战士荷枪实弹隐蔽于车中，由灶勇赶牛，佯装运粮草。当牛车行至木桥时，守候在桥北的匪徒仍不知虚实。警队战士推开草垛，出其不意举枪向海匪猛烈射击，手榴弹在匪群中炸开了花。顽匪乱作一团，纷纷中弹倒地，伤者被俘。从此，"奔牛桥"之名传遍栟北沿海。

新中国成立后，时过境迁。这条小河被拓宽浚深，取而代之的是钢筋混凝土构筑的水泥桥。如今，年逾古稀的老人们每当忆及往事，都还清晰记得代代相传的与"奔牛桥"有关的故事。

车篷头

栟茶镇杨堡村东北部今14组,与海安县老坝港乡顾陶村交界处,居住着不少姓沈的人家。这里曾是浒澪地区远近闻名的车篷头。

据传,嘉庆元年(1796年)这里还是一片荒草地,一沈氏携家人来此开荒种地,养家糊口。他们建棚舍,挖沟塘,伐草木,整土地,经过几十年的努力,逐步开垦出40多亩可耕种的土地。有一年夏天,黑云翻滚,暴雨倾盆,一场龙卷风过后,房屋东侧小塘变大,水量充盈,此后常年不干。其时,水稻种植在当地零星分布,老百姓要吃到大米饭可是稀缺事。有此水源,沈氏便动起了种植水稻的念头。于是,便去栟茶南乡考察取经,请来能工巧匠,建起了车篷,戽水灌溉,栽插水稻。

车篷由车辋、车轴、水槽和水斗链等组成,木质结构,车篷中间是车辋,上部为圆锥体,设10个斜档,可以固定扁担、木棒、竹杠等,下部为直径3米多周围密布齿轮的大转盘,最下部有一根大轴连接水车,车辋转动时,其齿轮带动"旱拨",再由旱拨带动车轴上"水拨",水拨带动水斗链向上戽水。

车水时男女老少均可用力前推,或可用牛拉引,克服了脚踏水车全靠青壮年男子劳作的弱点。车篷上部盖有圆圆的茅草屋顶,即使刮风下雨,也可在内推车戽水。每逢插秧季节,大人小孩齐上阵,一片繁忙热闹景象。此车篷远近少有,人们故称"车篷头"。因居住着沈氏族群,又叫"沈家车篷头"。由于当时生产技术落后,水稻亩产只有300斤左右,再加上水源有限,水稻种植面积较少,只有逢年过节,办喜事,来客人,坐月子,才能吃上一顿大米饭,有时还要与粯子和着煮。至今沈氏家族还有当年的民谣:"车篷头,车篷头,一年忙到头,肚子没得投,日子天天愁。"

20世纪70年代以后，种植水稻逐步被机器灌溉和电力灌溉代替，车篷已被淘汰，但车篷头的用处仍在当地流传。

三里渡

"三里渡"乃栟茶向西三里路栟茶运河边上的一个小渡口，它曾被人们误以为三里路长的渡口而讹传一时。1984年"三里渡"被定为村名，2001年小村并大村，三里渡、西洋、竹园三村合并为竹园村。21世纪初，卫海二桥、卫海三桥飞架栟茶运河之上，三里渡的这个渡口被废弃，三里渡连同它的名字渐渐被人们淡忘。然而有关三里渡得名的由来还在民间流传。

清朝乾隆年间，栟茶有一名人，姓徐名述夔，家中财产丰厚，田地甚广，据说从栟茶到泰州的一条旱路，路边的田都是他家的。徐几乎每天去趟泰州，早去暮回，打马全程，只踏别人家的一个田横头。从栟茶到泰州沿途，经过许多地方，为了便于记忆，他就给定了名，于是二里桥（现叫虹桥）、三里渡、五里坊、七里缺、十里桥……都由此而得名了，并流传至今。

三里渡附近还流传着这样一首民谣：

三里渡，三里渡，

有钱无钱能过渡。

随叫随到昼夜同，

扶老携幼度寒暑。

寥寥数语道出了摆渡人的美德。事实也正如此，世代摆渡的徐氏家族，成年累月，不分春夏秋冬，不分风霜雨雪，不分朝夕昼夜，都能及时给路人方便，从不计较渡费的多少有无，迎送了多少名仕商贾、文人墨客、平民百姓，数也数不清。摆渡人还曾为解放栟茶运送过部队和担架队，废寝忘食，分文不取，从而得到人们的称颂赞誉，三里渡连同它的名称深深刻印在人民心中。

五盐港

　　旧中国，栟茶及附近地区有些穷人，为生活所迫，时常偷偷到海边向盐民买百十斤盐，肩挑步行，贩运到内地，赚取一点微薄的利润，以养家糊口。一根扁担、两只装盐的口袋、一对"货络"，就是挑私盐的全副工具。这一对"货络"一共八根绳系，所以人们称贩挑私盐的贫民为"挑八根系的"。反动官府设置了盐署、盐场、盐官，养了一批盐兵，严厉打击私盐贩运。这些盐官、盐兵穷凶极恶，只要遇见挑私盐的，就抓就打。"挑八根系的"不仅要躲避盐兵的抓捕，还要对付地痞恶霸的拦路抢劫、敲诈勒索，稍有不慎，轻则丢掉贩盐的本钱，重则把小命也搭上。

　　当时，栟茶北边双港村境内有一条五灶港河，从栟北海边经过浒澪向西南流向栟茶古运盐河出口（现栟茶运河大窑村南端）。这条河出口处设有摆渡，是栟茶古运盐河南穷人贩挑私盐的必经之道。此处渡口本没有什么地名，后因出了一桩与贩私盐有关的流血事件，才有了地名。

　　一年深秋，栟茶古运盐河南有五个年轻力壮的小伙子，结伴来到栟北海边，各买了一个挑儿的私盐往回挑。他们昼伏夜出，穿荒田，走小路，下半夜四更天才赶到渡口，干粮已吃完，精疲力竭。刚准备登船渡河，渡口两岸草丛中窜出十多个盐兵将他们团团围住，抢夺盐担。小伙子们见势不妙，撂下盐担，抽出扁担，撕打起来，终因又饿又累，寡不敌众，被盐兵们活活打死在渡船口，并暴尸三日以儆效尤。这件事惊动了四乡八村，后有好心人偷偷为五个小伙子收了尸。官府为防止贩私盐，下令禁止在此设渡。从此，这个渡船口就叫"五盐港"，这条河称作"五盐河"，因同音之误，又称为"五引河"。渡口荒废后，只留下"五盐港"、"五盐（引）河"的老地名至今。

安舵港

旧中国的一些自然村庄名称的来源,大多是地主大户或大多数居民的姓氏,例如"蔡家庄"、"杨家湾"等,但也有少数不是。"安舵港"就是如此。传说唐朝年间,这个地方是高出海面的茫茫沙滩,住着几户人家。有一年发大潮,凶猛的海潮冲破了堤岸,如野马奔腾、四处闯荡,百姓口呼苍天,择路而逃。顿时,田野里风声、雨声、浪涛声、呼救声响彻云天。"安舵港"这地方地势较低,顿时成为一片茫茫的汪洋。说来也巧,一艘高大的海船随潮逐流,飘浮到这里不再走动。大潮过后,幸存的人们陆续回归,有好奇者上船一看,海船已是桅折舵断,遍体鳞伤,驾船者已是奄奄一息。救人一命,胜造七级浮屠,附近一老木匠得知此事,就带领他的徒儿们救起船主,并极力修船安舵,开河引水,使这艘在惊涛骇浪中幸存的大船又能在大海上安然航行。消息传开,到这里修船安舵者渐多,人们称此地为"安舵港",并曾一度命名为安舵港村。当然,随着时间的推移和地形地貌的变迁,当年的海滩港汊早变成良田千亩、物产丰富的自然村庄。然而,"安舵港"这个地名却一直流传至今。

滩河口

海安县角斜镇东二里处,有一条弯弯曲曲的河流。此河历史上由海潮涌进而形成,南北走向,北起费家滩,因此得名"滩河",向南汇入栟茶古运盐河(栟茶运河),出口处称为"滩河口",位于栟茶镇大窑村西南角、栟茶运河北岸。

从晚清到民国初年,滩河口曾是一座与栟茶、角斜、李堡齐名的繁华小集镇,滩河更是栟茶与角斜之间的主要水上通道。许多客船、货船、渔船常常停泊在滩河口,为方便行人车辆,两河三岸交汇处常年摆渡。

随着时代的变迁和附近交通事业的发展,滩河口渡船逐渐失去作用,2004年地方政府为交通安全起见,撤除了延续数百年的渡船。从此，滩河口便逐渐成为历史上的地名，成为老年人茶余饭后的谈资。

滩河口两河三岸人民有着光荣的革命传统。旧中国尽管遭日伪、蒋匪烧杀抢掠，奸淫妇女，无恶不作，好端端的滩河口小集镇毁于兵燹，但共产党领导下的反抗斗争从未停息。抗战时期，日伪在滩河口建碉堡，设据点。1944年初，日伪军又一次窜到河北，大窑村青年农民陈荣华为躲避抓壮丁，躲在沟岸草中被日寇用刺刀活活戳死。1947年初，青年农民、我方秘密联络员蔡美文以撑渡船为掩护，收集滩河口匪据点情报，送交我方武工队制定歼敌方案。国民党自卫队和还乡团下乡扫荡，抓住五六个群众，强迫他们带路，并狂叫如不服从就全部杀死。为保护无辜群众不受伤害，已经安全躲藏在附近麦田中的蔡美文，坦然走出，自愿替敌带路。蔡美文边走边打暗号，将敌人引进武工队的伏击圈，打得敌人死伤数人，狼狈逃窜。第二天，蔡美文被敌杀害，牺牲时年仅22岁。1947年初，我方干部张宏彬（大窑村人）执行任务时不幸被捕。栟茶匪区长李连生对其施尽酷刑，张宏彬坚贞不屈，严守党的机密，壮烈牺牲。1947年底，栟茶解放，国民党残匪百余人化装涉水经过大窑村蔡家庄，企图逃窜如皋。我地方武工队积极配合主力部队，将敌夹击于滩河口两河三岸交汇处。匪乡长、自卫队头目蔡增余跳河逃命，被我方击毙……滩河口的共产党人和革命烈士前赴后继、可歌可泣的斗争事迹在滩河两岸广为传颂。

三十总（左宗棠勘堤）

小洋口闸沿范公堤向西10公里，栟茶向北6公里的交汇处原称三十总，它位于兴凌村东南角、栟兴线上双桥东100米处。

"总"是范公堤内外交通口，如长城的"关"一样，从洋口闸向西到磨担头三十里分四十个总口子。俗话说"三总合二里",每个总口子都有南北交通大道,道宽三到五米不等,可行人、赶牛车。为防海水倒灌,堤不挖断,来往车辆行人要从堤上翻过去。

三十总大道,南到栟茶,北入黄海沙滩港汊,海边浅水处盛产多种贝类及鱼虾,沙滩上村民制卤烧盐。人们上街,下岸,出海,进港,挖贝,捞鱼及南来北往的客商都要从三十总口子经过,所以自古三十总就是交通要冲。

三十总远近闻名,还因为:

据《如东大观》记述和民间传说,清光绪八年(1882年),曾任军机大臣和总理衙门行走的当朝一品大员,官拜两江总督兼南洋通商大臣的左宗棠亲临栟北范公堤三十总勘查海堤。这是栟茶镇有史以来勘堤的最高行政长官。

是年某日,左宗棠大队人马在"回避"、"肃静"虎威牌的引导下,沿栟茶运盐河东行,一路风尘仆仆地来到栟茶古刹寿圣寺。八人抬的绿呢大轿停靠在山门之外,左宗棠从轿中走出,在众人簇拥下向寿圣寺后院走去,并下榻于此。

第二天一大早,在县令、场官等一帮地方官员的陪同下,左宗棠骑着高头大马,沿着栟茶至范公堤大道向北行进。当红红的太阳从东海滩上露出笑脸的时候,一彪人马来到范公堤(北海堤)三十总,大堤上插一杆大旗,上面写着斗大的"左"字。左宗棠一袭轻装,戴一顶黑边红顶的花翎帽,领下银须飘飘。左宗棠站在海堤上极目远眺,眼前是平缓的海滩,港汊里停泊着一艘艘渔船,远处是一望无际的大海蒸腾的水汽,不禁感慨万千。继而他又在大堤上来回检查,当看到海堤加固质量不错时,左宗棠格外高兴。对某些地段薄弱之处,他回府后即奏请朝廷恩准,第二年又拨款修理加固海堤。

左大人亲临勘察海堤的消息不胫而走,一时间沿途村民沸腾起来,人们扶老携幼,夹道迎送,谁都想亲眼目睹这位当朝悍将的风采。远处还响起了锣鼓声、鞭炮声和乐器吹奏声，这是人们的感恩举动。

左宗棠回栟茶后，兴致甚浓，听说当地名门大户要他留墨宝，他爽快地一一应允。他老人家泼墨挥毫，为缪氏宗祠写下了"敦睦传家"的匾额，为徐氏宗祠匾额留下了"望重南洲"的题词，后来又为共氏宗祠写下了"理学名家"的匾额。

1952年起，苏北海防团团长孙仲明（孙二富）部曾在三十总堤北墩子上建四合厢营房二十四间，驻防近四年。此墩子后来也就有别称"二十四间"。

1956年合作化期间，渔民们组建"南港渔业社"，开办初期借住"二十四间"。房子破旧后，在三十总堤南重建办公、生产用瓦房数十间，直到1969年栟北围垦后才迁往斜港。

现在三十总口子已废，其西一百米处已建水泥拱桥，铺就水泥路面，南来北往更为便捷。

六 灶

六灶位于栟北海边。旧时沿范公堤以北，从东到西散布着许多墩子，墩上住着烧盐的灶户。灶屋三面土墙，前矮后高，像过去穷人住的"虎头屋"，木竹支架，上面柱草遮盖，锅鏊的盐灶砌在屋中，烟囱冒着浓浓黑烟。墩上有为烧盐储存卤水的长方形卤池，整齐排列着数十个晒灰制卤的灰坑，还有贮存海水的河塘。坑外是一块平坦光沙的晒灰场地，场地外有一连接海上的港汊。历代地方官府对烧盐"灶户"管理很严，清政府将洋口至四十总之间划为六个灶，东从洋口起为"头灶"，向西为二、三、四、五、六灶，到四十总与角斜场灶地相接。这六个灶统归栟茶场管辖，是当年东台县管辖的一个大灶区。

按范公堤三总合二里的总口定位，六灶东起二十七总，西至三十七总。六灶历史上是自然的海滨滩涂，也是港汊纵横交错、潮涨潮落的回旋地。范公堤筑成后，海潮泥沙沉淀，滩涂逐步增高，杂草生根固沙，年复一年形成荒滩陆地。这时从东台等地迁来了很多烧盐的灶户，造墩建灶干起老本行。远在二百多年前，有两户分别叫梁大贵、吴大全的，身背包袱，拖儿带女来到这里的一块洼地上，建灶烧盐，养家糊口。"穷奔荒滩富奔城"，一些本地和外地上无片瓦、下无寸地的贫民也纷纷迁来此地。到了1934年，这片地域东西之间，已有76个盐墩，其中64个盐墩住着120多户、700多灶民。另有12个空荒盐墩，据说是咸丰六年（1856年）过大潮时人死墩空所遗。

1945年前，六灶与其他灶区相比，盐灶最多，可称得上是个产盐集中区。所产小籽盐，除供应本地吃用外，还销往大江南北。因盐税是统治者的主要财源之一，场官对盐灶派有专人蹲点负责，每个灶区都有灶头、灶长，处理灶与灶之间的民事纠纷和繁杂事务。盐税管理人员驻五六灶的结合部梁生发墩子上，立一旗杆，每天定时升降旗，作为灶上生火熄火的统一信号。一次烧盐需几天几夜，要预先到升旗点上申领许可牌。到升火这天，有盐管人员亲至灶上验收封鏊，查看前封漆字是否完好，如若封字消失，则为偷煎，要受查处。到了停火当日，点上要有人来用红漆在鏊上写封，并将成盐量桶计价，送栟茶盐包场。

新中国成立后，六灶烧盐又兴旺了一段时间。后来提倡开荒种地，"废灶兴垦"，存留二百年之久的盐灶于1958年宣告结束，部分盐民去了如东盐场，余下转盐为农。但六灶这个地名，却深深地留在了人们的记忆里。

野鸭荡

野鸭荡位于江安村北部、范公堤以北，西临海安县老坝港乡，东至兴凌村，南北长约2000米，东西宽约1900米，总面积约为3800亩，是栟北围垦最早的垦区，曾命名为靖海乡西垦营，后称姜北村，现为江安村一部分。

1958年海安县在三十六总口偏西向北围了一条海堤，长约2000米，北部向西围堤至老北凌闸，围垦后建起盐盘，办起了晒盐场，1961年停办。

这片土地原为范公堤北潮带间的茅草田。解放初期，人民政府曾向靖海公社12大队老百姓发放过土地执照。1962年，在反对"一平二调"中，12大队领导和群众向南通地委提出土地诉求。地委唐真寿秘书长亲临现场协调解决，划定两县界址，并赔偿土地损失费2万元，野鸭荡仍属靖海12大队。

1958年以前，这里是一片港湾，汹涌澎湃的潮水冲到范公堤下，下海的人成群结队，渔船停靠港湾，鱼虾叫卖，热闹非凡。而今留下的土地，南部被太阳一晒，白白的盐霜好像不会打扮的姑娘搽在脸上的粉，树木不见，杂草不长。北部像个水晶宫，一片汪洋，几根芦柴头儿漂浮在水面上，微风一吹轻轻摇晃，獐兔成群，野鸭集翔，故当地人称这为野鸭荡。

1969年如东县政府在栟北围垦造田，野鸭荡划归栟北垦区。1971年下半年，政府动员内地群众迁居垦区，征服盐碱地，向大海要粮棉。1971年冬和1972年春，野鸭荡迎来了第一批主人，他们是靖海9大队至16大队共8个大队的53户人家。从此，这个沉睡数千年的海滩有了住户炊烟。1972年下半年成立了靖海公社西垦营，各大队迁居下去的村民为排。

改造盐碱地野鸭荡难度很大，因此地做过盐盘，下有50公分深的混盐土，为逐层压实、不透气、不泄漏土壤。

为改造高度盐渍化土壤，党支部多次召开"诸葛亮会议"研究对策，决定搞一次平整大会战，制定了十六字方针："破底护面，挖沟变迁，克土搬家，移废填塘。"

破底护面，将盐盘底50厘米混盐土破坏扒出运走，用疏松土壤覆盖地面；挖沟变迁，深挖、大挖排水沟，一熟挖一线排水沟，每熟都变换位置，每年要新挖两次排水沟。由于土质坚硬，社员们挖坏了95%的大锹；克土搬家，将长茅草的零星土和老坡塘表层土，挑回铺在整好的畈面上，取土近的二三百米，远的1500米；移废填塘，将挖沟和平整土地时挖出来的像石头一样坚硬的混盐土块，移送到废沟废塘底部。

1972年冬，搬迁下去的53户人家，每天出勤103人，由营部统一指挥，发扬蚂蚁啃骨头精神，起早摸黑，一锹一担地平整。经过两个月左右的顽强奋战，终于用汗水铸成一块块垫上新土的田野，人们无不欢欣鼓舞。

经1973年连续奋战，垦区中心河以南1500亩土地改造完毕。1975年野鸭荡3000多亩土地全部改造成宜耕宜林的上好良田。此后，社员们开挖渠道，建设电灌车口4座，通过栽插水稻，加速了土壤改良。现在野鸭荡已成一片肥沃的土地，粮棉油、蚕桑、林果年年丰收；水泥路通南北，道路旁树木成排；田野里庄稼成方格化，高垄上果桑成林，一派兴旺景象，已成为如东"最美村庄"之一。

挺长路

今栟茶镇境内的挺长路，东起杨堡村"伢儿坟"，西至角斜福添桥，位于今挺长河南岸，全长约8里，水泥路。

挺长路得名于传说。据传从前的黄海子午不平潮，怪物兴风作浪，淹死无数渔民。怪物要挟地方，投童儿供它吸血。为避灾难，每年按期有童儿被投大海，惨不忍睹。怪物吸完童血，尸首漂泊到"伢儿坟"埋葬。

当年，浒澪下洋一户人家生了伢儿，未满周岁就会跑，皆说是贵子，家人欣喜，取名"遨苍洲"。可不久，伢儿突被狂风卷走。母亲眼睛哭瞎了，以为儿子被海怪吃了，可未见尸首。咋回事？成了乡亲们的不解谜团。

原来，那狂风是仙人把遨苍洲带到了"乐知山"，教他练武艺。

在仙人的培育下，遨苍洲武艺练成，向师傅请求回乡为乡亲们报仇雪恨，但因其游历太浅，未准。经师傅指点，他周游世界后，终于获准。师傅在山石上留言后，回天宫去了。

遨苍洲秉承师傅留言，直奔东洋大海龙王水晶宫，踩住水晶宫一个大殿角，揪住海龙王喝问是哪里的妖怪兴风作浪。龙王见势不妙，供认是"摄子精"。

遨苍洲直奔"摄子精"巢穴，摄子精企图逃之夭夭，被遨苍洲擒拿而除之。从此，遨苍洲家乡太平了。

遨苍洲回到家乡，叙说被风卷走后的经历，其母高兴得突然两眼复明。遨苍洲八里高的身躯立于人前，母亲为之震惊。母亲及乡亲欲为遨苍洲接风洗尘，可他每顿饭得吃一百二十担大米，在十年就有九年荒的下洋一带，为遨苍洲筹办一餐都心有余而力不足，因此被遨苍洲谢绝。

此时，他师傅立于下洋天空，一阵风将遨苍洲召回天宫，灵归天宫成仙，留下身躯成八里长路一条。人们纪念他，将路命名为"挺长路"。

后来，挺长路车辆多了，成为通栟茶、浒澪、角斜的主要路道，故又称"挺车路"了。

五谷树

栟茶镇新庄村29组有一株五谷树，至今枝叶繁茂。

新庄村29组位于古镇浒澪西南二华里左右，古称王家堡。王家堡地势较高，"高原田"多，河沟纵横，土地肥沃，旱涝保收。即使在水旱灾害频繁、兵荒马乱的旧中国，比起邻近"十年就有九年荒"的"西下洋"，这儿仍可算是一块相对富裕，村民略可糊口的"风水宝地"。在这一块块"高原田"中，有一块四面环水，风景优美，只有一个"码头"进出。这块"高原田"的南端长着两株高约20米，粗可合抱的古银杏树，树身挺拔，上指苍穹，下瞰河溪，碧波荡漾。微风拂过，树叶飒飒作响，似乎在演奏一曲不知名的交响乐。树北数米，有一座土地庙，庙后面是一大片庄稼地。两株银杏树中间长着一棵树干弯曲、枝叶蓬松的灌木，这是棵在远近颇有点名气的"五谷树"。五谷树虽没有两边的银杏树高大挺拔，但弥补了银杏树树下部的空隙，两高一低，映衬配合，俯仰生姿，深得自然之趣。

相传，这株五谷树是现年八十四岁的村民王永来的曾祖父栽种。他有一女嫁在海安李堡，这株五谷树的树苗就是从那边移来的，到底是买来的，还是要来的，或者是人家送的，就不得而知了。树是建那座土地庙时栽下的，算下来当在晚清，至今已有一百多年的历史了。

传说这株五谷树每年春夏之交开花，花不多，果实酷似谷物，形状各异，或似小麦，或像蚕豆，或若玉米、黄豆、水稻等，故名"五谷树"。倘若某年果实形状似玉米，那就预示着这一年的玉米丰收。不仅如此，五谷树的"灵气"还表现在它只可远观不可亵玩。传说有人想锯下一段粗枝做农具柄，还有人企图用这棵无主树做门板，结果都是未曾下锯便头疼不已，不得不停手。

五谷树的"灵气"到底是真是假，是偶然巧合，还是物候现象，迷信和科学的成分各占多少，不得而知。尽管口耳相传，说得有鼻子有眼，但年代久远，实在无从查考，至今只能当它是个传说。

不过，当地群众对五谷树心怀敬畏倒是千真万确。初一月半，逢年过节，隔三岔五就有人来树下焚香祭祀，祈求赐福。因树龄久远，有关文化部门曾在树身上钉过铭牌，部队也曾将其作为地标在军用地图上做过标记。这更为五谷树增添了一些神秘色彩。因此，当地村民自觉护树已形成习惯。上世纪90年代，因河水多年冲刷，银杏和五谷树下空洞塌方，树身倾斜严重。周边群众自发出资，每户20元，一王姓老板更是一次解囊5000元，用以维护。村民们锹挖肩挑，筑起拦泥坝，然后用泥浆泵从河道中取土壅填树下空洞，同时用钢缆拉正树干,终于护住了这几株古树。几十年来,尽管平整土地、水利建设、修筑道路,使地形地貌有了很大变化,但王家堡的这两株银杏树和五谷树却始终毫无损伤,深深扎根于这一片坚实的土地,为子孙后代留下了一道殊为珍贵的自然景观和人文景观。

老鼠洞

现在的栟茶镇兴凌村24组及其附近,原是海滩上一个较高的沙丘,曾有一个不雅的名字叫"老鼠洞",其来历有一个神话般的故事。

从前,沙丘西有老坝港,东有川港、洋北港,捕捞季节大小渔船扬帆出海,下小海的背着网具来往于潮头、港汊,一片繁忙景象。小汛或淡季,不少渔船在此抛锚歇息,整理网具,准备行港(háng,指船工吃的、用的)。虽然船多,人多,一向倒也太平无事。

有一年的秋季,几条小船抛锚在一起,看船的几个人早早睡觉休息。半夜后忽然听见叽叽喳喳一片嘈杂声。在几无人烟的海滩上,何来此热闹声?吓得大家都不敢出声。有胆大的出舱观看,只见远处灯火通明,细听似在敲锣打鼓一般,像有人家在办喜事,便叫其他人出来观看。大家甚是疑惑,那里本是空荡荡的海滩,怎会如此热闹?第二天跑去一看,什么也没有。后来数年里,也有人发现如此怪现象,人们都认为那里出了海怪。因此,一般情况下,一条船不敢停在那里过夜。

有一年七八月间,一条外地船被大风大潮刮来此搁了浅。第二天,惊魂未定的船上渔民告诉当地人,夜里听到敲锣打鼓如做喜事一般的声响,但船上人一呼叫,一切又恢复平静。此事被一个外号叫"杨大胆"的人知道了,他不信有什么妖怪,打定主意,决意弄个水落石出。一次,他让一条小船单独停靠在沙丘旁,他一人夜里看船。他用手臂粗的麻绳把舱盖扣牢,使之从外边无法揭开,然后一人睡在舱里听动静。头三四天无事,到第五天后半夜,那怪现象又出现了。杨大胆借着舱盖缝隙细听细看,只听声音由远而近,观那灯光越来越亮,且好像有人说话,有人走动,有人揭舱盖。一会儿,他借着灯光,看到似乎有什么东西从缝隙中伸进来,他拿起早已准备好的大刀奋力砍过去,只听一声惨叫,随即灯火远去,嘈杂声也顿时隐没。待天明后,他拿起砍下来的东西一看,是一只老鼠腿。他顺着地上的血迹来到沙丘上,看到一个斗大的洞,洞口全是老鼠的足迹,血一直滴到洞里。杨大胆叫大家弄来石灰,倒进洞里,灌上水,泡着泡着,冒上来一摊血水,从此这里也就太平无事了。后来人们就将此沙丘叫作了"老鼠洞"。

寺庙寻踪

寿圣禅寺

栟茶镇不仅是全国历史文化名镇,亦为历史上佛教名镇。上世纪初叶镇内寺庙林立,佛事鼎盛。据民国二十三年(1934年)资料记载,当时栟茶地区各类寺庙道观40座,僧尼道士368人,镇内有寺庙15座,规模较为宏大,僧尼众多,其中最为著名的当数寿圣禅寺。

原栟茶寿圣寺全景

寿圣寺住持

寿圣禅寺位于栟茶镇西郊古运盐河北,俗称西寺庙,始建于宋咸淳年间(1265年—1274年),明成化年间(1465年—1487年)重修,清乾隆二十年(1755年)复修,为方圆百里的闻名古刹。距该寺不远的佑圣观(祖师观)历史久远,系唐代尉迟宝林督造。两庙相依,蔚为壮观。

寿圣禅寺主体建筑有山门、天王殿、大佛殿、后殿和藏经楼共四进,旁有观音殿和伽蓝殿,边厢和后院建有僧房160余间,后院尚有寺院一所,红墙灰瓦,规模宏敞。全寺占地数十亩,东首建砖塔一座,名大圣塔,塔中供奉大圣菩萨,塔身九层,十数里之外可见。寺北有数十米高土山一座,山上苍松葱茏,乱石杂陈。西寺依山而筑,文人雅士曾有"红日照塔影,青山映寺壁"的描述诗句。

天王殿和大佛殿前各有古银杏两棵,高大挺拔,盘根错节,尤以大佛殿前两棵为巨,六七人方可合抱,据说为庙宇奠基时栽植,树龄当在500年以上。更让人称奇的是,西边一棵银杏树从树腰洞中长出一株桑树,干粗如钵,枝繁叶茂。因有"百(白)果上上(桑)"的吉祥寄语,所以时人视之为奇树,对其虔敬有加,香客敬佛之后总要在树前顶礼膜拜一番。

寺内山门有哼哈二将塑像,金铠银甲,刚劲威武。天王殿正中供奉大肚弥勒佛,背面是韦驮菩萨,两侧是四大天王,金身彩塑,光彩照人。大佛殿供奉释迦牟尼佛,慈眉善目,气度非凡。两旁有十八罗汉,塑像姿态生动,流光溢彩。后殿二层是藏经楼,设供佛龛一座,藏有佛经百卷。

寿圣禅寺抗日战争前曾多次放戒,来自本地和周边地区的信徒僧众上千人汇集寺院,场面热烈,盛况空前。最后一次于民国二十四年(1925年)举行。寺中名僧辈出,高僧念慈曾住持高邮善国寺,其徒孙振宗曾住持南通法轮寺、姜堰岱岳寺,其曾徒孙寂然曾住持南京栖霞监院。西房僧玉成住持镇江鹤林寺方丈及上海玉佛寺首座。中房僧乃恒为如东新修国清寺住持,其徒心成曾住持镇江金山寺监院,其徒学成曾为普陀山普济寺上僧……一座小城镇的寺庙先后出现如此众多名僧,在江苏也不多见。寺毁之后,僧众继续传承佛教文化。如学曾于改革开放后任镇江金山寺副住持,分管财务,道行高尚,一尘不染,深孚众望。好几位僧人以其佛学造诣和一技之长享誉同行和社会,有的还当选为县政协委员、县佛教协会副会长。

寿圣禅寺与多位历史名人结缘,一时传为美谈。清光绪八年(1882年),民族英雄、两江总督左宗棠巡视勘察江海堤防,曾在寿圣寺小住,副将随员兵丁等一干人马皆驻寺院。1940年10月,新四军东进栟茶,第八团团部即驻该寺。翌年,新四军在栟茶徐家祠成立苏中军区,陈毅、粟裕、管文蔚等曾一度下榻寿圣寺,寺院一时成为苏中军区的指挥中心。1941年4月,新四军领导下的栟茶区抗敌协会,曾在寿圣禅寺举办过规模空前的减租减息、保卫夏收训练班,当时寺院之盛可见一斑。

山门组群效果图

寿圣禅寺在1946年栟茶解放前夕因战乱被拆毁,大圣塔在"文革"浩劫中被毁,今在遗址东北角仍存有当年铜底古井一口,掩于乱草之中。改革开放以后,党的宗教文化政策逐步得以落实。上世纪80~90年代,经过地方领导、宗教界人士及部分人大代表和社会有识之士的共同努力，四众弟子力助，上级政府同意在栟茶镇建立佛教活动点，活动点后正名为"寿圣寺"。暂寓东大街原关帝庙中。2013年，政府又进一步决定寿圣禅寺回迁复建至百年旧址，并举行了隆重的奠基仪式暨念慈、寂然法师像安位典礼。目前，寿圣禅寺重建工作进展顺利。寿圣禅寺的恢复重建必将为促进地方经济、文化和宗教事业的繁荣发展，写下新的一页。

龙王庙

栟茶临海，历史上常遭洪潮之灾。为借助神灵平息水患，清乾隆、嘉庆年间朝廷诏准在栟茶东郊建庙供奉龙王，庙全称为"敕建宁潮龙王庙"。此庙飞檐翘角，一进三堂，两边厢房，有圆门通两厢房。大殿高一丈六尺，门前有大旗杆一根，旗杆上挂一面青龙旗。龙王殿用青石须弥座承底，檐下使用斗拱，屋面为琉璃瓦，四脊以吻兽砌饰。龙王庙山前立有石狮子一对，雕工精巧，姿态雄劲。龙王庙所处地势较高，加上古树参天，整个建筑群气势雄伟。后来，虽屡遭范公堤决口引发的海潮倒灌，但潮水到此即宁息，故有龙庙宁潮之说。庙前有龙王庙桥，系五搭桥，木质结构，桥高五丈，以陡险著称，是通往双甸、岔河、丰利、马塘的要道。1941年秋废毁。

龙王庙桥

龙王庙定期有庙会。每逢过年或初一、月半、二十五，四乡人们都在此交流土特产，为集市中心。龙王庙高墩上人头攒动，摩肩接踵，烧香拜佛的、看西洋景的、做糖人的、扯空竹的、打钱墩的、耍杂技做把戏的、押三老虎（押宝摸彩）的、转盘套圈的、打老头的、执骰儿抓麻团的、抱断挞鳖的、算命打卦的、说书唱戏的、卖耍货儿的、卖烧饼油条粘糕的……五花八门，面摊、茶摊、铁器摊、五洋百货、杂货小店……样样齐全。庙前场地熙熙攘攘，人声鼎沸，生意兴隆，热闹非常。

城隍庙

城隍庙原址栟茶镇北街头，现栟茶中学南端，南临古运盐河、北板桥，即现栟茶运河、卫海桥。该庙建于清雍正年间（1723年—1735年），民国十七年（1928年）改建为栟茶中学，1941年至1945年间为日军驻地，新中国成立后恢复为栟茶中学。

栟茶城隍庙是道观，供奉城隍菩萨，传承道教，弘扬道家思想。史载，我国道教由东汉张道陵创立，南北朝时盛行。创立时，入道者须出五斗米，所以又叫"五斗米道"。道教徒尊称张道陵为天师（张天师），因而又叫"天师道"。道教奉老子为教祖，尊称为"太上老君"。传说城隍爷是土地菩萨的上司，是管理一方百姓的地方官，其职责为：代天理物，剪恶除凶，护国安邦，普降甘泽，判定生死，赐人福寿。或说城隍菩萨有真人真名，且各地城隍不是同一人。如有人办事业绩卓著，成了当地知名贤人，死后报皇上封爵，受封后就成了当地的城隍。赵宋与时《宾退录》卷十一云："城隍之姓名见者镇江虎元……纪信；襄湘为萧何；真州六合……为英布。"栟茶的城隍历史无记载，无从查考其姓名，也许永远是个谜。

道士的生活来源，一靠庙产农田的收入；二靠香火；三靠做道场；四靠送符（符，是道士所画的图形或线条，传说可以驱使鬼神），每逢端午节或过年，送符到有关人家，也可在庙门口现画现售，以取得报酬。

栟茶城隍庙主体建筑为二进，前为山门，二层楼，各三间，上层中间楼房专供唱戏，据说庙里戏台面北，因它是神前戏台，是演给城隍菩萨和诸神看的。每逢庙会要唱戏，有人"还愿"要唱戏，群众听说庙里有戏看，纷纷赶来，有的甚至要从十多里外赶来看戏。好在天井（广场）较大，能容纳数百人。山门前一对石鼓，两旁有对联："做个好人身正心安魂梦稳；行些善事天知地鉴鬼神钦。"进门可见"一见大喜"匾额，山门朝北，也有一块匾额"回头是岸"。

后排为城隍殿，供奉城隍菩萨、城隍娘娘塑像。殿内东有晨钟，西有击鼓，台前置有天干（甲、乙、丙、丁、戊、己、庚、辛、壬、癸）、地支（子、丑、寅、卯、辰、巳、午、未、申、酉、戌、亥）组成的铜质八卦。大殿两旁对联："刻薄成家难免儿孙浪费；奸淫造孽焉能妻女清真。"殿内悬挂"手摸心头"匾额。殿屋梁上书有"风调雨顺，国泰民安"八个大字，闪闪发亮。殿前有历经数百年风雨的两棵银杏树。配殿及东西厢房设有城隍娘娘寝宫、十二司殿、陆公祠、地方祠等。整个庙院及两旁走廊较为宽敞。据传陆公祠是供奉陆二老爷神像的，陆二老爷是负责侦查和审理民间刑事案件的神，专管小偷，谁家丢了东西会向他求签问卜，以求得事情的真相；而偷者闻讯心里害怕，往往会将原物送回。故陆二老爷的灵气越传越远，越传越神。陆二老爷塑像逼真，穿黑马褂，戴瓜皮帽，八字须，瞪着大眼，神态严肃，令人生畏。

城隍庙作为栟茶地区颇具规模的道教庙宇，整日里诵念经文之声相闻，木鱼磬钹之音不绝，香烛烟火缭绕。每逢香期，庙会热闹非凡，做道场的、求签问卜的、消灾降福的、期盼送子的、唱戏看戏的、卖小吃的、玩杂耍的汇集在一起,游人如织。昔日的城隍古庙已不复存在,其遗址及以北部分土地现已建成全国闻名的江苏省栟茶高级中学。

准堤院

准堤院位于栟茶中学西南角,卫海桥北首,原城隍庙西偏南,僧佛教,宋代建。据末代僧人蔼禅回忆,此院为栟茶场较大的一座庙宇,青砖黛瓦,宏敞雅致。

准堤院有山门、敞厅、大殿三进,庙内有配殿厢房,东有客厅厨房。

庙门朝南,稍有装饰,上书"准堤院"三个大字。进院门便入敞厅,座南供奉弥勒佛,北立韦驮菩萨,东西两侧立四大金刚。弥勒是姓,梵文的音译,意思是"慈氏",名叫阿逸多。据《弥勒佛经》传,他出生于南天竺动劫波利村婆罗门,贵族出身,后来成为释迦牟尼弟子,先于佛祖圆寂。佛祖预言他将在十六亿七千年后继承释迦牟尼降世成佛,是竖三世佛中的未来佛。弥勒佛在庙宇中,是大肚笑脸佛的形象,其实这并非弥勒佛的偶像,而源于中国的布袋和尚。布袋和尚是五代后梁岳林寺(浙江奉化)僧人,法名契此,号长汀子,身矮胖,笑口常开,常背一个布袋行乞,点化世人,最能预测人们的凶吉祸福。人们认为他是弥勒佛转世,按照他的形象塑造了弥勒佛,佛经中的弥勒佛形象则被淡出。民间崇拜大肚弥勒佛,认为谁摸一下他的大肚皮或虔诚膜拜就能消灾除病。韦驮菩萨是南方增长天王下的八将之一,佛教护法神将。佛曾下法旨让韦驮保护出家人,保护佛法。据传,韦驮以善走如飞著称,释迦牟尼火化后,有个"捷疾鬼"突然偷走了佛的两颗牙齿,韦驮发现后拼命追赶。"捷疾鬼"虽快捷无比,但终于被擒,佛牙夺回。于是韦驮专门担当保护释迦坟墓、防范盗骨贼的重任,被尊为佛教的护法神。韦驮供奉于殿内弥勒佛背后面北,执金刚杵瞪目注视,表示忠实护卫大雄宝殿前佛祖(释迦)灵塔(墓)和佛堂之意。

大殿正中供奉准堤菩萨，8尺多高，身材魁梧，神态端祥。准堤菩萨有18只手，9种姿势，相互对称，有的在胸前，有的在背后，有的在头上，有的在膝下，每只手都握有一只宝贝，各有功能，驱除鬼怪，消灾降福，神秘莫测。虽形态各异，但融为一体，形象栩栩如生。大殿东侧供奉"千手观音"，西侧供奉地藏菩萨、眼光娘娘。走廊栏杆精致，地面用大青砖铺设，平整如镜。

西面配殿为祖师殿，中央供奉禅宗创始人萨提达摩，左为六祖慧能（南禅宗教创立者），右为百丈怀海禅师（寺院清规创立者）。

准堤院有庙田30多亩，靠收租维持生活，院内做佛事及按地界到乡民家里做佛事有收入，香期敬佛者敬捐香钱，小孩到院里拜师寄名有财礼，还有名士捐助等，上述各项用以维持寺院正常开支。末代有七位常驻住人，住持慧明。

1941年8月日军侵占栟茶，是年冬天准堤院被日伪军拆毁。

法慧庵与龙树庵

法慧庵、龙树庵是栟茶镇由尼姑住持的两座庵堂，俗称南庵堂、北庵堂，建于宋代，旧时常有诸多善男信女进庵祈祷。

法慧庵（南庵堂）原址在栟茶镇双池巷东首，现栟茶小学操场。该庵有山门、敞厅、大殿。前排3间为韦驮殿，供奉韦驮菩萨；中排敞厅3间，供奉缪家祖先牌位；后排大殿3间，中间供奉如来佛，东边供奉观音，西边供奉地藏王。山门前有大门脸3间，西厢房有厨房3间，除炊具外，还有加工粮食用的磨子、碓，东厢房有厕所。南庵堂健在的僧尼现在还有静空。静空现年84岁，从小拜姑母满达为师进庵，当时有两个师傅、两个师爹，当家的有宏开、宏初，师傅满达管内，另一师傅海月对外，师妹有普华（原无锡市政协副主席徐静渔胞妹）。庵堂依靠原新林9大队（现洋口三江口村）的36亩农田出租生活，平时不做佛事（斋事），只有早晚功课，打禅念经。烧香拜佛的香客，清明节人多，仰光佛生日人多，"打佛七"人多。此庵1958年因扩建栟茶小学被拆除。

龙树庵（北庵堂）位于栟茶镇北街，栟茶中学原校门南侧。全庵为四合厢，建有山门、大殿、厢房。3间大殿，供奉如来佛、观音、送子娘娘。有租田30亩收入供日常开支。平时早晚功课、坐禅、念经、"佛七"（一周）。住持人称五四爹，还有本年、本远、觉恒等师傅。此庵建于宋代，1958年栟茶福利厂、化工工场曾设此废址，现为民房。

佑圣观

佑圣观又名祖师观，位于太平庄中偏西，建于唐贞观年间（627—679年），由尉迟敬德长子尉迟宝林督造，元代至正年（1341年）重修。建有山门、大殿，另有厢房四十余间。主殿供奉道教张天师塑像和三尊盐神像，夙沙氏（盐圣。夙沙是炎帝的部落，专为炎帝"煮海为盐"，我国人工盐的创始者）、胶鬲（盐商宗祖。原为商纣王的大夫，遭商纣之乱隐遁经商，贩卖鱼盐，是我国历史上最早见于史籍记载的盐商，贩运食盐的鼻祖）、管仲（食盐专营创始人。春秋时期政治家，创建了食盐民产、官收、官运、官销的官盐制度）。隋唐时期，栟茶海水煮盐日盛。佑圣观是盐民最早捐资修建的道观，供奉自己尊敬的祖师爷。山门两侧有一对大石狮，大殿西侧有一株高大的槐杨树，每到秋末，圆果澄黄，香气四溢，树下石羊石马各一。该观直至日伪进驻栟茶而被拆毁，大殿内张天师塑像及一对石狮在1958年"大跃进"时才被拆除。

东岳庙

东岳庙位于太平庄东南角、运盐河（栟运河）北，道观，北宋年间建造，明弘治十八年（1505年）重修，主体建筑有山门、敞厅、东岳殿三进。

主殿供奉东岳大帝塑像，塑艺逼真，神态自若。东岳大帝为泰山主神，居五岳之首，它掌握人的魂魄，主宰世人生死、贵贱和官职。泰山神相传为盘古第五代孙，汉平帝永平年间（58年—75年）盘古封大帝为大元帅，掌人间贵贱高下之分，禄科长短之事，十八层地狱方案簿籍，七十五司生死之期，又被封为东岳大帝。"中国死者魂归泰山"，所以百姓对泰山神特别虔诚，希望死后不受酷刑而能幸福。旧时民间有向东岳大帝告状诉冤的活动，每年农历三月二十八日向东岳大帝拜寿赛会结束时举行，俗谓东岳大帝掌管人间善恶之事。

两厢有十阎罗王殿、财神殿、地狱、刑房及厢房等，山门前有奈何桥一座，两旁有石狮一对，庙四周垂柳飘拂，大殿前银杏参天。据传，每天夜间，庙内萤火不断，喝斥声、嚎哭声、嘶叫声、求饶声、磨盘声、锥捣声时有入耳。老百姓传说，那是十阎罗君在拷讯、惩罚曾在人间行过恶、造过孽的恶鬼。1947年因战乱而拆毁。

广霖院

广霖院位于浒澪镇东约500米处，今栟茶镇浒澪村九组，原址曾为浒澪农业中学所在地。广霖院以"大慈大悲救苦救难广大灵感观世音菩萨"而得名，始建于清嘉庆初年（1796年），至今已有200多年历史。

广霖院为一进三堂格局，一进门堂，二进敞厅，三进大殿，各三间，东西各有三间厢房，计大小15间。全部砖木结构，青砖黛瓦，古色古香，路边水井供人们饮水解渴，高大的银杏树长在正门两旁，建筑雄伟，景色秀丽，是人们烧香拜佛，出家人集体居住之理想场所。

大殿供奉着观世音菩萨、大势至菩萨、阿弥陀佛，金装木雕，闪闪发光。天井内的大香炉，烟气缭绕，每逢四时八节、菩萨诞日，烧香的人们络绎不绝。

庙中常住9位僧人、2名客事，除诵经念佛外，还正常开戒课，子弟完成学业后方可到有受戒资格的著名寺院入戒，该院为佛教界输送了大批人才，末代住持为云朗。

解放以前，庙里僧人"出家无家，四大皆空"，不结婚，不吃荤菜，以素食为生，由主持料理庙内外一切事宜。寺院有庙田，一般由庙僧耕种。佛事收入集体提成作寺内日常经费后，余款按各人资历贡献开单发酬。广霖院佛事活动范围为浒澪东部，南至西洋乡，北到老坝港。住持与社会各大寺院、各界知名人士交往，争取捐助，名曰香火钱，如与浒澪镇大户张镜湖、张元芬等交往密切，他们的字画条幅贴满两厢。

庙内除藏有经书外，还有《三国志》、《西游记》、《岳飞传》等古典书籍。

1958年破除迷信，遣散和尚，广霖院址改建为浒澪农业中学。后农业中学移址浒澪镇区，拆去部分庙舍建新校舍，遗留三间房屋给竹园村二组（今浒澪村9组）作为生产队队部和仓库。1983年分田到户后，此三间仓库也被拆除。至此，古刹广霖院了无痕迹，只存留于老人们的记忆之中。

毗卢禅院

毗卢禅院位于浒澪镇大街西端，今浒澪毛巾厂门口，是远近闻名的古刹。寺院向南，由南往北为吊板桥，夹路，砖拱桥，山门场，香客进寺，必按此序。

毗卢禅院四周有河有院墙。院墙外、河边、路边绿树成荫，长满榉树、杨树，间有桃杏。三春时节，桃红柳绿，鸟语花香，绿树庙墙相映成趣。盛夏炎炎，身临其境，是一个清凉世界，令人心旷神怡。庙后长着两棵银杏树，高耸挺拔，树冠如盖，至解放初，主干已面盆粗有余。据说毗卢禅院建于清光绪年间，一进三堂各三间，东西两厢各三间耳房，大小计十五间。庙场西南角为"六二老爷"的六角陵亭。"六二老爷"为毗卢禅院的开山祖师。庙场东为曹则徐墓（虎陵墓），庙场正北为山门堂。各种庙会都在庙场举行，每年数次，主要是以祈祷为名的娱乐活动，人山人海，非常热闹。相传，庙场西北角哪怕人再多，却从未站满。有一年谣传浒澪将有"阴兵"过境，一时人心惶惶。为求神灵保佑，人们举行庙会，祈祷者和观众特多，乃至踏踩伤数人，肚肠压出，尽管此次庙会人满为患，庙场西北角依然未站满。

据说山门堂是顾家捐资建造。由庙场入山门堂便见泥塑人牵马，山门堂两边各一组，马立于架子上，据说是防马逃离去庙北饮马池（系天然深潭，不易干涸，今为浒澪电灌四车口附近）。中座为王灵官木身像，高五尺，浓眉暴眼，右手高擎神鞭，似有泰山压顶之神威，又似能呼风唤雨。

大旱之年，河底朝天，小男孩们成群结队光着身子下河，身上涂满淤泥，趴在沟底，搭成黑色长龙求雨。庙场上举行求雨庙会，壮实男子汉们把沉重的王灵官木身像从山门堂抬到庙场上，善男信女随其后，绕场游行求雨。庙会结束，雨未招来，善男信女散去，王灵官却不得离场，直至哪日下雨了，王灵官才算完成使命，才能将其归座，真够辛苦！

二进关帝殿。出山门入天井，可以看到一个双耳圆盆鼓形铁香炉，三足鼎立于石座，供香客、和尚燃烧纸锭、元宝和香烛。

穿过天井，就是关帝殿。关圣帝君为银杏树木身像，正中朝南端坐。卧蚕眉，丹凤眼，五缕长髯，相貌威严。两旁是雷公、电母、托塔李天王等，六位愣头暴眼黑脸天神天将泥塑像分坐。关帝君像背后，朝北安放着弥勒佛和韦驮菩萨，均为银杏树木身。

三进毗卢佛大殿。穿过关帝君殿入第二个天井，便见一个圆盆鼓形双耳铜香炉，香烟袅袅。

走过第二个天井，就是毗卢佛大殿。拾级而上，毗卢佛像端坐大殿正中，银杏木身。铜钟、大鼓挂于大殿西侧，每当拂晓，寺内和尚做早课，撞钟声传至数十里外。人们常把它当作报晓的金鸡，纷纷闻声起床。

毗卢禅院因供奉毗卢佛而得名。末代住持徐悟卿，常驻僧有云朗、龙泉、元闻、云鹤以及道人王永祥等9人。佛事地界为浒澪西部地区至西下洋，南至双新庄。浒澪北顾庄（今属海安老坝港滨海新区）书法名人缪晴堂先生，每年为毗卢禅院义务书写春联。杨堡村杨八益先生曾解囊资助此卢禅院。

毗卢禅院在1958年破除迷信遣散和尚的大气候下，人去庙空，殿宇渐渐被拆除。公社化时期仅剩西厢未拆，做了碾米加工厂。1964年春兴修江海河时，西厢亦拆。至此，毗卢禅院完全消逝。

临海庵

民国四年（1915年），江安村姜河西段河北岸建了一座寺庙名为"临海庵"。这座寺庙是栟茶北乡有名的大地主徐繁所建。徐住原靖海乡十字路村四组，生于光绪三年（1877年），光绪二十五年（1899年）考过武举，民国二年（1913年）出任东台县董事。当时，地主横行乡里，徐繁从三十四总到四十总，每个总口子建一座土地庙，共七处。凡建有土地庙的地方，周围的地盘都是他所有。1915年临海庵建成以后，他任庙董并霸占了周围大量土地。临海庵庙是个四合院，中央是个小天井。三间正殿朝南，正中是如来佛像端坐向南，东房是关公像朝西，西房是华佗像朝东。三尊佛像高约两米，每尊佛像前都有一只大香炉，高和直径都在80厘米左右，每只香炉前都有一个参拜神像的圆形拜垫，直径约80厘米。东厢房两间朝西，为膳堂和客厅；西厢房两间朝东，是教书的课堂；前面三间，中间是过道，两边是僧房（宿舍）。过道前设庙门，两边各有一个石鼓，石鼓东西两旁各栽一棵银杏树。庙前是三十八总口子向西的一条大路,临海庵的住持先后是永修、同桢、智圣、云泉和刘宝。

新中国成立后,和尚被遣散,临海庵成了姜堡小学的校舍,虽经多次改建维修,其址仍在临海庵未变。1975年开挖团结河,才将姜堡小学拆迁于团结河东侧。

三元宫

民国二十年(1931年),相传有一尼僧到栟茶北乡化缘,后来她就不走了,用逐年化缘的积蓄,在三十七总口子嵇公堤南侧、通垦桥东南300米处建了一座尼姑庵。庵的正厅为三间草房,东西厢房各两间同为草房。正厅陈列着三座观音菩萨像,故命名为三元宫,民国二十五年(1936年)建成。此尼僧的法号叫"红宣",人们都尊称"红老爷"。据说,她与民众人缘很好,谁家要是揭不开锅,她都主动帮助,以解燃眉之急。受她接济的人有的至今还健在,庵民关系一直很好。1941年8月,日寇侵占栟茶镇。三元宫由于地处东台、海安、如皋、如东几县交界,成为我军与日伪争夺的据点。敌强我弱,三元宫被日伪占据。中共泰东县委委派王德胜同志组织地方武装和地下党组织,以弱胜强,采用火攻,拔除了三元宫日伪据点,三元宫无奈毁于战火之中。(参见《红色记忆》——"火烧三元宫")

关帝庙

关帝庙位于东大街中部,面南.建于明嘉靖年间(1522年—1566年),清康熙元年(1662年)缪相倡修,道教庙宇。

关帝庙主体建筑有三进。前为山门,门前地面铺有"八仙过海"法器图案的八块石碉。门垛两旁各设一石鼓,石鼓上刻有狮子戏绣球图案。山门东侧为马房,一匹高大的泥塑赤兔马伫立其间,一马夫作牵引状立于马旁,很有一番意境,耐人寻味。中进为敞厅,八张太师椅置放两旁,两侧墙壁各镶嵌两块功德碑,分别刻记:明嘉靖二十二年(1543年)、清乾隆三十三年（1768年）、道光十六年（1836年）、同治七年（1868年）地方人士捐资助庙的善行，至今保留在庙中。东西两侧建有厢房，为道士生活用房。后进为关帝殿。大殿前有两棵古老高大的白果树。关帝庙宇的大殿气势恢宏，高脊"抓鸡"，飞檐翘角，俨然有金龙宝殿的风格，中间的宝葫芦上插有"明戟"，据说下海回来的人还能看见屋顶。正殿中间四尺高的仙台上供奉着关帝像，两侧为六尊泥塑彪形武士，东首为关平、姜维、廖化，关平手托官印包。西首为周仓、关兴、关索，周仓手执青龙偃月大刀，非常威武。

关帝庙

大殿正门两侧对联为：誉在伽蓝护佛法神威震天，德昭华夏宏忠义丹心贯日。关帝像两侧对联为：德兄德弟义昭日月，龙师龙友功镌春秋。

关羽，山西解梁（今解明）人，青年时力大无比，但不姓关。曾为救父女俩，斩杀当地官员遭通缉。逃走途中经陕西潼关口，脸变黑红。关口官员问其何姓，他一直想着如何过关，即答姓关，遂蒙混过关，从此姓关。后为三国时蜀国开国元勋，是我国著名古典小说《三国演义》中刘备、张飞桃园三结义的异姓兄弟，丹凤眼，卧蚕眉，一把长胡须。关羽以春秋大义为法，不受曹操"上马金，下马银"的诱惑，过关斩将，护送刘备之妻，终于在古城兄弟相会的故事，流传甚广，其重义忠勇闻名于天下。后世历代帝王对其均加封号，被升华为神仙，封为关帝，又被尊称为"武圣"，其庙也称武庙。人民无论求财（关帝又称武财神）、祈子、驱邪、治病、抗灾，都前往关帝庙祈祷，有的人家还在家中或店堂里供奉关帝神像，以求得保佑。每年农历五月十三为关帝圣诞之日，届时该庙中必定热闹非凡。栟茶地区远近香客，纷纷来庙顶礼膜拜，终日香火缭绕，钟鼓之声不绝，鞭炮贯耳，使人流连忘返。

楼园雅韵

一柱楼

一柱楼位于栟茶镇中市街启秀巷（今栟茶小学校门西侧斜对面）内，"L"状平面，面北，三面廊庑，天井植梅，缀以湖石，景物雅致。

一柱楼

清代顺治、康熙、雍正、乾隆各朝大兴文字狱，知识分子因文字得祸者比比皆是。徐述夔的"《一柱楼诗》案"即是清代四大文字狱之一。

案主徐述夔，字赓雅，江苏东台县栟茶场（现江苏如东县栟茶镇，场为当时县属行政单位）人，生于康熙四十二年（1703年），卒于乾隆二十八年（1763年），中乾隆三年（1738年）戊午科江南乡试举人。

徐少负大志才名，曾以状元自许，因乡试试卷经礼部复查，有"违碍之义"（试题"君使臣以礼"，徐试卷有"礼者君所自尽者也"句），被罚停考进士，绝其功名济世之望。徐在家园自建一读书楼，中立一柱，众梁分架其上，取名"一柱楼"，自称"鹤立鸡群"。有人以为一声之转，"一柱"乃"易朱"之谓也，隐含"反清复明"之意。徐在楼内以诗文寄慨，著述颇丰，著有《一柱楼诗》六卷等数十种，多已失传。徐病故后，其子徐怀祖"痛先人功业之不彰"，在徐的学生徐首发、沈成濯帮助下，将《一柱楼诗》等部著作刊刻印行，"是以各处多有其已刻之书"。

徐怀祖去世后，徐述夔孙徐食田与栟茶南乡地主蔡嘉树因田土之事涉讼。蔡欲以徐述夔《一柱楼诗》"违碍之处"告发，徐食田自首于东台知县，蔡旋亦告发。经多次反复，后由清政府大学士阿桂、两江总督萨载、江苏巡抚杨魁、江苏学政刘墉等大员奉旨查办。乾隆四十四年（1779年），徐述夔、徐怀祖父子被剖棺戮尸，枭首示众，其孙徐食田、徐食书及学生徐首发、沈成濯皆斩首，徐氏家属为奴，家产入官；为徐述夔作传的原礼部侍郎加尚书沈德潜已身故，亦被革职、夺谥、扑碑、毁祠、碎尸；经办此案的江苏藩司陶易"故纵大逆"，藩司衙门幕友陆琰"有心消弭重案"，均处斩，扬州知府谢启昆"怠玩"、"迟延"，东台知县涂跃龙"玩延"，均革职流放；举人毛澄受托为徐诗作跋，"杖一百，流三千里"。

据阿桂等人给乾隆的奏折中所述,徐的主要罪状有三:一是《一柱楼诗》内"妄诞狂吠,不可枚举",如"明朝期振翮,一举去清都","重明敢谓天无意","旧日天心原梦梦","毁我衣冠真恨事,掏除巢穴在明朝","大明天子重相见,且把壶儿搁半边",等等;二是"编造诗集、讲义等书,故将逆犯吕留良业经销毁邪说引为宗据";三是为学生徐首发、沈成濯取名"首发"、"成濯","隐刺本朝薙发之制"。

《一柱楼诗》案发后,一柱楼随之寥落。清光绪年末,徐宅辗转售"栟茶市公立启秀两等小学堂",该楼为学校图书仪器室。辛亥革命后,该案平反昭雪,一柱楼整修,清末状元、民国首任实业部长、南通人张謇题匾"古一柱楼"。该楼惜于1947年拆毁,现已荡然无存,几番拆建,原址已成为居民住宅区。

大东旅社

大东旅社

1928年徐一朋任栟茶中学第一任校长。他除了倾心学校工作外,还热心于地方公益事业,兼任栟茶救济院院长,协助栟茶市行政局办理地方事业,建公园,辟体育场,筑公路，整市容。当时栟茶只有仓敖有一家不像样的客栈，叫马栈房，都是如皋、海安、里下河来的小商贩暂住。徐校长决心在栟茶建一家像样的旅社，于是他多方积极筹款，在市行政局的支持下，着手新建。他亲自绘图设计，在街市中心妙香庵巷口（现育婴巷）拆去旧房，建起临街两层青砖灰瓦楼房，克日动工。徐校长亲自在工地督工。大门东巷口朝西，门面墙到二层全是青砖嵌线，图案凸现，线条流畅，有西式风味。此系徐校长留学法国受启示而设计，外观很美，在当时比较少见。

旅社建好后，从大门进里，四合院子，共有栈房16间：朝西四间平房，朝南两上两下，朝东四上四下，另有临街店面房上两间。门厅楼梯向上，接木结构穿格栏杆，绕向朝南朝西各房间，每个房间推窗亮格，古朴典雅。旅社名噪一时，堪称一流，周边几个镇的旅社都比不上。徐校长为之费了不少心血。

旅社落成后，需要有人经营。徐校长物色了一个南通年轻人，此人叫王宝田，在栟茶宝龙池浴室做堂口（接待客人），为人勤快、朴实、热情。因家贫无钱，王宝田当时不肯接受，徐校长不要他分文半钞，言明房产归市行政局，只要好好经营，接待来客，热情服务，不做坏事，只做好事。于是王宝田高高兴兴答应了，做了不花钱的老板，旅社定名为正中旅社。

王宝田夫妻二人勤勤恳恳，用心经营，把正中旅社打理得很好。来往的客人，大都是做生意的、有钱的富人，也有做官的，日伪期间，有不少地下工作者来旅社接头，王宝田都做好掩护，没有出过差池。

王宝田有个同乡叫朱广进，在南通开浴室。有一天，夜深浴室打烊，来了一个日本鬼子，醉酒来洗澡，寻衅生事，朱广进十分气愤，将这个小日本揿在浴池闷死。朱广进连夜带着妻儿逃到栟茶投奔王宝田，王宝田收留了他一家，帮助朱广进躲过了一场灾难，后来又帮朱广进在北街开了一家民生旅社。解放战争时期，街上中统军统特务活动猖獗，常到旅社查夜。虽然地下党常在旅社碰头，但王宝田从未走漏半点风声。

新中国成立后，正中旅社改名为大东旅社，增加了服务员，1956年元月合作化，大东旅社成为集体企业，更名为栟茶旅社，王宝田夫妇和其他人成为集体企业的从业人员，王宝田成为旅社负责人。

斗转星移，栟茶旅社上个世纪70年代搬迁到卫海路。但大东旅社的房子还在，只是像一个垂暮老人，门窗、栏杆都老朽不堪。虽都老朽，幸好未毁，还可以修葺。这段尘封的往事，只在两位耄耋老人的记忆中。

缪氏二贤墓

缪氏二贤墓位于栟茶镇仓敖北首，墓前古柏参天，不远处耸立着高大的石质牌坊，上书"缪氏二贤墓"。通道两旁有石狮、石碑。在距缪氏二贤墓不远处的镇中心还建有"二贤祠"，是明嘉靖年间（1522年—1566年）由侍御大臣雷应龙奉旨所建。二贤祠建好后，明朝朝廷每年春秋时节都要派大员来栟茶祭祀。在栟茶北街头东边还建有一坝，该坝东、北、西三面环水，北有一宽30米、长100米的"龙塘"，塘上柏树成林，林中有一条甬道，两旁竖有石狮、石碑，中有坟墓，为缪氏尚勉公系"缪氏二贤"之祖先。因雷应龙来此设香案祭祀过，后人为纪念雷大人，故称为"雷公坝"。

"缪氏二贤"即缪思恭、缪思敬两兄弟，出生于栟茶场。元末时缪思恭为栟茶地方小官充史令，与缪思敬为同僚。元至正十三年（1353年）张士诚起兵泰州时，缪氏兄弟助元军征战张士诚，杉青一役，将张士诚二弟张士仪所部杀得大败。后来张士诚在苏州自称吴王，缪氏二兄弟又归附张士诚,助其修复杭州城,再后来又投奔朱元璋麾下,为明朝平定天下立下汗马功劳。元至正二十六年(1366年),缪氏二兄弟作为朱元璋兵马大元帅徐达的幕僚,参加了进攻淮南重镇高邮的战役。此战是建立明朝,结束战乱的关键一战,共俘获张士诚官兵士卒2200余人,彻底挫伤了张士诚的元气,为朱元璋统一天下奠定了基础。高邮之役中缪氏二兄弟作战勇敢,战功显赫,颇为明王朝褒奖。

缪氏二贤卒于军中,葬于栟茶。缪氏二贤墓年久失修,周围还有若干其后人坟墓,面积较大,后人又称"古坟园",于1967年掘毁。

九万宫

九万宫是栟茶著名古墓穴,位于三园村三组(南园),西临栟茶岔栟河,南靠龙王庙河。传说古时此宫四周植苍松翠柏、古榆垂柳,四季郁郁葱葱,景美如画。春日九万宫,细雨霏霏,数点桃红嫩,几行翠柳新,花香蝶正舞,鸟语日初长;夏天九万宫,天高明月挂,风劲塘荷摇,张张碧叶茂,朵朵红荷香;金秋九万宫,夜雨桐叶落,夕雁南归去,西风菊花香;冬至九万宫,凛冽冰花夹雨淫,砌下落梅散浓香。真是妙景迷文人,奇观醉墨客。

九万宫墓穴东南向。墓亭四角,四根石头方柱顶立墓顶。墓顶呈圆形,四角飞檐,亭内有雕花石栏三块、大石碑一块,亭前有大条石砌的表门一方,有大门两耳门。九万宫高2米多,占地约40平方米,五级台阶拾级而上,一片农田之中显得气势雄伟。

九万宫下葬的缪九万,明代人,四百多年前做过府台,栟茶人,据传是清官。

墓内由十四块青板石合缝组成石廊,廊内有高级杂木套材,套材内有楠木棺材。开挖时棺内缪九万尸体未腐,头挽高髻,身穿七领七腰布衫裤,赤足,停于棺内停尸板上,尸板浮于棺内澄清水上,尸体顶至棺盖。套材内外皆贮黏稠液体,似松香桐油煎熬之物,也许有中草药液和水银掺和,似为防腐之用。套材内有石墓志两方(存南通博物馆)、男女木俑、木雕家具炊具等。此墓穴是四百多年前的,苏北地区较为少见,1966年8月被红卫兵破四旧挖毁。呜呼哀哉,惜矣!

龙圹沟

龙圹沟位于栟茶镇西近4公里栟茶运河以北处,现为新庄村5组,原单庄村4组。

历史上,龙圹沟笼罩在数千棵郁郁葱葱的翠柏之中,中部为高高隆起的墓地,四周为河沟,从南面一个码头进里,南北长约300米,东西宽约150米,总面积近70亩。四周河沟若一条玉带束之,南和西河较宽深,东和北河较窄浅,河中芙蓉出水鱼虾跳跃,河边树木葱茏美景如画。相传此处为金龙宝地,选建家坟则万代富贵,故名龙圹沟。旧时此茔地曾有专人看管,进出码头处立有告示牌,外人勿进,以防大人小孩进去捕猎鸟兽,损坏树木,破其风水。1941年8月,日寇侵占栟茶镇,惧怕地方抗日武装将其作为隐蔽活动地点,于1942年强令坟主将柏树全部砍光,做成木排沿运盐河运抵栟茶。这些上好的木材有的被日伪军用于修筑工事,有的被民间购去制作家具。原栟茶卫生堂更新后的所有药橱、柜、台都是用此柏木做成。

据传,此龙圹沟为清末民初,栟茶镇市董、大地主缪希陶祖坟。缪希陶约生于咸丰十一年(1861年),卒于民国十八年(1929年),在栟茶镇西部有良田2000余亩。缪在栟茶镇中市街中段北侧,建有一进五堂豪宅,青砖黛瓦,雕梁画柱,后有花园。整个建筑前(南)靠街,后(北)通河(运盐河)。缪希陶之长孙缪泽渔仍健在,93岁,居住台湾。孙媳韩宗英为民国年间江苏省长韩国钧的孙女。抗日战争胜利后,缪希陶后人全部离开栟茶,其房屋被政府接管。栟茶解放后，在此基础上建成栟茶小学，一直至今。

缪希陶一生中曾做过一些善事。据《栟茶镇志》记载，清光绪三十三年（1907年），缪希陶等缪氏族人呈文江苏学政，陈述以祠费之一部划为办学之用，将缪祠之前部，辟为校舍。获准后，即举办缪氏初等小学校，缪希陶为校长。

清光绪年间（1875年—1908年），为改善栟茶镇区泥泞难行的道路交通，有识之士纷纷捐资铺设石板街。缪希陶作为市董，积极带头，栟茶镇中市街所有条石和工程均由缪希陶捐建。

缪希陶一生也经受过一些风浪。光绪二十八年（1902年）农历6月初6日，西乡佃农因农业歉收，田租过高，不堪重负，多人入市捣董事缪希陶住宅。民国十六年（1927年）一月，栟茶镇进步青年在打倒土豪劣绅的运动中，将市董缪希陶控告于县，国民政府将其拘于东台县。后江苏省长韩国钧来栟小住，经协调，得以释放。缪希陶回栟茶后一病不起，次年病故。缪家举行了隆重的葬礼，沿街居民家家张灯吊唁，出殡时送葬队伍浩浩荡荡，尽享哀荣，并下葬于龙圹沟。龙圹沟在1967年至1968年平整土地中挖毁。

九人墓

九人墓位于今栟茶镇浒澪村一组西南角，现毛巾厂内，与昔日浒澪镇的毗卢禅院毗邻。

相传元末明初，浒地仍有大面积草莱未辟，人烟稀少荒凉，常有野兽出没，其中野马危害尤烈，踏毁茅舍，踢伤先民甚多。

住黄家大门（今浒澪村一组）西的曹则徐，决心为民除害。他自幼练习武艺，力气很大，14岁睡觉时竟压断家中一条很结实的板凳。浒地东西各有一口水井，以花岗岩凿洞为井栏，曾是他的手镯，足见其身材魁伟，力大无穷。曹则徐收伏野马，为民除了一害。浒澪人皆敬称之为"曹将军"，"曹将军收野马"为浒地一美谈,传至今日。

朝廷得知曹则徐本领高强,召入为官,去后不久辞职还乡。行至浒地一片蒿草地中,突然有虎扑来。曹闻风振奋,双拳打虎,人虎双亡。曹则徐又一次为民除害,先民们感激涕零,以虎陪葬,作墓九个,以防盗墓。

九人墓在1966年破"四旧"时被掘毁,未见珍宝和传世之物,了无痕迹。

于昭毅将军祠

于昭毅将军祠位于栟茶西街原粮管所西南侧。

于光,字德刚,祖籍姑苏,元末随父避乱,迁至栟茶场定居,明太祖朱元璋起兵,于光从军,英勇善战,屡建奇功,官授指挥使。

公元1368年朱元璋建立明王朝,元顺帝逃奔应昌。洪武二年(1369年)于光随李文忠将军北伐,留镇巩州。秋八月北元大将扩廓帖木儿兵犯兰州,兰州向

于昭毅将军祠

巩州告急求援,于光率兵马不停蹄驰援兰州。扩廓兵将兰州团团围住,形势十分危急。光军一到,立即与元兵血战,杀声震天,尘土飞扬。光如天神一般,左右冲杀,血溅战袍,军士伤亡过半,仍坚持奋战。敌酋改变方向,主攻于光,光虽负伤,毫无惧色,但战马也受伤几处,马失前蹄,光翻身落马,最后被擒。敌酋扩廓将光押至城下,大喊:"于光被擒,汝等速开城门归降。"于光对城上官兵大呼:"公等坚守,徐将军大军旦夕至矣。"转身怒目圆睁大骂扩廓,敌酋怒甚,"批其颊",乱刀戮光于城下。城上官兵无不垂泪,斗志愈

旺。元兵因伤亡甚大,退兵应昌。于光殁后暂殓皋兰山下。

翌年春,明太祖命徐达为大将军,李文忠为副将,分道北征。大破扩廓兵,收复应昌。北元末代皇帝昭帝带着残兵逃到和林(今蒙古厄尔德尼昭),后病死。

明太祖下诏追赠于光为昭毅将军,祀功臣庙,并以其子于彦真袭其职,授应昌参将。

明永乐年间,于彦真去兰州皋兰山下,移父骸归葬于栟茶。后地方官府在于氏宗祠内供封于光,该祠遂为于昭毅将军祠。官府和地方百姓每年都去将军祠祭祀,解放初期该祠被拆除。

缪家祠

栟茶自古各姓大族氏都立有宗祠,较有名气且至今尚能见诸文字记载的仍有15家之多。其中缪氏宗祠虽祠宇之雄阔不及徐祠,精致之点缀不及蔡祠,但家族人口之众多,后代繁衍之盛,其他各祠均无法与之比肩。

缪祠始建于明代,正门朝北临街,为一进三间建筑,中轴对称,纵深布局。其建筑主体为肃穆的殿堂,从外而内,依次有高大的牌墙门、内门、正殿、庑房、享堂、厢房等。庭院植有树木花草,典雅中不失庄严。堂间有小花圃,两侧有甬道,两进间侧翼有祠丁居住的别院附房。此祠为敕建的官祠,规格较高,由官方定期祭祀。祠堂每年正月十三上灯,一直热闹到正月十五。其时祠堂内依庭阶搭台置灯,供游人观灯玩耍,顽皮的孩子在木板台上腾挪跳跃,"咚咚咚"的响声老远都能听到。

缪祠曾设半私塾性质的初等小学堂,学生以本镇缪姓穷苦子弟为主。抗战时期,日军占领如皋,如皋师范附属小学曾撤至本镇缪祠上课。

如栟茶其他宗祠一样,缪祠历经兵燹,特别是日伪及国民党军队占领期间,内部设施均被拆毁,所有典籍、牌位荡然无存，除牌楼、大门外，门窗、厢壁外，甚至多进前墙、后墙，连别院附房都被拆光，至解放时，祠堂只剩下空空的几进大房子。

缪祠为何在栟祠中居于首位？皆因缪姓为栟茶第一大姓，族中状元、京官、地方大员不乏其人。栟茶又名南沙，相传唐大历以前海中有北沙，栟茶位于北沙之南，故为南沙。缪氏宗祠有对联"脉传东鲁，支甲南沙"。这副对联透露了两个信息，一是栟茶缪姓族人来自山东，二是缪姓这一支在南沙诸姓中排名第一。栟茶高级中学缪铭副校长曾在全国好多地方寻根问祖，包括在陕西炎帝陵和黄帝陵都未能为缪氏溯源明白，后至山东泰安孔庙，方寻得缪氏先祖确起源于山东，始祖为秦穆公（故事另叙），"穆""缪"同音通假。而栟茶又素有"一缪、二徐、三蔡、四于、五周……"之说，故缪氏宗祠位列栟镇之首之言不虚。一般祠堂俱有祠产，缪家祠也不例外，且数额不菲。祠产包括可供出租的房子和田地，祠产收入供举办祭祀活动和祠堂管理人员薪金开支。

栟茶古镇不像现在有影院、剧院，被掏空的缪家祠就成了栟茶演戏曲、歌舞，放映电影和集会的地方。1947年栟茶解放后，人民政府逐步修缮缪家祠房屋，在北部设文化站，建舞台。后又将靠南一进改造成舞台，将其北边两进以及两个天井和厢房改造成观众席。说是观众席，其实没有席位，都是观众或与会者自带坐具。因原房较大，舞台在当时显得不小。为增强音响效果，舞台地板下倒扣了十几个大缸。那时来栟的戏剧班子基本是县级的，偶有地市级的，电影只是16毫米窄银幕而已，但观众们兴致很高，每有演出，蜂拥而至，售票入口处常常拥堵不堪。每逢下雨，露天场地的观众大多挤到屋内观看，也有撑着雨伞留在露天的。透过雨帘看戏，倒也别有一番情趣。那时看戏，烟糖瓜子是好交易，场内常常一片嗑瓜子的声音。只是观众席与台口没有倾斜度，到了后排，人们就都站在凳子上看，也有大人站着让小孩骑杠马（骑在双肩上）看戏的。

60年代中期，缪家祠才真正改建成剧场，被命名为"栟茶人民剧场"。只是建筑设施还比较简陋，顶上是芦苇铺平瓦，观众席一开始全是一排排凳子，后来才将比较靠前的座位改成椅子。那时来栟演出的艺术团体有的级别比较高，江苏省歌舞团曾来过，女歌唱家薛飞的一曲《拔根芦柴花》和由作曲家吴岫明将浒零花鼓曲调改编的《人人都爱社》至今还为人们津津乐道。上海电影制片厂演员剧团也来过，著名演员仲星火等给栟茶人留下深刻印象。"文化大革命"期间，剧场成了派系集会的地方。样板戏兴起后，栟茶"六乡一镇"毛泽东思想宣传队你方唱罢我登台，栟茶、新林、于港、河口、靖海、洋口一式演的《红灯记》，浒澪独树一帜，演的《沙家浜》，虽是业余水平，却也像模像样。

改革开放年代，栟茶在镇南兴建影剧院。原剧场改建为南沙商城，只在商城四楼留有一处文化站，再后来文化站也搬迁到镇北兴建的文化广场去了。

现在，栟茶缪家祠已面目全非，只有其变迁史还留在栟茶上了年纪的人们的心中。

张家祠

家祠，华夏五千年特有的宗族文化。源于何朝何代，扑朔迷离。一般而言，某姓氏某一代后裔，为其祖先亡灵设置木主牌位，集中供奉于该家族特定的厅堂内，该建筑即为该家族宗祠，俗称家庙。

原浒澪镇东首，新中国成立前曾建有张家祠，祠址为现浒澪小学校园内东侧，由地方张姓几位名人，募集本姓家族各家善款建筑而成。

张家祠坐北朝南，拱门飞檐，颇为气派，正门两旁有石头雄狮镇守。

二进敞厅，前后通道，游人可休息闲坐。次后是天井，青砖铺地，数棵常青树点缀两旁。左右两侧是东西厢房，各有两间，对称而立。

三进大殿，七架梁大瓦屋三间，不设窗户，敞檐走廊。

大殿正中后侧设置长香椅数张（当今谓之条台），其上陈设大型烛台、香炉，殿中央设有若干拜垫，供祭拜磕头用。按照列祖列宗辈分、资历和等级，依朝代顺序将木主牌位供奉于香椅上。祖宗牌位红漆木身，刻上某朝第几世祖名字，字为金色。牌位顶有扇形罩额略前倾，牌身高约一米，庄严、肃穆。东厢房亦供有牌位。

据民间习俗，每年清明节、农历七月十五日、冬至节，张姓各家户主衣冠整齐赴家祠祭祀先人，焚香掌烛，三牲供品，烧钱化纸，叩首跪拜，香烟缭绕，纸灰纷扬，既热烈又庄重。

农历七月十四日下午或晚上，本家族的大户人家出资请和尚放"斋孤"焰口，超度祭祀生前无子女的孤魂野鬼和残疾亡灵，也算是行善积德。

大约在20世纪40年代，张家祠西厢房北一间辟作浒浯小学教师办公室，南一间作教室，当时的教师有黄毓麟（后去上海工作，任普陀区教育局局长，现离休）、张汝勤（浒浯小学创始人张可鑑先生之三女，新中国成立后在新林乡任教）、张绍文等。

新四军东进后，我党我军干部粟裕、管文蔚、张凤娇（女，湖南人）等曾在此祠工作过一段时间。

后因战乱等原因，张家祠被拆毁一空。

蔡家祠

蔡氏宗祠，是清光绪年间栟茶人蔡少岚所筑。园内有亭台楼阁和影虹桥，小溪曲折，画廊雅致，遍栽四季花木，山石点缀，清静幽美，取名诒园。蔡家祠堂主为蔡清述蔡元公。祠内建蔡氏小学，有教学大楼一座，有花厅长廊、操场。祠堂内有小祖祠和大祖祠两所殿堂专用于敬祖祭祀。

蔡家祠

蔡家祠诒园四季优美如画。春到诒园，梨花院落溶溶月，柳絮池塘淡淡风，百花绽蕊呈芳菲，千紫万红闻杜宇；夏天的诒园，天高明月挂，风掠满堂荷，张张碧叶茂，朵朵亮荷苞；诒园的金秋，风前横笛斜吹雨，黄菊枝头生晓寒，枫叶荻花秋瑟瑟，旅雁奋翅向南飞；诒园的寒冬，风霜雨雪貌然过，松柏挺立翠且茂，斗雪冬梅报春光，假山峭壁裹银装。

蔡家祠在忆农桥东南300米处，现已无存。

栟茶牌坊

牌坊又叫牌楼，是一种纪念性的建筑，旧时为歌功颂德、宣传封建礼教之用。一座牌坊总有一段感人的故事，有悲有喜，悲的是贞节坊、烈女坊，喜的是百岁坊、将军坊等。栟茶千年古镇，庙宇多，祠堂多，牌坊也多，但都在历史的长河中被淹没了。笔者多次到民间搜集，采访了多位耄耋老者，查阅了不少资料，钩沉历史上的几处牌坊的模糊形象，以供读者参阅。

孝女坊，蔡蕙救父的故事，从清朝康熙年间一直流传至今。数百年来人们一直不能忘怀，那年间，孝女坊建在栟茶北边范公堤下，那二十八块石头建成的牌坊（康熙二十八年），经过多少年的海风吹蚀，雨打日晒，坚实耸立在那里，没有丝毫倾歪、错动。它的每块石头仿佛都有灵气。天地日月精华之气，使它显得滋润，它矗立在堤下，半个身子高出堤岸，耸向云表。这就是旌表孝女坊。北向大海滚滚海浪，牌坊上圣旨面南，向栟茶淳朴善良的人们，向一代代儿女诉说蔡蕙救父这一可歌可泣的故事。汉朝有缇萦救父，清朝有蔡蕙救父，二千年来只两人，真是惊天地泣鬼神，"蔡蕙告御状，千古留芳名"。传说在栟茶老北街头，曾建有孝女祠，香火不断。孝女坊和孝女祠不知何年被拆除，实为可惜。

节孝坊位于栟茶东大街街南灰堆场附近。节孝坊传说在清道光间，栟茶大姓中徐氏一女子，年轻守寡，誓志守节，侍奉公婆，孝感乡里，含辛茹苦课子成人，后子中进士。几年后，公婆先后亡故，徐氏未几也病亡。子奏朝廷，皇帝下旨点坊。这是一座旌表牌楼，上有石刻双面圣旨，双龙护旨，二层有双面石刻楷书节孝坊横匾，三层飞檐翘角，高大气派，牌坊大门，东西可行轿马，两边附有耳门，大门石柱方形粗壮高三米左右，门两边有四只栩栩如生的石狮连体石柱，下面还有环形兽，大门的方形石柱上，凹下有楹联，都有颂德的妙辞。石柱和门上面横条石都有美丽的花纹图案。此牌坊造型美丽华贵，蔚为壮观，曾是古栟茶的一道风景线。从牌坊向东走，不远河上有一座木桥，结构精巧，可通行人，从桥上下走直通节孝坊，向西有一节孝祠建在徐氏宗祠的西侧，留给后人祭祀。

仁寿坊位于东石桥西不远处街心，牌坊用麻石建成，高大粗壮的石柱耸立街心，托起石门上横石二端，牌坊高三米多，横石门上有三层横石、翘角，第一层门正中上刻有圣旨，第二层有石刻隶书仁寿坊，牌坊东边石桥下不远处为东圈门"通利门"，此处成为一道古朴庄重的风景。据说清朝咸丰年间（1856年—1861年），街南边巷子住着一位徐姓乡绅，年过九旬，家境豪富，良田千顷，一生做过很多善事，人称徐善人。咸丰六年（1856年）发大水，农田受淹，汪洋一片，哀鸿遍野，老人开仓济困，四街设粥厂救灾。免去佃农二年的租，灾民感恩，乡里称贤。老人翌年谢世，地方官府将老人善事上报朝廷，皇帝下旨建仁寿坊，以颂其法，后将老人居住的巷改为仁寿巷（此巷石碑仍存放在民间）。仁寿坊1943年被国民党反动派拆毁。

北街两处牌坊，从丁字街口向北数十步，有一座牌楼，人称百岁坊，这是清乾隆四十五（1780年）年皇奉建坊。百岁坊是纪念一位104岁逝世的女寿星，东台县志有记载。这座牌坊用麻石建成，牌坊高大，跨北大街东西街心，门高约三米，宽三米，无耳门，粗大的方形石托起门上三层横石，飞檐翘角，上有圣旨石刻，二层有石刻"百岁"横匾，苍劲有力，横石上有祥云图案花纹。牌坊门柱两边，有像石鼓样的波形石，护抵石柱，此牌坊庄重古朴，高大气派。那年代能过百岁的老人是十分稀罕的，所以朝廷旌表建坊，百岁坊1854年遇强台风，上面石头刮倒，砸毁民房一间。

北街在北板桥南也有一座贞节坊。这牌坊不大，高约三米，牌坊门高约两米，门宽一米左右，不是皇封旌表的，是乡谥给建的。传说是一妇女嫁夫冲喜，未有子嗣，夫殁女誓志不嫁，长年忧郁，未几也离世，地方称贤建牌坊表彰，在北街铁铺边空地朝东建一不大的石牌坊。贞节人何曾想到死后的这些风光含有多少自己的血泪。此处牌坊抗战前拆除。

徐氏孝子坊是旌表栟茶人徐鸣瑞，他侍母至孝，乡里闻名，母病缠身，徐衣不解带，夜以继日侍奉，长年累月，不思婚娶。母病故后，徐心力交瘁，成病未几也殁。其情感动乡里,有司建孝子坊在街西北大道上以纪念(栟茶史料有图片记载)。徐氏孝子坊有二丈多高,两根方形粗麻石竖在大路边,三条横石嵌在竖石上。第一层横石上有美丽的浮雕图案;第二层是东台县祭子之类的行书;第三层是门楣,边角有如意花纹装饰,两根方形石柱上有华表装饰,上面还有两只石狮,石狮下有虎形环浮雕,牌坊门石边都有石栏杆,一

徐氏牌坊

是好看,二是护门。后来栟茶行政局徐季华还重新加固,抗日初期拆毁。

缪氏二贤墓前的牌楼,位于栟茶仓廒北首古坟园内,墓前古柏苍天,不远处耸立着高大的石质牌坊,上书"缪氏二贤墓"。通道两旁石狮石碑是晚期嘉靖年间(1522年—1566年)由侍御大臣雷应龙奉旨所建,毁于"文革"期间。

除上述牌坊外,还有几处已不为人所知,无法钩沉。

古镇的牌坊虽荡然无存,但栟茶人的美德将世代永存。

浒澪牌坊

浒澪镇南郊,有一处贞洁牌坊,大约在1960年左右被拆。

清光绪三十二年(1906年),原浒澪镇南郊正港边上(今浒澪村9组),住着沈宝元一家。其姑奶奶沈氏不知何种原因,立誓独身不嫁,一生贞洁,去世之后,晚辈为其竖立贞节牌坊。

牌坊原地有三座祖茔,传说是樟棺套材,后经挖掘证实。祖茔侧旁,是老姑娘的坟墓和贞节牌坊。按常理,牌坊

中间是正门,两侧应有耳门,奈因这位老姑娘生前一次没留意,与家中伙计面对面同搬一次方桌,触犯了"非礼勿动"的"忌讳",降了"格",只立一个正门,不可立耳门。

牌坊用花岗岩雕凿砌成,正门左右立柱高约6米,立方体石上端有横梁连接,刻有字样,远看就像一个巨大门框。

历经百年,风吹雨打,战火频仍,此贞节牌坊完好无损,岿然不动,几里路外均可望见,实为壮观。因地处大路边,过往行人都要看上一眼,路人称为牌楼口。

无独有偶,浒澪北郊亦有一座雄伟壮观的忠孝牌坊。远远望去,三门牌坊耸立,众多古柏苍劲葱茏,众多鸟类栖息鸣噪,环境幽雅。

此地顾氏家族人口颇多,数百年前,他们就在此耕耘渔猎,繁衍生息,不远处还有顾家庄、顾家宗祠。

顾氏族人精心选择了一处四周环水、中心居高的大园田作为风水宝地,将几代老祖宗埋葬于五座大坟茔,表示对开宗鼻祖的崇拜和孝敬,昭显家族后裔的威风。众人集资建筑了一座三门式忠孝牌坊,坐北朝南,供后辈景仰祭扫。

牌坊以长条立方形花岗石作为立柱,上刻祥云瑞彩图案。正门高6米以上,横梁两块构连成大门上框,上刻"顾某某公"字样。两侧对称耳门高约5米,与正门构成整体三道门。远远望去,庄严肃穆,蔚为壮观。因环境阴森肃然,草木丛生,常有大蛇、野兔、黄鼠狼出没其间,平时极少有人光顾,只是每年清明时节,顾氏后辈们才去祭扫陵园。虽经数百年风雨沧桑,台风、地震、兵燹、洪涝、干旱,这座忠孝牌坊仍巍然屹立,后因多次土地平整、水利建设,此处牌坊及坟茔便荡然无存了。

绿云盦与小绿云庵

清末贡生蔡少岚世居栟茶,家道殷实,藏书颇丰,他能书善画。那时栟茶隶属东台,在东台文人中他很有名望。蔡少岚振兴教育,不惜倾家,呕心沥血,乡里称贤。他与文人贤达来往颇多。清光绪年间,蔡少岚筑葺一幽居别墅,取名绿云盦。新庐落成,东台名士周子番来访,赞其亭台清幽,数目蓊郁,竹林环绕,假山点缀,芭蕉滴翠,风雅古韵,洗尽尘俗,彰显魏晋风格,真是著书立说的好地方。

周子番乃丹青妙手,蔡少岚请他绘一幅绿云盦图,周子番欣然应允,庐内仔细观察,庐外周边仔细观察一番,即铺开宣纸,精心绘出一幅彩色绿云盦画图,并题了字,蔡少岚赞不绝口。绿云盦建成的消息不胫而走,先后来了不少的文人雅士造访参观,十几位名士都留下绿云盦图题诗的墨宝,一时成为栟茶文人的佳话。诗人们盛赞绿云盦是佳境,敬佩蔡少岚为贤士,绿云盦成为文人聚会的场所,成为一座文化景观。

蔡少岚对"绿云盦"情有独钟,著有"绿云盦"诗五卷,词一卷,墨梅一幅,其他诗人不少作品。

可叹蔡少岚五十四岁离开人世,绿云盦毁于何年史无记载。

蔡晦渔是蔡少岚的公子,在绿云盦和父亲生活了十年左右,彼时还是个儿童,从小耳濡目染,受父亲很好的熏陶,1927年蔡晦渔毕业于上海法政大学,毕业后回栟茶,早年加入中国国民党,曾任栟茶市行政局局长,任期内曾和栟茶中学校长徐一朋(地下党员)创办了许

蔡晦渔重建的绿云盦

多公益事业,办公园,开辟体育场,修公路等。

蔡少岚逝世后,蔡晦渔新建了一座洋式别墅,为了纪念父亲取名"小绿云庵",在栟茶的一片老式建筑中可谓别具一格,独一无二。洋房外花木扶疏,芭蕉绿竹,酷似当年父亲设计的格局,还养了梅花鹿、猴子等观赏宠物。小绿云庵背面是仓廒河,河中有一座遨迴亭,十分漂亮,也是蔡晦渔所建,"仓廒泛舟"曾是栟茶十景之一。

1925年蔡晦渔与叶实夫、蔡观明、蔡牧山等20多名进步青年知识分子,为谋求推进地方建设,发起建立"知社"。"知社"社员多次在小绿云庵集会,筹备恢复市议会之事,曾多次派员到东台请愿,几经努力终于成功。1926年初,栟茶"知社"在小绿云庵出版《海日》月刊,猛烈抨击封建势力。

地下党员徐一朋与蔡晦渔、叶实夫接触较多,叶实夫在小绿云庵撰写《马克思小传》,介绍了马克思的生平,简述了《共产党宣言》的主要内容,宣传了马克思和恩格斯的学说,在《海日》月刊4月和11月连续发表。这在当时是难能可贵的,对徐一朋开拓党的工作起了很大的作用。

1936年蔡晦渔出资,请蔡观明在小绿云庵编纂《栟茶史料》,为栟茶留下了极为珍贵的文史资料。

1943年蔡晦渔迁居上海,1948年《夷白杂文》出版,次年移居苏州,在《苏州文化报》工作,1956年任苏州市图书馆馆员,经常为各报刊写稿,笔名夷白。1966年"文革"期间在苏州受到批判,1969年被遣送栟茶管制劳动,1977年冬病故于栟茶。1978年10月苏州市为其平反,补办了追悼会,并抚恤对其家属。

据蔡观明编纂的《栟茶史料·初集》载:栟茶的村庄,大多以宋元明清时期的故事成名。栟茶先民为维持生计,抗御海潮和各种自然灾害,围堰筑坝,在南黄海边这块神奇的土地上生成了一个个美妙动人的传说。"埭"为筑坝,"堡"

为坚固的营寨,"港"、"湾"是南黄海边的踪迹,"灶"、"墩"是先民们制盐智慧的遗存,当然也有部分以宗族集居姓氏、近现代名士、烈士命名,意境深远,内涵丰富。这些村庄美名的生成、传承,凝聚成栟茶人的正能量。

村庄集要

大窑村

大窑地处栟茶镇最西北部,南临古运盐河即后来的栟茶运河,北枕浒洋河,东靠五引河,西与海安县沿口镇以滩河为界。全村东西长约2公里,南北宽约1.5公里。

大窑村,因昔有砖瓦窑得名。一百多年以前,这里地广人稀,满眼尽是荒草地,散居着屈指可数的农户,世代以开荒种地为生。一旦遇到兵荒马乱、自然灾害,人们只好离乡背井寻求生路,苦苦挣扎。

当年一位名叫蔡美广的中年人,凭借多年在外闯荡的经历,发现城里有钱人急需砖瓦兴建房屋,烧制砖瓦是一条可行的谋生致富门路。于是多方筹集资金,利用充裕的荒地资源,在自家土地上筑起了当地最早的一座单缸砖瓦窑。雇请的工人是左邻右舍和亲戚朋友中没有能力出外谋生的男劳力,泥土取自砖窑四周的荒地,燃料全部是荒草。砖瓦生坯手工制作,六面光滑,装窑烧制20天左右,再洇一个星期的窑水。这样烧制而成的砖瓦,一律青灰色,坚固耐用。当时生产的青砖青瓦远销南通、苏州、无锡等城市,供不应求,生意红火,救了一方百姓,富了老板腰包。

烧制砖瓦十分辛苦。制作砖瓦生坯首先要拌和泥土，木模安好后抓一把草木灰，塞一把泥，刮去多余泥土，再稍平两面，倒在砖坪上晾干后装窑。有民谣说："做一千，巴一万，丢下模子要讨饭。"做砖瓦生坯的每日起早带晚，遇有雨雪要及时遮盖。烧窑连续20多天不熄火。砖瓦出窑也靠人工，每担200多斤，从窑底装担挑上窑顶，再一步一步挑下来，运到场地堆好。遇到灾害年景，窑老板蔡美广用青砖青瓦，从城市粮行换回粮食，周济乡邻，帮助大家度过灾荒。因此，尽管十分辛苦，窑工们仍然心甘情愿地在他手下做砖瓦、烧窑。

当时，烧制砖瓦成了当地贫苦农民的唯一生活出路。数年后，又有当地人李正国、李国元、程广和、张从有、李汉卿五家先后在自家的地皮上筑起砖窑，改单缸为双缸。从此大窑村境内就有六座砖窑。窑工仍然是他们周围的男劳力，其中规模最大的要数李汉卿家的砖窑，窑体高三丈，双缸，每缸直径2丈，又高又粗，三里路外都能望见，一次能烧砖七八万。人们皆称之为"大窑"。后来慕名前来买青砖青瓦的人多了，都以"大窑"问路，"大窑"逐渐成为约定俗成的地名。

新中国成立后，因"大窑"地名出名，就定名为大窑村。1958年成立人民公社后，大窑村先后改名为大窑大队、十二大队。1983年撤社建乡后，为浒澪乡大窑村。2001年凌河村与大窑村合并为大窑村。

陈湾村

栟茶镇陈湾村位于栟茶镇的西北角，北与东台县毗邻，西与海安县角斜镇、老坝港镇、原沿口镇接壤。相传滩河在陈湾村西北角向东拐了个大弯，古时一陈姓人家来此开荒种地，故名陈湾。凡是光顾过陈湾村的人们，对其印象是：普普通通的村落，平平凡凡的村民在这块土地上日出而作，日落而息，与其他村落没有什么两样，唯有红土地庙的神奇故事让人赞叹不已。

红土地庙地处陈湾村合并前的原下洋村的东南角。在栟茶、角斜、滩河、沿口、李堡方圆上百里的地方，可以说是老少皆知。

解放初期，人们以红土地庙为名，把这方土地叫作红庙村。后虽几经更名，但一直都没有把红庙这个名字去掉。以庙为名，不算很美，但人们对红土地庙有着深厚的感情，由其引发的许多感人故事，在人们的心目中占有十分重要的位置。虽多次更名，但人们都不认可，故沿用其名，一直到1966年"文化大革命"前夕。

相传，红土地庙始建于明朝永乐年间（1403年—1424年），距今已五六百年历史。当时，倭寇和海匪经常在当地出没，老百姓为求神灵保佑当地水土平安，在这块地方修了一座不算大但很别致的土地庙，四面围墙，中间的土地神殿一进两堂，飞檐翘角，加之香火不断，烟气缭绕，真是犹如仙境一般。这使得倭寇、海匪们不得不有所敬畏，即使来此侵扰，也会绕开土地庙这块神圣领地。附近百姓饱受倭寇、海匪的抢掠之苦，在走投无路的情况下，一听倭寇、海匪来了，就将自家饲养的鸡、鸭等家禽以及极少的一点粮食藏入庙内，竟然次次都免遭劫难。人们都认为这是土地神保佑了他们，于是对土地神更是敬仰有加，并重塑了一尊约一米高的土地神像，还将围墙向外扩了许多，修建了焚香阁，使土地庙的气势更盛。每逢初一、月半、二十五，还有大年小节，四乡八村的老百姓都要到庙中敬奉香火，并在庙内挂上红灯笼。每当夜晚，远远一望，一片霞光直射天空，局外人都以为这是土地神爷显神威。倭寇、海匪更是敬而远之，都不敢碰土地庙的一草一木。这样，土地庙便成了附近百姓避难的"大后方"，日子也平安了许多。

更有趣的是，抗日战争时期，我游击队的几名战士分别在被敌人追得走投无路的情况下，躲进庙内藏在土地神像的后面，敌人进庙搜索，这几名战士均安然无恙。为了感谢土地正神的保佑，有人买来了一根旗杆立在庙内，每天晚上将红灯笼升上旗杆，高高地挂在空中，数里之内都能看到。一次，敌人到此一无所获，气急败坏之下打掉了挂在空中的红灯笼。人们从中得到启示，只要接到敌人下乡的情报，土地庙里的红灯笼就不挂，四乡八村的人们看不到土地庙里灯笼的红光，便知道敌人来了，立即坚壁清野。敌人每次扫荡都落空，到这里来的次数也渐渐少了，人们的生命财产在一定程度上受到了保护。他们朴素地把避险的功劳归在了土地神身上，每逢庙会，人们都要给土地庙刷红添彩。红土地庙的名声也随之越来越大。

该庙虽早已在"文革"中被毁，但它的故事至今仍在民间广泛流传。

新庄村

新庄村地处栟茶运河北岸，北至浒洋河，东至江海河，西至五引河，东南角为七里缺，西南角有十里桥，这片方方正正的土地水陆面积有4.5平方公里，居住着近5000人，这就是栟茶镇大村之一的新庄村。

早在清末民初时，在新庄北部有姓王的兄弟俩，分住前后两处，在此落户垦荒种地。后来因亲友投靠，陆续搬来好多人家。1942年，前庄有二十八户，后庄有九户。人员聚居，建新房带来新气象，加之都是近几年才搬来的，周围的老住户称前庄为前新庄，后庄为后新庄。1958年人民公社化时，原先名为新庄大队,因全县有两个新庄大队,一个在马塘,一个在原浒澪公社,浒澪新庄有两个庄子,后将浒澪的新庄改为双新庄。

1998年村域调整,将唐庄村江海河以西北部的11、12、13组划入双新庄村。

2001年村域撤并,将马场村、双新庄村、单庄村合并,定名新庄村,希冀在社会主义新农村建设中建设更新更美的村庄。

新庄村西南部叫马场头。相传二百多年前十里桥北、蔡家桥东有一赵姓人家外出做生意,娶了一房外地媳妇,两亲家相隔百里。媳妇回娘家这是正常事,可路途这么远,来回走路很不方便。过去的女人都是裹足,小小的脚只有三寸长,走路总是快不起来,回娘家一趟还要在路上投宿。后来坐独轮木头车子回娘家,一坐上去,吱呀吱呀的声音响个不停。推车的人还要身强力壮,否则还不如步行。

为了回娘家方便,赵氏就从外地买了匹马回来饲养,以作交通之用。这匹马天天在一块宽阔的草地上吃草,累了就在这牧场上溜达溜达。时间长了,这匹马好像善解人意,渐渐的不需要人去放牧,只要把它放出去,吃到牧场顶头就回来。后来人们就把这牧场叫马场头。

一百多年前,在新庄南部的九组住有一姓单(shàn)的人家,家境还算不错,经常有盗贼来偷他家的东西。当家的不能外出半步,天天在家防窃。后来他想了一个主意,把住宅地周围挖成河,只留一个码头进出,并且养了一只狗看家护院。当时人们就称此地为单家庄。其他的庄子住一个姓氏的有好几家,也有一个庄子住着好几个姓氏的,唯独这个庄子里只住着一户姓单(shàn)的,也有人称它为单(dān)家庄。直到现在还有人称原单(shàn)庄村为单(dān)庄村。

杨堡村

　　栟茶镇杨堡村，南以浒洋河为界，北与海安县老坝港乡接壤，东临江海河，西至五引河。全村共有耕地面积4130亩，20个村民小组，1205户，3676人。

　　杨堡村1946年11月为东台县角斜区管辖，1949年9月划归如东县栟北区浒澪乡。

　　1954年，如东县建起两个农业初级社，一个是新店季帮英合作社，一个就是上杨堡的康视良合作社，取名黎明合作社。第二年，农业合作化掀起了高潮，上杨堡、中杨堡和北杨堡合并成黎明高级社。随着高级社集体实力不断增强，又由康贻祥等人组建了海肥厂，建了厂房，钉造了三条大海船从事张簖子、张鲂等海上捕捞作业，所有权归高级社。1958年下半年，黎明高级社转为浒澪人民公社黎明大队。不久黎明大队南部划为七大队，北部划为八大队，海肥厂改名通海渔业大队。为了方便海上捕捞，通海大队后来迁至斜港，1965年与洋口、靖海的几个渔业大队组建了南港渔业公社。1983年底，建立乡村制，7大队为浒澪乡杨堡村，8大队为浒北村，1998年小窑村四、五、六、七村民小组并入杨堡村。2001年，浒北村与杨堡村合并为杨堡村。

　　杨堡村是以古上杨家堡、中杨家堡、下杨家堡为基础而建立的。上杨家堡与中杨家堡的划界为中间一条东西长1000多米的徘徊荡，荡面宽处近100米，荡中芦苇丛生，水草茂盛，水荡深浅不一。古时，涉水过往人等有时来回不定，故名徘徊荡。中杨家堡与北杨家堡的区界为一条东西方向约800米的杨家堡河，河宽水深，鱼虾成群，两岸芦苇摇曳，树木葱茏，杨氏村民居住其中。

　　古时，围有土墙的城镇或村庄称"堡"。杨姓人家来此居住后，为抗击土匪、倭寇袭击，相继在上杨家堡、中杨家堡、下杨家堡选择有利地形，筑起高地，建起房舍，外筑土围墙，高逾丈，周围挖成河沟，一个码头进里，似城堡。至今下杨堡仍有遗痕可见。

　　相传明朝初年，杨氏始祖杨世坚带着家人，从苏州阊门来到上杨家堡落户，建房时无意之中挖到一缸金元宝。在这块海沙淤积的新垦之地，并无古代建筑，何来金元宝，据说杨氏是个处士，也就是有钱无官爵的读书人，为了不露富，就编了一套谎言蒙骗当地人。他到了上杨家堡后，置田建房，所建庄园，类似城堡，十三个大门进出，打的水井用铜材做底，至今还埋在庄北地下。该庄园南有南花园（现在浒洋河边老食品站处），北有北花园（现在一组康承银住宅处），中间有荷花池（现在康琴家屋后），东西有马房（东马房在鳗鱼场西边，西马房在康承明家老厨房处）。为了代代富贵，建造了三个龙圹，留做茔地，死后埋在大龙圹。大龙圹在现在的一组最西边，四边环水，东南边一个大码头进里。大龙圹正南边离围河数丈之远有一个四亩地大的圆塘，名曰越塘。大龙圹是约十亩田大的高丘，新中国成立前，高丘上长着一人多高的红柴草。上世纪70年代，在黎明一队队长沈植的带领下，一队社员在大龙圹平整土地，挖出了杨世坚的棺材。属白衣葬，外廓是圆木制成，木廓内是熟石灰，石灰内是木质外棺，外棺里有桐油之类的液体，内棺就浮在很浓的液体内，由整板楠木做成，一米多高，黑漆如鲜，"大明处士杨世坚之柩"几个金字光亮如新。十几个青壮年把内棺抬到生产队大场上，公社、县、地区来人后，运至南通博物院，开棺后里面的尸体、衣帽俱未腐烂。再后来，棺木又运回生产队，制了几张开会坐的长大凳和几块黑板。原坟地现仅留下马房北花园处数十棵古柏和荷花池。杨世坚的后人因上杨家堡人口渐多，也移居到徘徊荡北边的中杨家堡和北杨家堡生活繁衍，但中杨家堡、北杨家堡与上杨家堡相比，则稍逊一筹。

　　杨家堡村新中国成立前是一个比较重要的地方。它南连白条河，一条水路直达丁堰连接长江，当时一些本地商贩经常贩猪、鸡、蛋等，乘帮船到上海，回来载些茶叶、水烟、洋布、洋火、洋油之类，既供给新四军也卖给老百姓。向西有一条5里长的挺长路，过福兴桥就是角斜。战乱年代，敌我双方从启东、海门往返于东台、盐城、阜宁或泰州、海安、李堡、角斜到黄海滩的苴镇、长沙，都必须从杨家堡穿过。在抗日战争和解放战争时期，它数次被二黄（伪军）和国民党反动派占领，也数次被新四军、武工队所控制。1947年2月16日（农历正月廿六年）国民党"绵阳"部队第49师79旅一个营从栟茶去旧场，途经北杨家堡，被华东野战军第11兵团第7纵队31旅一个团就地歼灭。

　　杨堡村地处黄海边，原为海沙淤积而成，大部为盐碱地，好的地方夹沙土，过去常遇海水倒灌，一般土地只能长些旱粮，即使风调雨顺，收点粮食仍不够糊口。新中国成立后，在共产党领导下，整修加固北捍堰，开沟挖河，大搞农田水利建设，海边杨堡人用上了长江水，海水不再倒灌，旱田变成了水田，盐碱地变成良田，旱涝保丰收。20世纪70年代后期，杨堡人相继办起了窑厂、玻璃瓶厂、织布厂、木器厂、绳网厂、鳗鱼场等，手工编织遍及全村。杨堡人逐步富起来了，家家住楼房，水泥路村中穿，电瓶车、摩托车、小汽车进农家，到处充满欢声笑语。杨堡人的生活真是吃着甘蔗上楼梯，步步高，节节甜。

竹园村

　　在浒洋河的南岸，江海河的东岸，有一个小小的村庄叫竹园村。

竹园村的得名，源于历史上这儿曾有近二十亩田大的一片竹林，人们称之"竹窝头"。竹林中百鸟集居，成双结对，生儿育女。每逢晴天的傍晚，百鸟归林，鸣叫声、嬉戏声、争斗声此起彼伏，汇成了一曲曲黄昏交响乐，数里之外均能闻之。故"竹窝头"在如东西北小有名气。革命烈士张大亮就出生这里。张大亮出身于贫苦家庭，从小疾恶如仇。参加革命后，他在竹窝头一带组织抗日，发动群众与鬼子斗争，常到栟茶、浒澪张贴标语，宣传抗日。一天傍晚，栟茶鬼子下乡抓捕张大亮，张大亮得知时，敌人已从西边、北边围上来，逃是绝对来不及，好在家靠竹林，他钻进竹林直到天黑，敌人不敢进竹窝，大亮才得以脱身。后来由于叛徒告密，张大亮同志不幸遇难。新中国成立后搞合作化，在初级社、高级社的浪潮中，这儿就被命名为竹园村。

　　1958年，农村公社化，这儿更名为竹园大队。

　　1984恢复乡村制，竹园村又复名了。经1998年、2001年两次村域合并，三里渡、西洋、竹园南部、唐庄东部，合并成一个大村，即现在的竹园村。

　　现在的竹园村，南至栟茶运河，北到浒洋河，西至江海河，东到团结河。四河拥抱着3130亩耕地，26个村民小组，2984人，人们安居乐业，共享天伦之乐。

　　竹园村的医疗卫生保健工作尤为出色。村卫生服务站站长沈志香，带领尹林芳、顾月红两位同志热心为患者服务。他们常常废寝忘食，呕心沥血地工作。他们的服务宗旨是：尽心尽职，病人至上。出诊不分远近，不分昼夜，不分晴雨，从不收取出诊费；孤寡老人来室治疗，他们主动接送；在室治疗输液，来往不便的病人及护理的家属，卫生室免费供给饭菜。沈志香同志的贤内助缪兰，常给病人端茶接水，接尿洗衣，来室治疗的病人有口皆碑。他们的工作得到本村和邻村村民的称颂赞誉。一分耕耘，一分收获，沈志香同志自

2005年以来，连年被评为县级、市级、省级卫生服务先进工作者，2007年被评为全国优秀乡村医生。

浒澪村

位于古镇栟茶西北七里的浒澪村，耕地面积2998亩，总人口3171人。这里通江达海，气候温和，雨水充沛，土壤肥沃，是富足的鱼米之乡。

浒澪村这片田地何年有先民来此辟荒，繁衍生息，虽无史料可考，但有足迹可寻。1972年，浒澪村四组一农民在平整土地时发现高墩下有冢，层层上报领导，连夜点汽油灯照明挖掘，此为古冢。南通博物院专家对女尸的鞋饰进行鉴定，女尸为元代妇女，说明元代已有先民至此。

浒澪村因村域内有浒澪镇区而得名。1945年8月，抗日战争胜利，年底废除保甲制。1946年浒澪镇郊划为浒澪村，范围为今一、二、三、四、五、六组。

今日的浒澪村村域，1954年为四个村：浒澪、竹园、周庄、来福桥。四个村各建初级社一个。周庄村成立初级社最早，社名为旭日一社，其余依次为旭日三社、旭日四社、旭日五社。

1956年成立高级社。浒澪村、竹园村两个初级社合并为浒澪高级社，来福桥村、周庄村两个初级社合并为来福桥高级社。

1958年人民公社化时，浒澪高级社改称浒澪大队，来福桥高级社改称来福桥大队。

1962年浒澪大队分为两个大队，原竹园村为4大队，原浒澪村为5大队。来福桥大队，原周庄村为6大队，原来福桥村为18大队。

1984年恢复乡村制，4、5、18大队分别为竹园村、浒澪村、来福桥村，6大队改周庄村为浒东村。

1998年，村域合并。浒澪村和竹园村三、四、五组合并为浒澪村，浒东村、来福桥村合并为来福桥村。

2001年，浒澪村、来福桥村合并为浒澪村。同年，栟茶镇人民政府在原浒澪镇设浒澪居委会，与浒澪村村委会合署办公。

浒澪村自然环境优越。田原秀美，水网交织。境内团结河、正港河、浒洋河、挺长河、江海河五河纵横，通江达海，水运、农田灌溉、引淡排涝便捷。

浒澪村东巷口二组一口百年古井水质醇厚甜美，用这口井的水煮大麦糁子粥，呈粉红色，稍冷却，可用筷子挑起粥面，黏稠沾嘴，可口好喝。年深日久，此井青石井栏有四五处被吊桶绳磨出一寸多深的凹槽。村民们都称赞井水比市面上卖的矿泉水还好。

浒澪村土地肥沃，称为"高原田"。上世纪全县皮棉过百万担的年代，这儿的皮棉亩产200多斤，位居全公社榜首。如今水稻亩产达1500多斤。浒澪村物产丰富，稻麦棉茧油、牲畜水产、瓜果蔬菜等应有尽有。

浒澪村是水乡，有水必有桥。旧时浒澪村有桥八座，一座为砖拱桥，其余均为木板桥，木板桥有抽板桥、横板桥、吊桥之分。这八座桥是东庙桥、浒澪桥、虞家桥、许家桥、西庙桥、来福桥、董家桥、张家桥，大多已拆除或改建。现有桥十三座，均为钢筋混凝土结构，便捷的交通，给经济建设和人居生活带来极大方便。

旧时的桥梁虽已消失，但还活在一些老年人的记忆中。战争年代，这些桥特别是抽板桥成为浒澪的天然屏障，往往能有效阻隔、延缓日伪和国民党军的骚扰，为我方军民的抵御、转移或进攻提供了有利的地形条件，为游击战的开展、解放区的巩固和新中国的诞生做出了不少贡献。

浒澪村多名胜，诸如张家祠、广霖院、毗卢禅院、饮马池、忠孝牌坊、贞节牌坊、曹将军墓等，留下了许多美丽的传说。

兴凌村

兴凌村位于栟茶西北7公里，南隔范公堤，与港头村相望，西接江安村，东靠兴灶村，北到黄海边，与海安、东台接壤，总面积13.2平方公里，人口2890人，26个村民小组。省沿海高等级公路及北凌河横穿东西，10多公里的水泥路与邻村相接，纵横南北，水陆交通方便。

1969年栟北围垦前，这里是一片沙滩与茅草野蒿地，几十个大小不等的墩子上住着村民30多户，他们靠下小海、晒灰烧盐为生，隶属靖海公社沿港大队，编为九、十两个小队。

围垦后划归浒澪公社，称浒澪垦区，设营部，下设18个排。因废灶兴垦，浒澪内地农户大批移民搬迁至此，按原所属大队顺序居住，并编入相应的排，30多户灶民根据原居住地就近划入新编的排。这时垦区居民的粮油等生活资料仍由内地对口大队供应。村民的主要生产活动就是平整土地：铲墩子、填港汊、伐草根、挖水沟、排盐碱、造良田。经过好几年的努力，这里基本达到农田方格化的要求，旱涝保收。农田逐渐增加。

1972年，垦区单独经营核算，行政区划重组，编为浒澪垦区一大队、二大队、三大队。1984年，撤社建乡，恢复村制，三个大队分别改称五灶、吴港、子洋三村，属浒澪乡管辖。1998年，村域调整，五灶与吴港合并为五灶村。1999年，村域再次调整，五灶与子洋合并为五灶村。2000年，五灶村随浒澪镇并入栟茶镇。2001年，五灶村与北部已划入栟茶镇的河垦村,合并为兴凌村。该村因从海安过来的北凌河横穿本村北部而得名兴凌村。

兴凌村东南部的一、二、三、七、八、九组原五灶村的土地在围垦前有大片沙滩可晒灰制卤,有近千亩茅草野蒿地可为煎盐提供草薪,有烧盐的墩子十多座,其中可抵御特大潮灾的潮墩两座,分散居住的盐民祖祖辈辈靠晒灰制盐维持生计。

晒灰制盐是一项非常辛苦的工作,煎卤成盐要经过很多工序:

造灰:茅草燃烧后带火用水泼浇成黑色,与沙泥拌和成大小不等的黑色颗粒,状如羊粪,这是造灰。灰可以反复使用。

晒灰:沙滩寸草不生,大汛期被潮淹没,浸湿,退潮后太阳一晒,满地是白茫茫的盐花;小汛期潮力小,沙滩不到潮。盐民们一大早就将造好的灰颗粒撒在沙滩上,薄薄的一层灰暴晒一天收足了水气,灰的小颗粒上就显现出一层盐花。傍晚用扒板将灰收拢,挑到灰坑里,这是晒灰。

制卤:灰坑长4米,宽1.5米,深0.3米,中间有水槽安上柴把,并埋有管道与卤池相通。把倒在灰坑里的灰摊平踏实上水,水淋灰后,卤水经管道流入卤池,这就是制卤。一座灶屋有好多个灰坑,可轮番使用。

烧盐:烧盐的灶砌在专用的灶屋内,一般由口径1米左右的三个大锅、二张鏊(铁铸,扁平,比锅浅,底厚,经得起铲)组成。鏊在前锅在后,由低到高前后排列,鏊前有一个火门,后有一个3至5米的烟囱。烧盐多用茅草,盐民秋季将茅草砍回晒干置垛,待盐卤聚集到一定数量,各家各户便轮流起火烧盐。五个锅全上满卤,人坐在地上,灶门前用绳子吊着长1米多的火叉,将草送入火塘。鏊内盐卤越煎越稠,约成干饭状即起锅,上层用锹锛,底层用类似木工凿子的锹铲，铲下来是盐锅巴。清锅后把后边锅里的盐卤舀到前面鏊里，锅里上冷卤，继续煎熬，一锅盐大概要烧两个多小时，一昼夜可烧十来锅，烧出来的灰用水泼浇后留着造灰用。

卖盐：盐煎好后要淋干，淋下来的卤微红味苦，叫红卤（又名苦卤），可制豆腐。盐有不纳税私卖的，那叫私盐，官府历来禁止，历代官府设有盐务管理机构，所烧之盐纳税后才能卖给客商。1950年栟茶设立盐务管理所，即栟茶盐包场，盐民遵纪守法，盐全部卖给国家。栟茶盐包场收盐用桶量，桶像过去的斛子，每桶二百斤，它卖出时是用秤称的，到年终如有生益，还返还给盐民，那叫"桶余"。

烧盐忙工，费力，成本高。盐工十分辛苦，如遇风雨潮突袭，往往前功尽弃，收入甚微，填不饱肚子，俗称"烧火穷"。清人吴嘉纪《煎盐》诗曰："白头灶户低草房，六月煎盐烈火旁。走出门前炎日里，偷闲一刻是乘凉。"是盐工辛苦的真实写照。上世纪50年代后期，开始推行"废灶兴垦"，盐业逐渐萎缩，到1969年栟北围垦成功，此业宣告结束。"晒灰烧盐"这一古老原始的食盐生产方式也载入史册。

兴镇村

栟茶镇兴镇村地处栟茶镇老镇区西北，与老镇区毗邻，南临栟茶运河，海洋铁路举目可见，东以五港河为界，与栟茶中学隔河相望，西以团结河、北以浒洋河为界，分别与竹园村、双港村隔河相邻。全村东西宽2.5公里，南北长3.5公里，总面积7.5平方公里，耕地面积3570亩，现居住1245户，3950人。

该村民风淳朴，社会和谐，老百姓安居乐业，生活优裕。境内居民楼林立有致，大小水泥路纵横交错，24米宽的环镇一级公路贯穿其中。卫海二桥、西洋桥、五港桥、农中桥、安舵港桥、团结桥等大小桥梁以及周边的船埠码头，将该村与外界紧密相连。在该村东北角环镇路两侧，规划五百余亩为栟茶镇工业园区，已进驻企业8家，工业园区已初具规模。

新中国成立前，这里散沙般分布着许多自然村，如太平庄、管家桥、系马庄，新中国成立后合并为太平村；又如杨家湾、二里桥、三里渡，合并为杨弯村；再如蔡家庄、杨家大院，合并为蔡杨村；还有安舵港，改称安舵港村等。1953年后合作化期间，这里以建立农业合作社的先后，分别称为新光三社、新光四社以至新光九社。人民公社化后，这里分别称为靖海人民公社十五大队（即原安舵港村）、十六大队（即原蔡杨村）、十七大队（即原太平村）、十八大队（即原杨弯村）。1984年撤销人民公社，恢复乡村制，又恢复了原四个自然村的地理名称。随着农村经济的快速发展、交通的便利和信息传递的现代化，为适应农村体制改革和加强农村科学管理的需要，公元2001年，经上级批准，将太平村、杨弯村、安舵港村、蔡杨村合并为今天的兴镇村，意在寄希望于该村为振兴栟茶镇经济做出重大贡献。

兴镇村东南部有个太平庄。说起太平庄，真让人有许多美好的回忆和太多的感慨。这块紧挨镇区西北部方圆不足一平方公里的地方，自西周时期随"南沙"浮出海面以来，随着地貌的自然变化和千百年来祖先们的辛勤打造，逐渐成为一块地势平坦、沟河纵横、土地肥沃、物产丰厚的自然村落。村子四周皆有宽河深沟为屏障，宋代建造有精致的西石桥（又名通济桥）和简洁而险要的西洋桥、管家桥与外界沟通，安全静谧，与千年古镇——栟茶镇紧挨相连。这里有唐代建造的祖师观、宋咸淳年间建造的规模宏大的寿圣寺（西寺庙）、高大的千佛塔、铜底玉栏的深水井，还有宋时建造的东岳庙、奈河桥、阎罗殿等古建筑点缀其间。一年四季,香烟缭绕,古柏飘香,参天银杏引来百鸟争鸣,众多庙宇,引来四方游客。家家户户安居乐业,男女老少和睦相处,田禾丰收,年年有余,呈现出一派繁荣太平景象。特别是到了乾隆年间,这里更是兴旺发达,许多富豪商贾、达官贵人竞相争夺这块宝地。据传,乾隆年间,栟茶大户徐怀祖(徐述夔之子)竟筹划在此建造金銮宝殿,后因蔡家告发,而引发了一起惊天大案。

　　随着清王朝的衰败,外国侵略者的不断入侵,太平庄也不太平了。尤其在抗日战争和解放战争期间,太平庄人民饱受战乱困苦,太平庄这块美丽富饶的地方遭到日、伪、匪的疯狂破坏,承受着巨大灾难。1940年新四军东进,1941年日伪进驻栟茶,由蔡美江、姜德龙等同志带领的武工队、游击队等抗日地方武装就隐驻在太平庄西北的东台县三仓一带。这样,太平庄就成了敌我双方对峙的中间地带。白天,日伪下乡扫荡必经此地,沿途烧杀抢掠,无恶不作。夜间,新四军、武工队化装侦察,惩恶锄奸,打击日伪,也大多在太平庄落脚。据传,太平庄西北边上有一小块地方,住着七八户人家,称为"系马庄(桩)",就是军队长官到此下马、系马的地方。在这期间,太平庄的广大村民,在蔡美江、姜德龙、韩金荣、马明友、朱开明等共产党员的带领下奋起反伪抗日,展开了如火如荼的斗争,用鲜血和生命写下了许多可歌可泣的战斗故事,如"花姑娘智斗日本兵"、"营救韩金荣"、"栟茶解放前一夜"等就发生在系马庄,其战斗情景至今还萦绕在太平庄不少老人的脑海里。据不完全统计,单在抗日战争和解放战争期间,这个当时不足百户的小村庄踊跃报名参军参战的青壮年就有孙德发、孙德俊、马明友、朱开明、蔡炳田、康连生、康承凤、杨九高、韩金荣等二十八位之多,真可谓全民皆兵,同仇敌忾保家园。在兴镇村这块土地上英勇献身,新中国成立后被人民政府确认为烈士的就有韩金荣、毛俊德、吉春发、陈俊阳、李八虎、杨凡、徐美凡、戴其发、姜宏献等同志。在战争烈火中幸存下来的如蔡美江、杨国寿、马明友、朱开明等都为捍卫这块土地，为民族解放，以至为后来的新农村建设，做出了不可磨灭的贡献。

1947年11月30日栟茶解放，太平庄随之重见光明，才又真正的太平起来。太平庄被命名为太平村，直至2001年合并兴镇村。

双港村

双港村，位于栟茶镇区西北，占地4平方公里，现有1248户，3356人。南与兴镇村相连，北至范公堤，东至三十二总五灶港河，与三星村、港头村为邻，西与浒澪村、江安村以团结河、三十六总河分界。靖浒河、浒洋河、北岸河贯通东西，五灶港河、三十六总河、团结河纵贯南北，与栟茶运河相通，这里成了南通长江，北通黄海的水网之村。苏221省道与浒沿路横卧东西，交通便捷。

解放初期，这里分布着灶港村、港南村、金园村、中心村、十字路村、三引村和五灶港村。除灶港村隶属临海乡（小乡）外，其余各村均为徐文乡（小乡）所辖，1952年，徐文乡改名为吉徐乡（小乡）。

1954至1955年间，灶港村的东部地区村民组建了临海乡第二个农业初级合作社（以下简称初级社），称之为"东社"。港南村的初级社名为五一·三社，中心村、十字路村和金园村部分村民组建成五一·四社。三引村村民所建的初级社为五一·五社，五灶港村建成的初级社则名为五一·一社。

1955年秋至1956年，各初级社扩社，吸收新村民入社，成立农业高级合作社（以下简称高级社），均属启新乡管辖。五灶港村的五一·一社与三引村的五一·五社合并，成为新的五一·一社。中心村、十字路村和金园村部分的高级社定名为俊德社。港南村与金园村部分组建的高级社定名为徐文社，灶港村扩建成高级社取名为五一·六社。

1958年8月，德贵人民公社成立，原有各高级社随之更名：徐文社为九大队，五一·六社为十大队，俊德社为十三大队，五一·一社为十四大队。

1962年4月，德贵人民公社分解为靖海人民公社和洋口人民公社。属下各大队又一次更名：九大队为港南大队，十大队与范公堤北的沿港合并为新的沿港大队，十三大队为俊德大队，十四大队为五灶港大队，各大队均受靖海人民公社管辖。

1965年9月，港南大队改称为南港大队，沿港大队改称为港西大队，俊德大队改称十字路大队，五灶港大队名称不变。

1984年恢复乡村制，是年7月，靖海人民公社易名为如东县靖海乡人民政府，属下各大队同时易名，南港大队为南港村，港西大队为港西村，十字路大队为十字路村，五灶港大队为五灶港村。

1999年3月，村域区划调整，港西村与南港村合并，依据原村名中均有"港"字，故合并之村取名为双港村，十字路村与五灶港村合并后，在原村名中各取一个字，定名港路村。

2001年3月，又一次村域调整，港路村与双港村合并，考虑合并前两村村名中皆有港字，故合并后的新村仍命名为双港村。

双港因港而得名，村中有一条五灶港河。此河原本不是一条笔直的大河，是姓"港"而不姓"河"的弯曲而宽窄不一的港汊，是范公堤、稽公堤形成以前的海港。它南至南沙，北起五灶，后被范公堤切断，只有在发生大洪水之时，人们才会掘堤排水，一旦大汛将到，人们又急急忙忙地还土复堤，以防海水倒灌。

据说，范公堤外，除有晒灰烧盐的灶屋外，还有五座人工堆成的灶墩，这些灶墩的高度都高于正常情况下的海潮水面，它们是盐民的居住场所，分别住着张姓、陈姓、高姓、茅姓和沈姓五家人。范公堤形成后，人们将堤外东至小洋口，西止磨担头的海滩划分为六个灶区，最东边的为一灶，最西边的应为六灶，但因五户盐民居住，故定名五灶，六灶则在五灶之东。而这条河，即原来的港的北端就处在五灶地区，所以，它就有了五灶港之名。范公堤、稽公堤相继形成后，五灶港河与后来的五灶港村之名也就应运而生了。

江安村

江安村位于栟茶镇西北部，与海安、东台两县相邻。2001年3月，由姜北村、姜埭村、姜河村成"品"字形三村合并而命名。全村南至浒洋河，北至北凌河北老海堤，东至三十六总，西至四十总，面积约8.55平方公里，耕地5680亩。全村共有27个村民小组，963户村民，共2754人。村的东面和南面，有双港村环抱，西南角和浒零镇隔河相望，西边和北边，与海安县老坝港滨海经济开发区接壤。东北与兴凌村隔海堤相邻。该村古时北有范公堤，南有稽公堤（今已不存在）。今北有北凌河、沿海高等级公路，南有221省道，村正中有南北走向的团结河，南引长江水，北送野鸭荡。河东部有南北水泥路一条，北越范公堤，至栟北垦区的东西中心大道，南穿俊德桥至十字路。水陆交通十分方便。

在江安村，姜家埭、姜河边自古以来远近闻名。

嘉庆年间（1796年—1820年），港头西南300米处，有一姜家庄。据说，此庄上的姜姓人家是从如皋白蒲迁居而来。庄上有一盐商，姓姜名山字宏奎。此人常年贩盐，到外地经销，乃至江南。道光二十一年（1841年），姜山贩了一船盐，从十一圩过江去卖，被巡江官兵查获扣留。当时皇家缉拿私盐连年看紧，姜山大惊失色，和船工一合计，连夜弃船逃回姜家庄。为免遭官兵捉拿，姜山弃商务农。因多年经商，积蓄颇丰，他便招工开河，作埂垦荒，修造田园。

当时，从三十二总向西直至磨担头，一大片荒地无人开发，只有磨担头西南边稀疏地有几户人家。姜山经实地勘察，决定先下手为强，从四十总向东开发，免得这几户东进争夺荒地。回来后，他立即用白布裁成三尺长、一尺宽的布条，上书"姜山之地"。然后，从三十六总向西至四十总，每个总口子插一面旗，当时俗称标（飘儿），后人称之为插标（飘儿）为界。接着，姜山告示：挑泥挖沟，以方计算，每方多少铜钞；开荒垦田，以亩计算，每亩多少铜钞、多少小钱。早来劳作，晚结现款。开工日期定于来年正月初八日卯时。地点磨担头南四十总。劳工者自带工具。告示一出，人们奔走相告。那时，连续荒年，百姓温饱无法解决，姜老板来此招工简直是大慈大悲救苦救难的观音菩萨降世；更使穷苦百姓高兴的是，早上出工，晚上即可拿钱。于是响应者众多。

道光二十年（1842年）春节过后，正月初八一早，姜山领着几个助手来到了四十总。一看，做工的竟来了一百几十号人。紧接着老板分工，谁带队分段挑泥挖沟，谁带队做路作埂，谁带队垦荒平整，须臾，组织安排分工就绪，民工们热火朝天地干了起来。

历经五年，老天帮忙，灾情甚少。再则，姜山经营有方，冬春挑河垦荒，捞浅铺生，夏秋培管收种，有条有理。对劳工者，日日清算，天天兑现，从无拖欠，名声大振，打工者日多。从四十总至三十九总向南的这一垛田，1000余亩，沟路配套，田埂分明，所长粮食、棉花、豆类、杂粮，收获颇丰。继而从三十九总向东，又开发了好几百亩，初具规模，收入逐年增加。然而,一大片田野,无人居住,无人看管,所长粮食、棉花等,时有失窃,常受盗贼之患。姜山又寻思出一条新招,贴出告示:凡愿意常年在此打工者,本人无偿送给宅地建房安家。告示贴出,好多百姓为了生计,同时又可解早出晚归奔波之苦,纷纷报名,将房屋建于三十九总向南河的两侧。其时所迁民户,以董姓为最多。从此,这沉睡了千百年的不毛之地开始有了炊烟。

历经十年,姜山的开发大成,日趋发达。

姜山有两个儿子,老大叫姜仁才,老二叫姜仁智。这哥儿俩自父亲搞开发以后,他们就干起了南买北卖的生意。并请了两个堂叔帮工,生意越来越红火,后来居然在苏州开了两爿大店,将两个堂叔也辞了回来。

同治初年(1863年)两个堂叔被姜山儿子辞退后,来到姜山身边,老大叫姜宏富,老二叫姜宏贵。姜山对其兄说:"你们两个就在三十八总东西开发吧。"兄弟俩一合计,三十八总口子向东由哥哥开垦,向西由弟弟开垦。

同治三年(1864年),天逢大旱,禾苗枯焦。宏富、宏贵二人商量,先开凿一条东西向河道,既可蓄水灌田,又能排水防涝。二人仿效当年姜山的做法,贴出告示:开河挑泥,每方多少钱,每天收方兑现。河呈西南东北走向,兄弟俩择日同时开工。一个月不到,姜宏富的河完工了,而弟弟宏贵的河才挑了三分之一。宏贵的民工都是从东南边来的,必须先经过宏富的工地,工钱一样,何必舍近求远。因此,宏富挖河劳力足、完工快。然而此刻天降一场大雨,河水涨满河床,后雨过天晴,继而持续干旱,仅二十多天的时间,宏富河里的水已不多了。宏贵接受了宏富的教训,决心把河放宽放大,以后才可以蓄水。他组织民工一气呵成,挑的河既宽且深,故后人有"东西姜河之分"的说法。

光绪五年(1879年)秋,姜山的两个儿子再三请父亲去江南安享晚年。姜山左思右想，还真舍不得离开他开发经营38年的土地。再想想自己已经70，儿女们又都定居江南，还是离开罢了。决心已定，就告诉了两个堂弟。堂弟一听，二人齐声说道："大哥要走，我等随你而去。"姜山点头同意。

一天，姜山召集全体庄民，说："今天请大家到这里来，是向大家辞别的，三十九总河东河西这两垡田，就送给各位乡亲。不过，我有一事相求，我走以后，请大家在这里给我留个名。"话音刚落，有一姓董的立即说道："姜老板敬请放心，我们这里以后的地名就叫姜家埭。你的两个堂兄在东边开的河就叫姜河边。"姜山连连致谢。

后来姜氏家族离开了这片土地，而姜家埭、姜河边的地名却长久留存下来。

兴灶村

兴灶村地处栟北垦区内，南有范公堤，北有栟北垦区新堤，东临二十三总河与洋口镇双灶村交界，西至三十一总范公堤北丰产沟与兴凌村交界，东西长2.8公里，南北宽2.2公里，总面积6.2平方公里，耕地面积3650亩，水产养殖面积500亩。

全村26个组，875户，总人口2250人，其中2002年三峡移民3户、13人，而大部分人口是1969年围垦后的几年内从靖海公社1、2、3、4、5、6、7、8、17大队迁来的。

兴灶村水陆交通方便。省沿海高等级公路横穿东西。自南向北有南框河、南二级河、一级中心河、北二级河，二十八总河由南向北贯穿其间。往南直通栟茶的水泥路与东西方向的水泥路，在该村北部交汇成十字路，东达洋口渔港，西至海安县老坝港滨海经济开发区。

1969年栟北垦区围成后，经过几年的准备，1974年从内地各大队生产队抽调干部,在垦区组建了以营、排为单位的领导班子,成立了三个营,营下面设若干排。分别是,中垦营设13个排,南至范公堤,北至新堤;东垦营8个排,位于二十八总河东,一级中心河南;北垦营5个排,位于一级中心河北,二十八总河东,北临新堤。

1976年,靖海公社将中垦营一级中心河北五个排划出,新建一个营,命名新垦营。

1984年建立乡村制,中垦营定名六灶村(古地名),新垦营定名为船埠村(历史上为渔船进出港停泊地),1987年4月划归六灶村,因地处六灶之东,东垦营、北垦营合并为灶东村。

1995年,六灶村、灶东村随靖海乡政府与栟茶镇合并。1999年村域调整,六灶村、灶东村合并为兴灶村,意在振兴六灶,富裕村民。

兴灶村围垦30多年来,广大村民辟荒整地,大搞农田水利建设,盐碱地变良田,粮棉年年丰收,工商业颇为繁荣。村中心十字路口周围,建有金鑫化工厂、酒厂、纺织厂等四家企业,设有棉花收购站、茧站、超市、化肥农药供应点、粮油加工点、机械修理点、理发店等,真可谓六灶兴盛,前景无限好。

栟南村

栟南村位于栟茶镇区南部,南北长3公里,东西宽2.5公里,东至岔栟河,南至北凌河,西至任港河,北临栟茶运河,村东北角与镇区相邻。现有19个村民小组,3000多人。解放初期,该村原有棉园村、守道村、长月村、小楼村、一民村。农业合作化时期,村域合并,建立农业生产合作社,东部称健康社,西部称利民社。1958年人民公社化后,一民村、小楼村合并组成于港公社2大队,棉元村、守道村、长月村合并组成于港公社14大队。1959年14大队划归栟茶镇人民公社,1963年划归于港人民公社。1984年撤销人民公社建立乡村制,2大队定名符埕村,14大队定名棉园村。据传,从前符埕是栟茶至南通的一条水上通道,一符姓人家住在河边,此地段河床较高,遇到旱季,来往船只常在这里搁浅,从此称此地为符埕。棉园村得名,因有南棉园、北棉园两块高地专种棉花。1999年,两村合并,定为栟南村。

栟南村文化教育事业较为发达,民国初年即有私塾、书坊十多所。1928年兴办了西园小学、符埕小学。新中国成立后,符埕小学更名横港小学,曾为上一级学校和地方培养了一批批优秀毕业生。

栟南村地处镇郊结合部,水陆交通便利。栟茶运河、岔栟河沿村北部和东部流过,靖双公路、岔栟公路、环栟南路、虹桥路、省225国道、海洋铁路穿境而过,过往车辆络绎不绝。交通便利带动了各项事业的发展,县级不少下属单位都建在该村,如公安、工商、邮政、电信、供电、加油站、汽车站、火车客货站等,大多分布于靖双公路沿线。全村经济繁荣,社会和谐。规模较大的企业有南通华棉有限公司、南通华盈灯具照明厂、栟茶面粉厂等,村民从事二、三产业的个体私营工商户有70多家。

除传统的种植业外,蚕桑业亦在当地经济中占相当比重,栽桑养蚕户约占全村总农户的30%。改革开放以来,农民就业观念发生重大转变,该村在外从事二、三产业的打工人员达800多人,收入逐年增长。村委会办公地建有广播电视室、党课教育室、图书室、卫生室、农民休闲活动室等。栟南村已全面建成小康村。

三园村

　　三园村位于栟茶镇镇区西郊。所谓"三园",即南园、北园、解家园之合称。全村现有648户,1325人,耕地689.25亩。1954年春,盐包场、北场、解家园和南圩、北圩分别组成4个互助组。1956年春,成立三个高级农业社,即大同一社、大同二社、大同三社。取名大同,是干部和群众代表开会商议而定,认为合作化进社,是广大农民同心合力搞生产谋幸福的大好事,故定名"大同"。1958年秋,大同一、二、三社划属直夫人民公社,为一大队。同年10月18日,栟茶镇人民公社成立,大同一、二、三社仍划归栟茶镇,合并一个大队,定名为"栟茶镇人民公社大同大队",下设八个生产队。1959年8月2日,大同大队改称"大同蔬菜大队"。1981年,大同蔬菜大队更名为"三园蔬菜大队"。有八个生产队,两个果园,粮食加工场、副业综合场、纺织厂、扎染厂各一个。大同蔬菜大队自1958年秋起至1982年,一直以大队为核算单位(全省3个大队试点,即海门中心大队、江阴华西大队、如东大同大队)。由于该大队加强领导,精心组织管理,因此蔬菜果类品种多、质量高、收益好,加上企业经营状况良好,公共积累逐年增加,农民分配收入全县最高。1957年2月,三社获"江苏省农业先进单位"称号,荣获金质奖章和耕牛一头。1961年1月,被评为"江苏省农业先进单位",荣获奖状、金质奖章。1984年改为栟茶镇三园村,村委会设于南堡三园饭店大楼。

三星村

　　三星村南接栟茶镇区,北临浒洋河,东起新引河,西至五港河,总面积8.75平方公里,耕地面积3398亩,总农户

1125户，人口3106人。三星村为栟茶镇政府驻地，江苏省栟茶高级中学、如东第三人民医院等机关事业单位汇聚于此。

三星村1999年由原栟北、姚埭、向荣三个村合并组建而成。三星村人多地少，组建之初，经济较落后。当初定名时，三村并一村，是为"三"，立志日后经济腾飞，社会事业大发展，成为明星村，是为"星"。

三星村东部古时叫姚埭。传说如东县古坝地区清光绪年间有一姚氏家族，富甲一方，虽有良田千顷，住房百间，奴仆数十，仍不知足，千方百计扩大土地财富。姚家有一房带着儿孙，迁移到栟茶北边的杨家桥，立稳脚跟后即与官府、富豪勾结，不断侵吞穷人和小地主的土地财产。当时姚家以杨家桥为界，桥东、桥西各有千亩土地，分别由两个儿子管辖、收租、放债。桥东称为东姚埭，桥西称为西姚埭。西姚埭的姚家二公子想要吞下当地地主缪维金的田地。缪维金有近百亩良田、数十间房屋，还开设了两处酿酒糟坊。姚二公子垂涎欲滴，缪维金也不是吃素的，他重金收买官府和地痞流氓土匪，与姚家明争暗斗。正所谓"强龙压不过地头蛇"，几年下来，姚家势力逐渐衰落。姚二公子死后，姚家子孙深感不可长期立足，被迫于民国初年迁走。尽管人已走了，但"姚埭"这一老地名却流传下来。

如今的三星村，经济建设、社会事业快速发展，成为名副其实的新"星"。镇工业园区落户该村，有企业40多家。225省道、靖双公路、栟角公路与村级水泥路形成六横三纵交通网络。村中建有市民文化广场、农民集居点、茗海花苑、兆盛茗都华庭等一批建筑群。农民喝上了安全卫生的长江水，垃圾日日清扫，休闲娱乐有去处，农民过上了市民生活。全村呈现出一派欣欣向荣的社会主义新农村景象。

洋堡村

洋堡村位于栟茶镇东北部，东至岔栟河，西至新引河，南至栟茶运河，北至浒洋河，四河环绕。全村共有720户，2001人，10个村民小组。全村南北长2400米，东西宽1300米，村中心一条3.5米宽的水泥公路，直穿南北，另有三条横向水泥路。公路上各种车辆川流不息，两旁绿树成荫。中心路两侧楼房林立，硬质防渗渠道纵横东西南北。村内有液压件厂、机械厂、养鱼塘、养蟹塘、养鸡场、养猪场，如东县农业局、栟茶镇人民政府在此建有大棚蔬菜生产发展基地，白色的塑料大棚，似一座座小银山，太阳一照闪闪发光。农田基本建设规格化，旱涝保丰收。

解放初期，洋堡村分为解放村和新坝村。农业合作化时分为新利三社和光明高级社。1958年分为德贵人民公社解放大队和新坝大队，1965年又改名为靖海人民公社3大队和洋口人民公社11大队。1976年开挖岔栟河后将洋口公社11大队划至靖海人民公社为4大队。1984年撤销人民公社，恢复乡村制，定名为靖海乡洋港村和靖海乡解堡村，1999年3月洋港村与解堡村合并，各取一个字，定名为栟茶镇洋堡村。

洋港村因古代村内有一港叫洋港而得名。

解堡这块土地，很久以前是一片盐碱荒地，地势较高。后来从西北部搬来一姓解的大家族来到这里居住，开荒种地，打鱼烧盐，筑堡御敌，故得名解家堡，并一代一代地传至现在（今洋堡村十组）。

明嘉靖三十三年（1554年），倭寇从北部海边登陆，侵犯栟茶场。乡勇在栟茶北解家堡截击，双方死伤多人，倭人被迫退去，至今传为佳话。

港头村

　　港头村位于栟茶镇北7华里,古老的范公堤像一条长廊横亘在它的北边,225、221省道纵横穿越村中。港头村民国时属东台县新元乡。1945年9月属如东县新元乡,时称中合村。1958年属德贵公社,称靖海大队。1961年属靖海公社,称五大队。1984年复名靖海乡港头村。1955年栟茶镇与靖海乡合并,属栟茶镇。2001年原湾河村、新元村并入港头村。现有面积6平方公里,人口3400人。20世纪40年代至90年代曾是公社和乡政府所在地。

　　据史料记载,唐初这里是一片湿地,丛林草莽,獐兔竞逐,野鸡飞鸣,野鸭成群,荒无人烟。栟茶以北七八里许有一条大港汊直通大海,后人称为川港,港之梢头即为"港头"。南宋时,诸姓陆续从东鲁等地迁来,以缪、徐二姓为先。元朝末年,河南、山东等地蔡氏、于氏来此定居。明末清初,港头居民开始逐年增加,多以烧盐渔猎为生。清康熙元年(1662年),栟北沿海设灶区,港头为六灶。是年秋季,大雨如注,陆地一片汪洋。初冬,灶民沿范公堤南侧老川港梢向南开挖一条河至栟茶场,称为五港河。朝代更替,几经疏浚,今仍纵贯港头。清雍正二年(1724年)七月,栟北沿海灶区遭遇风雨肆虐,范公堤决口,村庄悉被潮淹,漂浮一空,饿殍遍野。范公堤南侧被海水冲击的深塘至今仍在,人们称为"龙潭"。后在范公堤南侧1.5公里处建稽公堤。至清末民初,港头一带的夹堤内外仍是丛莽湿地,人烟稀少。据栟茶史料云:民初开始,港头聚居者日有所增,农工商渔初具规模。经商者以蔡氏兄弟蔡锦余、蔡锦德为先,次后曹文斌、沈二祥等开张营业杂货店、饭店、旅社、渔行。但多数居民仍以烧盐为生。范公堤外,潮墩错落分布,盐灶星星点点。

其时,"盐滩茫茫如雪,锅镬林立",烟气缭绕,景象颇为壮观。所煎小籽盐用牛车运往栟茶盐包场,远销外省市。那年头,灶民虽终年劳作,但产盐收入除去苛捐杂税、成本开支,加上屡遭劫匪,所得无几,生活困苦不堪。上世纪50年代中期,沿海废灶垦荒,村民从此告别了世代烧盐糊口的艰辛生涯。

港头村在历史上除饱尝自然灾害之苦外,还常遇倭寇海匪侵害,屡遭国民党反动派和顽伪匪的洗劫。在烽火连天的岁月,港头的灶民、渔夫奋起抗击过倭寇入侵。明嘉靖十六年(1537年)倭寇犯境,百姓奋勇抗击。一次,缪滂及子庭楠率众截击倭寇,斩倭首十余级。在抗击倭寇的斗争中,我方亦伤亡惨重,仅缪、徐、于三姓族人战死沙场者先后达21人之多。民国十九年(1930年),海匪登陆,在夹堤内盘踞五六日,抢劫四百余户,当地灶民损失四万余元。灶民抗匪,匪徒放火烧房,焚死3人。抗日战争时期,游击队战士张宏林、缪二元等与日寇在二十八总范公堤外晒盐场激战,二人身中数弹,被日寇用十字刺刀穿胸,壮烈牺牲。中共党员、栟西放盐主任,历任洋口、新元、新坝乡乡长、栟区委员、农抗会主任的曹显贵在二十四总对敌斗争中被捕,就义时年仅35岁。1945年2月9日,我党地下交通员宫八银、陈其凤在二十二总涵洞口被捕,伪军将两人杀害于栟茶东街头龙王庙。1945年2月25日,拔除敌二十二总据点的战斗打响。为阻击栟茶增援之敌,我如皋警卫团两个排在二十八总范公堤上设伏,顽敌败退至堤南姓蔡的几户人家,经激战,警卫团全歼匪敌。1945年秋新四军陶勇所部自掘港沿海一带去东台三仓,途径三十总,于范公堤北侧何家墩暂休吃午饭。因汉奸告密,驻栟敌军前来突袭。我军丢下手中饭碗仓促应战,牺牲三人。港头北临黄海,为军事要地。20世纪50年代至60年代初,范公堤北侧之六灶驻有海防团一部(属东海舰队),紧靠范公堤南侧的二十七总曾驻人民解放军一个排,边防哨所设在海堤上的岗楼至今巍然屹立。

20世纪50年代初,近海鱼虾贝类资源丰富,渔业发达。那时的渔港位于三十二总港头境内,范公堤外的老川港便是泊船靠岸的天然海港,港头是渔业社、渔委会所在地。沿海渔民流传着"黄海滩上处处宝,金牛一天出一条"的民谣。春季,鱼汛正旺,大量捕捞小黄鱼(又名春鱼)。初夏,渔夫在近海捕捞大黄鱼、鳓鱼、马鲛鱼、鲳鱼,另有部分渔民乘船去浅海滩(俗称土珩上)弶网、拉网、张魡、张籖子,取杂鱼、虾、蟹,下钩取鯪鱼,用钗挖文蛤、蛤蜊,钩蛏,拾泥螺等。还有些渔民步行至海滩、港汊捉蟛蜞、挖贝类,掼圈网取鲻鱼。

海产丰收招商客,范公堤畔涌春潮。每逢汛期,堤内,渔委会、水产站门前买卖海货者不计其数;堤外,海港中桅帆林立,渔歌飞扬。沙滩上堆金叠银的牛车沿着深深的车辙晃悠前行,商贾鱼贩肩挑的、推独轮车的、船装的,川流不息。昔日的港头渔业如日中天。清代墨客余义曾来此,写有"海气江声入望偏,千沙浅渚杂人烟,东风早晚桃花汛,鲑菜如泥贾客船"的诗句。可见当时的港头村何等魅力!20世纪60年代初南港渔业社从港头迁往小洋口北的斜港,成立了红旗渔业公社,港头部分渔民迁居斜港,仍以海洋渔业为生。

新中国成立后,港头村民重视教育,人才辈出。沿海子弟吃苦耐劳、认真踏实,从港头走出众多的大学生、研究生,各类英才遍布海内外。曾任新华社副总编的康承山出生于港头村22组,现任湖南省委书记,第十八届中央委员的徐守盛出生于港头村12组。

江海文化丛书

红色记忆

　　文化古镇栟茶，也是沿海军事重镇。自明朝永乐年以来，历代都有驻军把守，民团保安，军旅卫海，抗倭剿匪，战事不断。特别在抗日战争时期，栟茶人民在党的领导下，不屈不挠，英勇抗击，巧布地雷阵，破除竹篱笆，大战耙齿陵，合击十里桥，杀汉奸，歼伪军，打得日本鬼子闻风丧胆。解放战争中，男子抬担架运送粮草火线支前，妇女制作军鞋磨面舂米，多少村庄遭遇烧杀抢掠，多少革命志士为了人民翻身解放献出热血和生命，这一笔笔都记录于史志。苏云、徐纹、汤德贵、吉春发、汤进、于鸿生、凌宝莲、缪怀仁、缪诚、曹显贵、曹

徐氏宗祠

显让、缪祝庭、张大亮等英雄儿女在革命斗争中留下了可歌可泣的篇章。

栟茶是革命老区、红色摇篮、苏中对敌斗争的前沿阵地,陈毅、粟裕在徐氏宗祠铿锵有力的报告声音在栟茶人民心中回荡。栟茶是中国人民解放军海军的重要发源地,当年由陶勇亲手创办、孙二富任团长的海防团驻地就在栟茶。苏中军区成立大会曾在徐氏宗祠召开。苏北党政军机关、苏北区党委、苏北行政委员会和苏北行政学院曾驻栟茶镇东郊。陈毅、粟裕、陈丕显、叶飞、管文蔚、陶勇、吉洛等老一辈革命家都曾在这里,指挥苏中军民深入敌后开展抗日斗争。

史上兵事

明永乐年间和嘉靖三十三年(1554年)、三十五年(1556年)、三十六年(1557年),倭寇连年入犯。

明嘉靖三十八年(1559年),倭寇复来入犯,由东台丁美舍登陆。为防御倭寇入侵,于是立丁美舍营,置官设兵防守。栟茶、角斜濒海,故特立备倭营寨于黄沙洋(今小洋口)。明万历四十二年(1614年),兵道熊尚文移置栟茶场,在司西,计十二楹;官一员,统扬州卫军五十名防守,至清朝裁撤。

百长,听民间愿当者投文分司委充,操练灶勇,防守盗贼,岁支工食银七两二钱于运司。至清朝裁革,栟茶置一人。

灶勇,每名每岁支给工食银二两二钱五分,支于运司。清朝裁革,栟茶九十三名。

栟茶操场在场东。

烟墩,计五座:金家灶墩、头总墩、二十四总墩、三十八总墩、十三总墩。

明嘉靖三十八年(1559年),掘港营守备额设沙船(大海船)八号,分左右哨。哨官各一员,水兵一百八十八名。左哨官领沙船四号,捕兵九十四名,驻扎北洋、唐家碟等港,与栟茶寨全会哨。

清朝,陆路归狼标泰州营管辖,设额外外委一员,驻栟专事弹压。

清咸丰、同治间(1851年—1874年),水师归狼标掘港营管辖,特设外海水师千总一员,驻林家墩地方,专办海防事宜。其时承平日久,几同虚设。

清光绪三十三年(1907年),栟茶屡患海匪,登陆骚劫,地方无防卫,只有缉私营,殷帮带率兵两棚,驻北街准提庵(今址栟茶中学)。

徐宝山率兵三百余人,由海道乘帆船抵洋北港登陆莅栟。次日仍由海道而去。

清光绪三十四年(1908年),设保甲局,招募保甲乡勇。由地方董事主管。

民国元年(1912年),时有海匪于洋南灶、老坝头、姜家埭等处,骚扰抢劫。由蔡少岚集资向南通购买步枪六十枝,召集团士数十人,成立栟茶民团,驻唐祠巷(今邮电巷),设团总一人,缪天魁主任教练指挥,与匪抗御。

民国十六年(1927年)至民国二十八年(1939年),两淮税警团栟茶区团数十人,驻西郊寿圣寺。场警一个分队,驻北街盐包场,保卫盐场。

民国十六年(1927年),五省联军总司令孙传芳残部过境,勒捐数万元,渡海北去。

民国十七年(1928年)春,成立栟茶市保安团,团士四十名,驻积谷仓,行政局长兼任团长。

民国十九年(1930年),保安团改称保卫团,添购盒子炮,增募团士二十人,共六十人,蔡伯权任团长,周远德为教练,后由区长兼任团长。任指挥者,先后有管明生、徐一朋、宋鹏宇。各乡设立分团。

民国十八年（1929年）春，海匪潘开渠被招抚为通如海三县保安团团长，仍猖獗如故，公然带兵入市，绑架勒索。

同年八月，国民革命军第七旅某营营长植务滋率队来枍剿匪，驻徐氏宗祠。

同年九月至十一月，江苏省警察队第二大队、第三大队以及炮队驻防本镇，分驻徐氏宗祠、寿圣寺、准提庵三处。

民国二十年（1931年）秋至民国二十二年（1933年），保卫团改编为东台县第四区保卫团。区长兼任区团长。民国十七年（1928年）至民国二十二年（1933年），地方商团，分驻于关帝庙、土地祠；渔团驻都天庙，均系民办官督性质。

民国二十二年（1933年）冬至民国二十三年（1934年），区保卫团改称东台县第四区保安队，置队长一人，属县保安队管辖。民国二十三年（1934年）秋至民国二十四年（1935年），设东台县第四区守望所（驻南后街周氏宗祠）。各乡镇设乡镇守望所，置主任一人。

民国二十五年（1936年）至1940年间，地方防卫组织先后编称壮丁义勇队、自卫队、常备中队。区长兼任区队长，队部驻南后街周氏宗祠。

民国二十七年（1938年）四月，南通专员兼保安司令葛覃部队驻本镇。东台县保安大队驻本镇徐氏宗祠，大队长潘涛。国民党三十三师一部驻寿圣寺。

同年夏，江苏省常备第三团（后称江苏省保安第三旅）驻本镇，旅长张星柄、副旅长胥金城。该部与东台县保安大队发生过武装冲突。

民国二十八年（1939年），江苏省保安第二旅驻本镇，旅部设仓廒蔡宅，旅长张翼。

1940年10月，新四军东进，挺进纵队第八团驻寿圣寺，政治部驻仓廒蔡宅。

1941年春，区常备中队编属泰东警卫团三营七连，连长赵定山。驻南后街周氏宗祠。

1941年8月15日，日寇侵占栟茶镇，直至1945年8月21日撤离。侵栟期间，日军警备队部驻北街栟茶中学。常驻日军数十人。

这年10月，伪军团部驻徐氏宗祠，团长王锦标，下辖三个连，分别驻龙王庙、寿圣寺，至次年2月撤离。

1942年2月，伪教导旅接防侵驻栟茶（该部原系国民党税警团），旅长徐容、副旅长姚念德、参谋长杨中州，旅部驻缪氏宗祠，所属三个营分别驻龙王庙、寿圣寺、丰利镇。迫击炮连、特务连、通讯连和修枪所，驻缪氏宗祠，至次年11月撤离，驻防泰县溱潼镇。

1943年11月，伪26师103团接防，侵驻栟茶，团长欧阳志成、副团长储尔乾。团部驻徐氏宗祠，营部分别驻于龙王庙、寿圣寺。

1946年11月17日，国民党"夹江"部队第65师一五四旅460团一个营，从李堡经角斜占领栟茶。两个连驻盐包场一带。同月26日撤回李堡。

1947年1月18日下午，国民党"绵阳"部队第四十九师一个团，经古坝占领栟茶。我靖江独立团在途中阻击。该部于同年4月4日撤至古坝、岔河。

8月5日，国民党栟茶区长李连生，从居家湾率"自卫队"三百余人随国民党第21师146旅437团团部及一二两个营侵驻栟茶。10月26日，该部撤离栟茶时，留下一个连士兵，驻于栟茶西虹桥附近，11月栟茶解放时，该连士兵与"自卫队"同时被歼。

栟茶先民有抗击倭寇和海匪的光荣传统。据史料记载，明嘉靖十三年（1534年），倭寇入侵，栟茶场招募民勇守御，周志应募，劳勤一载而殁。明嘉靖十六年（1537年），倭寇犯境，缪涝与子庭楠，率众堵截，斩倭首十余级。民国元年（1912年），海匪二百人，由洋北港登陆，民团团士四十人，持快枪十枝，至二十八总与海匪激战，众灶民乡勇持刀叉鸣金相助，民团获胜，擒匪四名，毙匪三名，伤匪多名，民团无损伤。同年，匪船数只，搁浅于海滩，匪散布于洋南灶墩，民团出击，灶民相助，此战获匪船一只，夺子母炮一门，伤匪数十人。民国十八年（1929年），灶民恨极匪盗，入市击毙通匪者蔡四侉子等多人。同年四月二十三日，民团赴海滨剿匪，班长殷东寿中弹阵亡。镇人缪文功作悼诗一首："扶犁昔日督耕牛，归葬一朝裹马革，壮哉殷士善致身，死闻于后生有益，出门传说舁尸回，惨见沿途皆血迹，吾侪偷息天地间，生死悠悠空过客。"

革命老区

1927年冬，栟茶建共产党地下党支部，党员有徐一朋等人。

据《盐阜地下党活动大事记》载，1927年秋，中共江苏省委指派上海邮电支部共产党员宣益东（东台人）以东台县委书记的名义到东台开展地下党工作，先后在国民党县党部、母里师范、栟茶、三灶等地建立了支部。当时的地下党员主要有宣益东、陈雪生、沈仿中、孙金鉴、徐一朋、贲养贤、刘守民、朱浩然、黄钟、邹冰、戈铭典等人。

1928年，江苏省委派南通特委书记黄承镜（黄逸峰、化名张文彩）到东台县指导工作。在三灶召开有共产党员参加的农民积极分子会议。由于国民党东台县党部秘书告密，当夜黄承镜、陈雪生、沈仿中、宣益东、邹冰、胡植哉、刘守民等七人被捕，受到国民党东台县长审讯。因为国民党没有抓到什么证据，被捕的人也没有叛变行为，宣益东等四人就地保释,第三天黄承镜、陈雪生、沈仿中被送到南京特别法庭审讯,判刑九个月。从此东台地下党组织遭受到破坏。

据黄逸峰回忆,1927年—1929年期间,东台县在母里师范有个支部,党员胡植哉(海安人)、刘守民(栟茶人)都是教员。农协有支部,党员有陈雪生、邹冰(泰州人)。县中有支部,党员有戈铭典、孙家骥。三灶有支部,栟茶有支部,党员有徐一朋等。栟茶的徐一朋同志参加广州暴动后回沪,由省委介绍到东台工作,由黄逸峰接上关系。据徐一朋回忆,他在法国勤工俭学,1925年在美国纽约加入共产党的一个小组。同时参加的有冯汉亭、许纪云、英显、黄文山等。1927年夏,经莫斯科回国。由张太雷安排黄承镜来同他联系,黄叫他回苏北去。

1940年10月27日,新四军挺进第三纵队到达栟茶。中共泰县县委派冯坚、王朋、于文博(现名许建人)、袁春生(袁顺生)来栟茶开辟工作,建立中共栟茶区委,由冯坚任区委书记。东进后发展了何晴波、徐静渔、陆文彬、赵朋三、顾一平、周一樵、丛寄宇等人入党。年底,建立了党支部,徐静渔、何晴波先后任支部书记。

1941年1月7日,国民党当局发动了"皖南事变",并宣布取消新四军番号。1月20日,中共中央军委发布命令,在盐城重建新四军军部,任命陈毅为代理军长,刘少奇为政治委员。陇海路以南的新四军和八路军部队,分别改编为新四军第1至7师和独立旅,共9万余人,先后成立苏中、苏北、淮南、淮北、皖江等军区以及许多军分区,发展地方武装及民兵。苏中军区是东濒黄海,西迄大运河,南临长江,北接盐城、淮安的战略要地。1941年4月,苏中军区成立大会在栟茶徐氏宗祠举行。

4月20日,徐氏宗祠前一片宽阔的广场被定为会场,会场大门两旁墙上写着"保卫夏收""实行减租减息"等大幅标语,会场内挂满了各方面送来的锦旗和贺联。徐氏宗祠敞厅正中是大会主席台,正面挂着"苏中军区成立大会"的横幅,在孙中山先生遗像的两侧悬挂着当时的青天白日满地红国旗。新四军代军长陈毅、一师师长粟裕、政委刘炎、政治部主任钟期光、苏北区党委书记陈丕显、苏北行政委员会主任管文蔚等高层领导出席了大会。参加大会的有苏北各县党政军机关及群众团体代表、苏北区党委、苏北区行政委员会的干部和工作人员、苏北行政学院全体学员、部队战士。

苏中军区成立大会

大会由管文蔚主持,陈毅做报告。会上,前国民党东台县县长、栟茶中学校长徐一朋和青抗会代表徐长生、工抗会代表陆文彬、教抗会代表何晴波、商抗会代表汪连甫等相继发言,祝贺苏中军区成立。各界人士发言结束后,人们齐声高唱"苏中军区成立歌",一时歌声和口号声此起彼伏,洋溢着军民团结抗日的浓烈气氛。大会自下午2时30分开始,直到6时方告结束。这天晚上,由栟茶区各抗日团体联合举行了庆祝苏中军区成立的群众大会,与会民众超过千人。粟裕师长特地到会,作了有关抗日形势的报告。他的精彩演讲不时被阵阵掌声打断。苏中反战同盟支部日本战士也在会上做了发言。余兴开始，苏北区政治部、苏北行政学院演出了《三月新歌》《打渔杀家》等精彩的文艺节目。

苏中军区成立后，陶勇任新四军一师三旅旅长兼苏中第4军分区司令员，指挥所属部队在通、如、海、启等地与日伪军进行了艰苦卓绝的斗争。

1941年春，苏北区党委曾设于栟茶镇东郊三官殿。苏北区党委书记陈丕显、宣传部部长俞铭璜、青年部部长林晓都在栟茶工作过。苏北总抗会亦设于此。同时，苏北行政委员会曾设于栟茶东郊新坝桥徐宅。苏北行政委员会主任为管文蔚。苏北行政学院曾设栟茶东郊龙王庙及百子堂，院长为周平。

栟茶中学体育场东北角、原三元村八组北部，竖有一块"浩气长存"的抗日志士殉难处纪念碑。

1941年8月，日本军国主义的铁蹄打破了栟茶这片石板街的宁静，栟茶中学成了法西斯的魔窟。鬼子们在这里残酷杀害了我不少抗日军民，凌宝连、缪怀仁、汤德贵、韩金荣等四位志士就是在受折磨后被丢进硝镪水池中化得尸骨无存。今天的人们要永远记住这段历史，毋忘国耻。烈士们崇高的爱国主义精神和坚贞的民族气节彪炳千秋，凛烈万古，激励着一代又一代后来者奋然前行。

此碑由栟茶中学于2004年10月重修。

殊死斗争

新四军东进后以及抗日战争胜利后，栟茶军民先后与日伪以及国民党军队进行了长期的殊死斗争，在历史上留下了辉煌的一页。

1941年8月15日，日寇再占栟茶。9月，仲雷、陆文彬、谭继成等深入敌境,杀汉奸王思明,,敌为之震惊。

1941年9月27日,栟茶区游击队与日寇在南乡晒衣口发生遭遇战。方奋、缪祝亭等阵亡,凌宝连、缪怀仁被俘后牺牲。

1943年4月5日晚,新四军一师三旅一部,在地方武装配合下,向栟茶驻小洋口伪军进袭,经两小时激战,全歼守敌八十余人,缴获全部武器装备,平毁全部据点。

1944年1月30日,地方武装设伏于栟茶、丰利之间,击毁伪军汽车一辆,俘伪军二十余名、伪军官家属九名,缴获军用品一部,我军无伤亡。

1944年4月29日,丰利日伪军一百余人,沿范公堤向栟茶进犯,途经十八总,被民兵埋设的地雷炸毙日军一人,伤七人。日伪军缩回据点。

最令人振奋和难忘的是耙齿陵战斗。1944年6月22日拂晓,驻栟日军加藤中队一百余人和伪军26师103团四百余人,奔袭栟茶西南,如东县警卫团一部被围。新四军1师3旅7团从雀儿塘驰援,在耙齿陵展开了白刃战,经两小时鏖战,日伪军全部被歼,加藤队长被教导队长秦镜刺毙。生俘日军十二名,缴获迫击炮两门,轻机枪六挺,掷弹筒八个等全部武器。夺回了被劫物资。此战,新四军1师3旅7团共评出七名战斗英雄,二十六名一等战斗模范,十六名二等战斗模范。三营营长吴景安、著名战斗英雄"飞将军"陈福田在战斗中壮烈牺牲。

1944年7月7日夜,栟茶区游击队及民兵,将栟茶至沿口公路挖断数十处。同时将此段竹篱笆、电话线全被破除,使日伪交通断绝,通讯瘫痪。

1944年8月14日,我短枪队配合民兵,设伏于镇西十里桥。八时,敌船两只驶进伏击区,我军即予射击,伪军弃船逃命。

1945年2月18日晚，如东县警卫团一部，在地方民兵配合下，分三路向驻二十二总伪军据点进袭，激战半小时，全歼伪军一百五十余人，缴获长短枪一百余支，迫击炮一门，轻机枪三挺，掷弹筒三个。是夜，区游击队阻援于新坝桥附近，驻镇东龙王庙伪军出动增援，遭游击队猛烈射击，死伤十数名，残敌逃回栟茶据点。

1946年11月7日，栟茶、景安两区一万多民兵肩扛钉耙，把河口到栟茶、栟茶至角斜、洋口到旧场、双甸到洋桥口等四条交通干线，九十多华里的路段，挖成许多一丈多宽两三尺深的缺口，使敌运动困难。

1947年2月2日上午，驻栟茶、丰利国民党军队出动合击栟丰区游击队。在陆家窑激战两小时，区队政委张高林壮烈牺牲，敌亦伤亡十余人。

1947年2月16日（农历正月廿六），国民党"绵阳"部队第49师79旅一个营，从栟茶去旧场，途经浒澪北杨家堡，被华东第三野战军第11兵团第7纵队31旅一个团兵力就地全歼。

1947年8月17日，栟丰区队于古坝街头，进击国民党"自卫队"，毙伤其十名，缴获步枪一支，子弹百发。

1947年8月21日，国民党栟茶"自卫队"至三官殿强拆民房。栟丰区游击队与乡联防队，分两路合击，毙伤其三名。残余窜回栟茶据点。

1947年9月4日，景安区游击队设伏于十里桥附近。国民党栟茶区"自卫队"百余人，在游击队突然袭击下，扑河逃窜。此战，活捉"自卫队"员六名，缴获轻机枪一挺，步枪五支，子弹五百余发。

1947年9月16日（农历八月初二日）晨，国民党栟茶"自卫队"近百人出扰栟南澪河乡一带，如东县县团部队一部配合景安区队，分三路将"自卫队"截于五神庙附近。经三小时激战,毙其二十余,俘四名,扑水淹死三十余人。此战缴获轻机枪五挺,步枪十七支,子弹二百余发,夺回粮食百余担。

1947年11月16日,国民党栟茶"自卫队"八十多人,到龙津桥一带抓伕抢掠。张黄乡武工队设伏在龙津桥河东,当"自卫队"行经桥头时,武工队拉响地雷,毙其二人,伤三人。

1947年11月29日(农历十月十七日)晚,中国人民解放军华东部队第12纵队35旅104团,在地方军民配合下,攻打本镇据点。九时许,细雨蒙蒙,人民解放军包围全镇,开始与北板桥北的国民党军队接火。国民党军即撤守桥南。三十日上午八时,解放军突破桥南一线,迫使东、南等外围据点的"自卫队"、国民党守军全部龟缩到西街核心据点(今栟茶变电所址)。下午一时,解放军连续发起三次猛攻,摧毁工事,毙敌众多。国民党军连长与区长李连生等突围至浒澪北被我活捉。另有部分国民党区、乡行政人员及"自卫队",化装成我地方武装,涉水经蔡家庄逃往如皋,其余全部被歼。三十日(农历十月十八日)下午四时三十分,战斗结束,栟茶解放。

战果,活捉国民党栟茶区长李连生,区队副王铁山以及大部分区乡行政人员。毙伤国民党军队四十多名,生俘八十多名;毙伤"自卫队"八十多名,生俘三百余名;缴获轻机枪八挺,六○炮一门,步枪三百余支,短枪五十余支,子弹二十多箱,战马两匹,木船五条。在战斗中,我军负伤三十余名,牺牲二十余名。

支援楷模

1948年7月至1949年9月,栟茶区共动员四期常备民工支援前线,其中1949年3月,动员民工1400人(临时民工在外），担架100副、担子900副，组成三个中队、四个担架分队、九个挑运分队，随军担架运输，行程数千里，参加过著名的淮海战役、渡江战役及解放南京、上海等战斗。

1948年底至1949年春，栟茶区有妇女702人，投入运送军粮军草，加工大米、干粮等支前任务。

1949年2月下旬，栟茶区突击三天，将分散在各户的粮食，全部集中到指定地点。随后组织民工千余人，及时运送到唐家闸，支援大军渡江。

1949年4月份栟茶区运出粮草情况如下：运往泰州粮食13 585担。运往唐家闸粮食4585担。运往李堡粮食1120担。运往海安公草2077担。合计运输粮食19 290担，公草2077担。栟茶地区人民，踊跃献粮支前，共献出粮食近千担，由饮食业加工成干食，运往前线。

1948年春至1949年初，如东县下达第三批军鞋任务，栟茶区为12 000双。全区广大妇女仅用二十八天时间，完成12 819双。由于时间快、质量好，荣获华中供给部颁发的"毛泽东奖旗"，华东电台广播了这一模范事迹。

人文荟萃

2014年2月，住房城乡建设部、国家文物局在各省、市、自治区层层评审的基础上，依据专家评审，对照《中国历史文化名镇评价指标体系》审核，正式命名栟茶镇为"中国历史文化名镇"。

经千年沧桑沉淀，栟茶厚积了光芒四射的文化艺术宝藏，其中省非遗浒澪花鼓，原创于村野，活跃于民间，为丰富乡里多彩生活已存在了三百年，曾进京城登台献艺，荧屏屡现风采，常获殊荣。建于新中国成立前夕的滨海剧团，有整出古装大剧，也有小型歌舞组合，形象生动地宣传政府方针政策，形式喜闻乐见，内容通俗易懂。他们走出县域集镇，深入乡村田头，被群众誉为"红色宣传队"。

纵观栟茶镇历代史志、报刊，人文荟萃的古镇，留下文人墨客的诗文著述颇丰，状元、榜眼、进士、举人均留下"诗词、笔记、纪事、小说、书法、绘画、篆刻等各类佳作，可谓汗牛充栋，庙宇祠堂书斋等楹柱上的佳联也可编组成册。这种文脉诗性，薪火相传，生生不息。近现代，栟茶镇先后涌现出许多诗文大家、书法绘画的优秀人才。随着栟茶文化研究会的建立，这种文化精气神儿必将代代相传。

非遗奇葩

浒澪花鼓，为省级非物质文化遗产，原为下洋花鼓，是融歌、舞、戏于一体的民间表演艺术，主要流传于如东西北部的栟茶浒澪西下洋（今陈湾村、大窑村、杨堡村）一带，毗邻的河口、于港、靖海和海安县的角斜、沿口、旧场、老坝港以及东台市的南部等地。这种村歌俗舞，亦称"唱秧歌"、"打秧歌"，流传至今已有三百多年历史。浒澪花鼓，曲调质朴，动听流畅，千古传唱，当地人耳熟能详；浒澪花鼓的生旦净丑，仪态万方，喜怒哀乐，念打舞唱，上过京城，到过外洋。浒澪花鼓是我国民间文化宝库中的珍品，2007年被列入江苏省首批非物质文化遗产。

过去的西下洋多为盐碱荒地，荒不长草、熟不长粮。当地民众仅靠种地无法生存，许多年轻力壮者便外出浙沪及苏南等地从商务工甚至乞讨。这样来来回回，不断往返，使苏南花鼓对浒澪花鼓的发展产生了很大的影响。浒澪花鼓中的《红娘子》与苏南花鼓旦角舞蹈中袅袅婷婷、拧腰出胯的舞风很为相像，浒澪花鼓中的骚鞑子与苏南花鼓中丑角的伛身、踮脚、晃头、扭腔等动作，以及诙谐、幽默的神态也很近似。两者糅合，就形成了浒澪花鼓既有里下河地区的水乡神韵，又具江南山区风味，且流露出南黄海滩涂气息的独特风格，这是国内其他花鼓所不能媲美的独特形式。

浒澪花鼓的演唱起初是室

浒澪花鼓戏曲舞

内坐唱(内场堂歌),大户人家婚丧喜庆常有此类活动。唱词的内容多为唱古人,说富贵(吉祥话),唱风景,或唱花鼓艺人的自身经历,或唱一些恭维主家的奉承话,选用的曲调大多是流行的花鼓小曲,如《穿心调》《奉敬调》《倒花篮》《莲湘调》《荷花泛水调》等,唱词和道白都运用极具个性的枔茶方言,朗朗上口,地域特色十分鲜明。后来一些饥民走街串巷以唱花鼓卖艺谋生,"沿街莲湘""狮子滚球""舞龙灯""踩高跷""撬荷花"等这些人员较多的表演形式,在室内已不能适应和发挥,于是花鼓从内场坐唱逐步发展到外场表演。

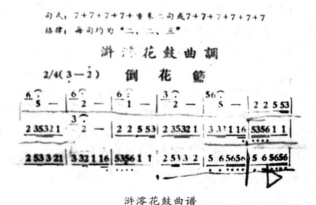

浒溪花鼓曲谱

浒溪花鼓演出过程中,舞蹈性最强的是打花鼓儿(即"唱秧歌"),技巧性和观赏性最强的当属"撬荷花"。演唱所唱的曲调多种多样,尤其是内场堂歌有多种流行小调、调情小调,如《十二谈媒》《五更梳妆台》《五色花船》《叹十声》等等,《倒花篮》《穿心调》《补缸》等也都贯串其中。也有独具当地特色的花鼓小调《花鼓调》《莲湘调》《荷花泛水调》等。打花鼓以《花鼓调》为主,"撬荷花"以《荷花泛水调》为主。此外还有《剪桂枝》《挂金索》《郎和调》《奉敬调》《哈哈腔》《顿板》《倒板》《虎头板》《月月红》

等几十种曲牌曲调。这些曲调质朴、动听、流畅，同音的反复运用，八分音符、十六分音符的大量出现，多处上行下滑的跳进，造成了热烈诙谐的情趣，与舞蹈风格和谐一致，跟当地的方言配合运用，愈发显得水乳交融，朗朗上口。因此逐步形成了不同角色、不同行当选用的丰厚的板式腔调之音乐素材。

浒澪花鼓是民俗性的舞蹈，所有服饰都是当地男女青年时尚流行服装。红娘子穿大襟、短袄、百褶裙、圆口布鞋，多为红色，似取红娘子的"红"字之意，头饰也相当讲究，据传，当初曾用过"勒子"。上世纪二三十年代，有扎红布头巾，前面正中饰"牌面"。牌面也很讲究，嵌小圆镜，红线球，五颜六色的花朵、珍珠、亮片等。也有头上只扎一大红彩球的，但多数为妇女的自然发型，只插些花朵，少数人还戴墨镜。

上手的服饰较为正统，据上手扮演者张如才等老艺人口传，他所看到最早的上手是头戴礼帽，身穿青灰色长袍，长袍下摆的一角煞在腰间，着长袜，圆口淡青色布鞋，他从艺几十年均为这种打扮。后来也有将上手的服饰设计为中式对襟浅蓝色短褂，腰束粉红色绸带，中式淡青色裤子，圆口淡青色布鞋。

小丑的扮相诙谐、滑稽，嘴上装有八字胡，鼻子上涂一块白色，有时还画上黑眼圈，头戴后帽沿向内折的草帽，也有头上打一根朝天小辫子的，身上穿的则是色彩较暗的对襟褂子，腰间束绸带或系围裙。上世纪二三十年代，是棕色毡帽，中式对襟棕色上衣，套浅紫色开襟背心，中式黑色裤子，圆口黑色鞋。

浒澪花鼓的表演团体叫花鼓班子，唱的是花鼓曲调，说的是方言土语，跳的是民俗舞风，演的是乡间民事，当地民众对其十分青睐。

新中国成立后,栟茶浒澪地区活跃着四五班花鼓表演队和百余名花鼓艺人,当时的小窑、下洋、临河、陈湾、大窑等村就有数十人之多。

经过几代花鼓艺人的不懈努力和演出实践,浒澪花鼓在音乐的板腔上和表演的形式上,向戏曲化方面不断发展完善,地方特色更加鲜明,这也使浒澪花鼓在传承发展过程中由舞蹈表演逐步戏曲化。

1960年和1963年,江苏省歌舞团农村演出队两次到浒澪采风,著名作曲家吴岫明老师运用浒澪花鼓曲调创作了一首群众歌曲《人人都爱社》,由著名歌唱家薛飞演唱,并灌制成唱片。中央人民广播电台播放了演唱录音,曾在全国传唱,影响较大。

1963年县文化馆张乃文、王正均到浒澪采风,以当地民间传说为素材,创作了大型古装浒澪花鼓戏《元宝记》。

1964年,该团吴义成、杨宝华创作的花鼓小戏《牛棚新事》,参加南通地区群众文艺调演,获优秀创作表演奖,剧照还刊登在《新江海报》上。

1980年该团大胆使用一批新演员作班底,邀请一些老演员言传身教,安排了《元宝记》参加县群众文艺调演获演出一等奖。接着,又结合当时形势的发展需要,创作排练了《拆迁风波》《真惬意》《产房轶事》《捉鬼》等戏剧小品。"三天创作一部戏,七天一台新节目"就出现在这个时期。

1983年,如东文化局剧作家徐健老师创作了花鼓戏《接丈母》,该剧在剧本创作、演员选配、唱腔设计、舞美创意、服装道具、音乐配器、灯光音效、字幕布景等方面狠下功夫,使演出一举成功,在南通地区群众文艺调演中获优秀剧目奖。《江苏戏剧》杂志还登载了剧本和剧照。同年12月,县文化馆舞蹈工作者江正林老师,以编创民舞集成工作的成果和普查的民舞资源为契机,对浒澪花鼓舞进行了重点挖掘整理，经他加工整理的《浒澪花鼓·红娘子》在省市民间舞蹈调演中获奖。《浒澪花鼓·闹春》通过红娘子和春哥儿的相会以及喜宝的逗趣，表现了青年男女间纯洁的友谊和爱情。这个舞蹈于1986年1月参加南通市民间舞蹈调演再次亮相，大获赞誉。同年2月，随南通市民间歌舞艺术团赴上海海军基地新春慰问演出，上海电视台全程录像于元宵节播放。7月，随团晋京中南海怀仁堂为中央领导和外国驻华使节演出，得到了中央领导和外国使节的首肯和赞誉，时任全国人大常委会副委员长的彭冲同志还亲切接见了全体演职人员。《人民日报》《文汇报》和《新华日报》都发过消息和评论文章。北京、上海、南京等地的电视台也多次播放《浒澪花鼓》《浒澪花鼓舞曲》《花鼓戏曲》的录音和录像。同年10月，《中国周刊》海外版还选用了《闹春》的剧照作为封面。二十世纪九十年代末上海歌曲剧院移植了这一舞蹈，还特邀江正林老师前往协助导演工作。

2003年7月，如东县文化局、县电视台为搜集整理文化遗产来到浒澪。老团长张广仁私人出资，在乡文化站的协助下，组织了十几位花鼓戏剧团的老演员，经过一个星期的努力，复排了花鼓舞和花鼓戏剧《假戏真唱》，在广场作了一次十分成功的演出，引来数千人驻足观看。县电视台现场录像并多次播放了实况。2004年夏天，南通电视台《江风海韵》栏目还转播了这档节目。

近两年来，浒澪花鼓传统舞蹈《踩高跷》《挑花担》《荡旱船》《打莲湘》《蚌精舞》等经过挖掘整理都进行了复排。栟茶镇结合群众健身活动创办了百人莲湘队，把传统的浒澪花鼓中的莲湘舞二十四套路进行排演，上到八十多岁的老人下至二十左右的后生，同场操演，配合默契，气氛热烈。五十多人的腰鼓队，四十多人的扇舞都深得人们的喜爱。2012年12月27日如东电视台还作了专访，运用花鼓曲调创作的舞蹈《快乐的西下洋》多次参加县市展演，特别是在2013年2月23日（农历正月十四）在海安举办的"苏中地区民舞会串"活动中，浒澪花鼓得到极高的评价。

在挖掘整理浒澪花鼓音乐、舞蹈、戏曲、文字、传记和传承过程中，如东县文化馆、栟茶镇文化站、浒澪乡文化站、原浒澪花鼓剧团、浒澪乡成人教育中心和浒澪花鼓老艺人邱八林、吴玉凤，中老年演职员张小琴、曹雪芹、张卿等人都做了大量工作。

塑字烙画

生于1942年12月的民间塑字烙画艺人缪吉先生，在艺术道路上，凭着自己的兴趣爱好和顽强意志，独自实践，不断探索，反复琢磨，自创了"塑字烙画"这门手艺。

栟茶镇广场南巷15号，一间仅10平方米的房间，是缪吉先生塑字烙画的工作室，一块三合板和一支电烙铁是他展示艺术人生的舞台。缪吉先生的塑字，以书法描摹名人字画为题材；烙画以山水画为主，独创喷烧法，使画面如同泼墨渲染，呈现水墨画效果。他用电烙铁、喷灯作画，画面层次丰富，显现古朴风格，有花鸟、国画山水、吉祥如意等系列的匾、屏、对联等作品。题材根据客户要求和自身创作相结合而定，《难得糊涂》《家和万事兴》《喜鹊登梅》《松鹤延年》等已成为他的代表作。

塑字，先要草拟方案，确定塑字内容、样式规格、定位色调，购置材料，然后按"放、复、调、塑、漆"五个程序制作。"放"，也叫勾线，就是在反复琢磨原作书法风格特色、笔画走势的基础上，按原作的制作样式描摹放大，勾出书法字形轮廓，再精心修饰，保持原作神韵不走样；"复"，就是将放大后的书法稿复印在底板上，用笔随字形的轮廓线走，不破笔，不放笔，也不漏笔，如有疏漏，再作修改；"调"，就是凭经验目测，将天然石粉、颜料和水搅拌成需要的色调，直至满意为止；"塑"，就是将调好的墨色、彩色两大类颜料按复印的纹路塑上，要求将空心纹路塑满，不破、不漏，塑字上板附着力强，字体不开裂、不塌边；"漆"，也叫"上光"，为了防腐、防湿、防霉变，待塑字风干后向包括塑字作品在内的整个底板喷漆。

缪吉烙画

烙画的制作，系取"先勾后皴"的工艺，经过"皴、勾、染、擦"四道工序。按设计需要选用干净无污、普通家庭装潢用的三合板和油漆，根据设计氛围和确定的规格尺寸，画好作品景物布局的小样稿，用电烙铁按小样稿直接在板上烙印，先将景物布局轮廓固定下来，然后用喷灯渲染。烙画，要掌握好电烙铁的温度，温度高了容易把木板烫焦；温度低了无法喷漆上光。

20多年来，缪吉先生利用所有空余时间，制作了数以百计的塑字烙画作品，主要赠送给亲朋好友，也有为单位加工的，从不考虑出售。用他的话说，艺术不是商品，一旦与金钱挂上钩，就变味变质了。他将作品《漓江山水》烙画带到南通,被中国工艺美术大师黄培中用"极品"两字来形容,缪吉先生受到了极大的鼓舞。正是这样的激励,又坚定了缪吉先生的信心,就这样一直走下去吧。

他的塑字烙画作品,淡雅、清秀、古朴,为文人墨客和工薪阶层所青睐,在如东、海安、南通和南京等地享有一定声誉,受到专家好评。南通电视台《江海风韵》栏目曾作了专题介绍,如东电视台《百姓》栏目也录制播放了,南通市老年体育协会的《江海乐天》报和《如东日报》《如东老年体育》报都分别作了报道。

文史博览

栟茶人文荟萃,留下的文史资料众多,且颇有历史文化研究价值。

史志报刊

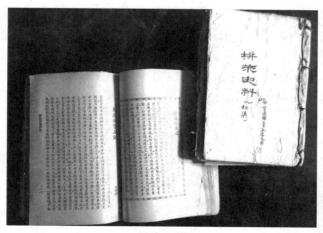

栟茶史料

《栟茶史料》 《栟茶史料》出版于民国廿五年(1936年)九月。由镇人蔡晦渔资助,蔡观明编辑,史书为五十开版本，五百四十二页，十余万字，共分四十五部分。它记述了栟茶政治沿革、行政区划、组织变迁、交通、实业、礼俗、物产、社会经济、教育、文艺、兵事、祠庙、海产渔捞、人口、户籍等史实以及《淮南中十场志》《嘉庆两淮盐法志》的摘要（栟茶部分）。书内有知名人士照片二十五幅，名胜古迹及重要建筑照片二十七幅，手书字画照片二十五幅，农民盐民生活照片六幅，彩色山水画照片二幅，诗词二百五十五首，还附有寺庙情况统计表、户籍人口统计表、学校情况统计表等。参加撰文、集稿者二十余人，此书系本镇珍贵的历史资料。在"文革"中，视为"四旧"多被查抄烧毁，目前幸存无几。《栟茶镇志》1980年12月由栟茶镇人民政府组织编纂。1984年4月印行，得到南通市博物馆、南通市图书馆、东台县档案馆、如东县史志办、如东县档案馆的关心协助；南京艺术学院教授陈大羽、副教授丁吉甫及无锡市文联主席徐静渔为镇志署题、治印、设计。该志354页，20余万字，共分37个部分，插图十余页，参与集稿者十余人。书中记述了从唐至当代茗海的历史沿革，含有政治、经济、社会、文化、发展各方面的大量历史资料，具有较高的资政价值。

  《自治报》 民国四年（1915年），袁世凯垮台，本镇有识之士积极活动，希望恢复自治，组织了"自治促进会"，并刊发《自治报》，后因经费不足停刊。

  《昌报》 《昌报》创刊于民国十七年（1928年），由行政局出版。初为两日刊，后改为三日刊。四开四版，铅印。刊出一百数十期，因经济拮据而停刊。

  《海日》 《海日》创刊号于民国十五年（1926年）四月一日出版，月刊，三十二开本，十数页。由"知社"主办，上海华丰印刷所印刷。第一卷上刊有叶实夫写的《马克斯氏小传》，第一卷第二期五月一日出版的封面上印有"本日为世界劳动纪念日"字样。该刊是当时宣传马列主义的进步刊物。

《滨海报》 《滨海报》系地方进步报刊,初设李堡,民国二十七年(1938年)春,迁本镇后由本镇续办,社址设在救济院,社长徐一朋,编辑胡植哉、缪楚佩。民国二十八年(1939年)春,由进步青年何晴波继任编辑,经常刊载宣传抗日救亡、揭露封建乡绅罪恶的文章。民国三十年(1941年)八月,本镇沦陷,报社移至农村。

《东风》 1958年10月18日由中共栟茶人民公社委员会主办。《东风》报八开两版,油印,每周出版一期,一共出了十一期。

《居旅栟茶》 《居旅栟茶》是栟茶镇文化研究会会刊,2013年元月试刊。栟茶镇党委、政府和江苏省栟茶高级中学等主要领导,高瞻远瞩,决心在建设一个经济腾飞栟茶的同时,打造一个充满文化魅力的栟茶,走文化强镇之路,组织了一批文化教育岗位上的志士同仁,齐力挖掘古镇尘封已久的文史资料,努力抢救悠远深厚的文化遗产。社会上不少有识之士,纷纷呈现文献古董,提笔撰写回忆华章,一本图文并茂的《居旅栟茶》呈现在人们面前,向县内外,甚至省内外嘉宾形象化地宣传了"水韵南沙,五彩栟茶"的风姿。

《居旅栟茶》杂志

其他出版刊物还有民国二年（1913年）启秀小学"怀旧会"主办的《怀旧》杂志（仅出了一期）；民国十五年（1926年）由栟茶第一高等小学校主办的《启秀旬报》（后改为半月刊）；蔡清述（晦渔）于民国十九年（1930年）在上海发行数期的《栟茶评论》；民国二十六年（1937年）间，栟茶中学办《栟中月刊》，另还有角斜缪金源办《栟角公道话》、邹某办《茗海周报》等。

诗文著述

民国二十五年（1936），《栟茶史料》载：自宋元以来，栟人著作成书者有五十余家，为书一百余种，而诗集占其三分之一，其以经学名者，徐述夔、缪玉成为最。玉成在黔教士，是正字体，盖于小学研求有得。以史学名者，有徐国道、周藩，至于音律书画金石，均有著名之士，计有三十余家。栟茶文坛因乾隆年间的一桩诗案而变得扑朔迷离，这就是震惊全国的"徐述夔诗案"（亦称"《一柱楼诗》案"），为清朝最为惨烈的"四大文字狱"之一。该案的具体情节已为当地民众所熟知，兹不再赘。徐述夔的诗文俱佳，除众所周知的反清诗文外，还著有章回小说《八洞天》《五色石》等。可惜在那个特定的时代因文获罪而罹难。岂料这一冤狱反而使他本人及其作品名扬四海。其时，当地一些文士因文字狱而噤若寒蝉，纷纷处理掉自己的作品，因此这一时期栟茶文坛留下的作品反而较少。我们知道，栟茶本是人文荟萃之地，明清以来，东皋举人、进士以丰利、栟茶居多。但在"徐述夔诗案"以后，大概出于朝廷"内控"的缘故，栟茶地区在其后相当长时间内再也没有出过一位举人。栟茶名士叶晓竺才气横溢，世称"两淮文坛之主"，但也科场失意，奈何不得。直到清末民初，栟茶文士又开始崭露头角，特别是在废科举、兴学堂之际，蔡少岚、缪文功、蔡观明、蔡清述、徐藻等名士横空出世，他们的著述以新观念和新视野在栟茶文坛再领风骚，对新文化运动的启蒙起了积极作用。

滨海剧团

滨海剧团成立前称栟茶镇青年联合会青年俱乐部，是在抗日战争胜利后，为宣传国家的方针、政策自发组织的文化宣传团体，剧种多样，有歌剧、黄梅戏、越剧、锡剧、扬剧、京剧、话剧、舞蹈……新中国成立前夕，栟茶镇青年俱乐部改名为滨海剧团，当时与掘港的黄海剧团同为本县两大业余剧团。新中国成立后，滨海剧团先后排演了歌剧《王贵与李香香》《小二黑结婚》《赤叶河》，锡剧《双推磨》《龙凤面》《十五贯》，京剧《捉放曹》《打渔杀家》《白蛇传》《林冲》，黄梅戏《天仙配》《夫妻观灯》《庵堂相会》，越剧《梁祝》，话剧《年轻的一代》、《不拿枪的敌人》《国庆十点钟》等，并被邀请到角斜、李堡、丰利、马塘等镇演出，还自编自演了歌颂于鸿生烈士的话剧《红色青年》。这些演出都是为了配合党的中心工作和纪念重大节日，如：上世纪50年代歌剧《小二黑结婚》是为了配合宣传国家的婚姻法演出的；黄梅戏《天仙配》是为了欢度中秋节演出的；1956年为了宣传私营工商业改造，演出了话剧《大势所趋》。滨海剧团在各地巡回演出《十五贯》时，是最辉煌的时候，场场爆满，掌声雷动。观众评论戏中的娄阿鼠真是演活了，专业剧团演的《十五贯》未必比他们演得好,严素兰、吕慰、缪金生等演员个个都很优秀,一时滨海剧团名声大振。剧团还经常到丰利、李堡、角斜等地演出,坐轮船不方便,费用也大,为节约开支,剧团都租木船。演出人员坐船,再装布景道具,团里的青年人肯吃苦,自己撑船、背纤,不怕累不怕苦,到达目的地再卸布景道具,接着再装台,从不耽误演出。他们只有付出,没有报酬,这种精神难能可贵。"文革"时,栟茶滨海剧团不再存在,改为栟茶毛泽东思想文艺宣传队,演出全本《红灯记》和《智取威虎山》片段。演李玉和的演员朱正龙,演铁梅的邵桂珍,演李奶奶的杨桂英,都演得出色,唱得字正腔圆,十分完美,文武场配合都非常好,影响了当时的一代孩子,也都纷纷学唱京剧。如今他们之中还有几位活跃在京剧票房,继续为弘扬传承京剧做贡献。时间过去半个多世纪了,无论过去的滨海剧团还是后来的文艺宣传队,都为栟茶的文化事业写下了光辉的一页,这些永远镌刻在栟茶人的心目中。

栟榈栖凤

古镇栟茶,人文荟萃,文化底蕴深厚,上千年的悠久历史,为后人留下了许多宝贵的遗产。自南宋至清末,栟茶出过状元、榜眼、进士、举人40余人,及第秀才更是繁星点点;民国初期,涌现了一批传播马列,兴办学校,教化民风,开启民智,名垂青史的仁人志士;新中国成立后,培育出的中共中央委员、部省领导、知名学者、资深专家和共和国将军等皆为济世才俊。他们中,有"《一柱楼诗》案"中惨遭诬陷的徐述夔,冒死告御状救父的孝女蔡蕙,淡泊仕途、关心地方公益事业的清康熙年间的状元缪彤,被明末阉党迫害致死的缪昌期,从栟茶走出去、在南京栖霞寺营救2.4万名南京大屠杀幸存难民的寂然法师,中国工程院院士蔡美峰,教育先贤徐一朋、蔡少岚、缪文功、蔡观明,以及于一平、苏国光、姚止平、季均、陈学厚、缪则勤等教育精英……

徐述夔

徐述夔洗马图

徐述夔,字赓雅,生于清康熙四十二年(1703年),卒于1763年。江苏东台县栟茶场(今如东县栟茶镇)人。17岁时,入泰州学为附生。乾隆三年(1738年)戊午科江南乡试举人。徐述夔出生时,栟茶镇反清志士缪景先等聚立忠义堂揭竿抗清的壮举,给了他很深的影响。他在乾隆三年乡试《君使臣以礼》的命题试卷中,极力宣扬民本思想,其中"礼者,君所自尽者也"的论说,被朝廷礼部察觉,便以"有违碍之处"的罪名,停他续考进士的资格,绝其功名济世之望。徐述夔痛恨清廷,受"反清复明"思想影响所产生的压抑之感,便逐渐演变成愤懑之情。他别出心裁在家园(后为启秀小学)自建一读书楼,中立一柱,众梁分架其上,取名"一柱楼",自称"鹤立鸡群"。有人以为一声之转,徐以"一柱"与"易朱"的谐音寄托自己反清复明的志向,个中隐藏着对清廷的"不敬"之意。一柱楼建好后,徐述夔便结下诗社,经常邀集志趣相投之士来这里,或诗文唱和,或借酒消愁。就在这座楼上,徐述夔写下了许多有名的诗篇,后合编为《一柱楼诗集》六卷，与他交谊甚笃的沈德潜还特地为《一柱楼诗》作了序文。除《一柱楼诗》外，徐述夔还著有《小题诗》一卷、《和陶诗》一卷、《论语摘要》二卷、《周易释义》《一柱楼编年史》《五色石传记》《栟茶场志》等十数种。

在《一柱楼诗》集中，有"明朝期振翮，一举去清都"、"清风不识字，何必乱翻书"、"大明天子重相见，且把壶儿搁除巢穴在明朝"等句。这些诗文在当时引起了一定的社会反响，虽未刊刻印行，却已争相传抄，不胫而走。

乾隆二十八年（1763年）徐述夔病故，其子徐怀祖（念斋）及学生徐首发、沈成濯刻印了他的诗文集六种，使之流传更广。

徐怀祖病逝后，其子徐食田与栟茶南乡地主蔡嘉树因田土之事涉讼，蔡以徐述夔《一柱楼诗》"违碍之处"告发。乾隆四十三年（1778年），徐述夔、徐怀祖父子及二生被剖棺戮尸，枭首示众，家属为奴，家产入官，办案不力的官员和相关的株连者被严办。这就是震惊全国的清代四大文字狱之一的"一柱楼诗"案。

缪彤

缪彤（1627—1697年），字歌起，号念斋，祖籍栟茶。康熙六年（1667年）以长洲县（属苏州）学生考中进士，廷试状元，曾官翰林院修撰、庚戌科会试同考官、翰林院侍讲。缪彤淡泊仕途，借回家奔丧之名乞长假回到吴县，自此不再复出。他淡于宦情，立三畏书院。缪彤对地方公益事业竭诚关心，如出资修建文庙前的状元坊、文庙的圣殿、县学前的文星阁等。缪彤著有《双全堂文集》四十一卷，学者尊称他为"双全先生"，并被聘为《苏州府志》修撰。康熙曾命江苏巡抚汤斌奏吴中"以道义自持者"，缪彤列为首位。缪彤擅长诗歌，律诗、绝句兼工，有唐人风格，著名的《清诗别裁集》便收录他的诗六首。

缪彤之祖父缪国维，字四备，明万历二十年（1601年）进士，曾任国子监博士、工部主事。任温州知府时，因脾气耿直得罪巡抚，被削职归里。其父缪慧隆为国维次子，获赠翰林院撰修。缪国维之子、缪彤伯父缪慧远，清顺治四年（1647年）进士，曾任寿阳知县。叔伯兄弟缪锦宣，字钧闻，清康熙十二年（1673年）进士。

缪彤书法

缪彤长子缪曰藻，字子文，康熙五十四年（1715年）中榜眼。父子俱高科，康熙皇帝将此视为大清盛世之征象，特作御制诗嘉奖其父子。缪曰藻曾官洗马一职。次子缪曰苞，雍正元年（1723年）中进士，选庶吉士，授翰林院编修。

《东台县志·清两代文武职科名》载："缪彤，栟茶场人，康熙六年（1667年）进士。"清修的栟茶《缪氏宗谱》载："缪懋，字尚勉，行百六六。宋淳祐间避金兵之乱，同弟意自苏州北渡至力乏桥，意之泰州。公之栟茶场，遂家焉。生卒失考，配王氏，合葬本场缪家堡雷公坝。""国朝康熙六年丁未苏州支十三世孙彤殿试第一，诣场祭墓，土人遂相传为状元坟。"栟茶《缪氏宗谱》亦载："缪彤，字歌期，号念斋，顺治丁酉年顺天举人。康熙丁未状元，授翰林院修撰，升翰林院侍讲。生于明天启丁卯（1627年）正月初十日，卒于康熙三十六年丁丑（1697年）二月初二日，寿七十有一。配顾氏，封宜人,副李氏封孺人,例封宜人,邱氏封孺人,何氏、王氏、范氏、马氏、陈氏合葬于吴县……。子二,曰藻、曰苞,女十二。"缪曰藻、缪曰苞二人在《东台县志》和栟茶《缪氏宗谱》中俱有记载。

缪思恭、缪思敬

早年,在栟茶镇仓廒以北的半岛上,有一处闻名远近的"缪氏二贤墓",墓前柏树成林,林荫深处有一座"二贤祠",祠前不远处耸立着高大的牌坊,通道两旁竖有石狮、石碑。"二贤祠"为明嘉靖年间(1522年—1566年)由侍御大臣雷应龙奉旨所建,"二贤祠"建好后,朝廷每年春秋时节都要派大员前来栟茶祭祀。嘉靖丁亥年(1527年),皇帝钦遣雷应龙来栟祭祀"缪氏二贤",同时前往"缪氏二贤"祖先尚勉公的墓坝设香案拜祭,故人们又将该坝称为"雷公坝"。

"缪氏二贤"之所以有如此高规格的礼遇,主要是因为他们乃明朝的开国功臣。

"缪氏二贤"是人们对缪思恭、缪思敬两兄弟的尊称。缪氏二兄弟出生于栟茶场。缪思恭,字德谦,元末时为一地方小官充令史,其弟缪思敬,字德中,同为幕僚。元至正十三年(1353年),农民起义领袖张士诚起兵泰州之时,缪氏兄弟从征张士诚,作战勇敢,杉青一役,把张士诚的二弟张士信所部杀得大败。张士诚对这两个对手很是敬畏,听说他们跟自己同是泰东老乡,便有意劝他们投到起义军这边同襄盛举。缪思恭和缪思敬坚决不同意,反而晓以利害,劝张士诚归顺朝廷。张士诚是个有心计的人,见如此也不勉强,便了一个"放长线钓大鱼"的把戏。两军对垒时故意抽减兵马,造成屡战皆败的假象,终使缪思恭"以功擢嘉兴府同知"。后来张士诚攻取了江南诸州,在苏州自称吴王,封张士信为江浙行省左丞相,时为嘉兴通判的缪思恭这才顺理成章地归附。《续资治通鉴》卷二百一十五有这一段有趣的记载:

张士信念念不忘当年败于缪思恭的耻辱，故在督修杭州城时，"士信檄思恭统所属工徒就役，欲乘此僇辱之"，下达的城墙修筑任务竟有数千丈之多，以便在工期和质量上挑刺作难，寻机报复。但"思恭每作则先人，止则后众，劳来督罚，殊得众心，视他所筑倍坚好，士信亦无奈何"。一天，张士信巡查来到缪思恭的工地，当时太阳已经下山，可是这里的工役仍在劳作。士信对思恭说："日入而息，何独劳民如此？"思恭回答说：连你这种做大官的人，尚在起早带晚地为吴王操劳，何况我们这些小民百姓，有谁敢偷闲躲懒！士信曰："此人口利如锥，何怪杉青闸畔，烈烈逼人！"思恭针锋相对地挖苦道：今日幸蒙太尉给我面子，也全靠吴王借此奖励我归顺之典，如要说到杉青之役，本人到现在还懊悔当时没有用尽平身之力，眼睁睁地放跑了你这个败将！

缪思恭身处战乱年代，虽怀报国之志，却无所适从。原在元廷为官，本想图个仕途上进，造福一方百姓，哪料到，朝廷腐败，引来百姓造反，时局混乱，生灵涂炭，"战火纷飞刀沾血，城头变幻大王旗"。因此他的心境虽悲愤异常，却如一团乱麻，理不出一点头绪；险象环生，而又眼前漆黑，找不着一条生路。这一切，在他于至正二十年（1360年）八月十五日写的一首唱和诗里得到了充分的体现。诗的引言写道："招同诸彦小集南湖，以杜甫不可久留豺虎地，南方有未招魂为韵得不字。"劈头交代了他十分凶险的处境，诗行间更是倾吐了他忧国忧民的激愤和无力回天的无奈。正因为缪思恭身处乱世，这才造就了他"勉从虎穴暂栖身"的求生策略和"手执剑戟图报国"的非凡本领。在他的动乱生涯中，一会儿帮着元军镇压张士诚，一会儿又归顺吴王为之效力，再后来又投到朱元璋的麾下，为明朝的戡乱平天下立功。看起来他的政治立场很不专一，其实他所做的一切都是为了一个目标：投奔明主，结束战乱，把苦难的老百姓从水深火热中拯救出来。因此后来坐了天下的明朝统治者很看重缪氏兄弟的战功和业绩,这才给了他们较高规格的封荫礼遇。要说缪氏的战功,最值得夸耀的,便是克服高邮战役。至正二十六年(1366年)三月,缪氏二兄弟作为朱元璋兵部大元帅徐达的幕僚,参加了进攻张士诚老巢——淮南重镇高邮的战役。此役是明代结束战乱的关键一仗,共俘获张士诚官兵1037人,士卒1175人,彻底挫伤了张士诚的元气,为朱元璋统一天下奠定了基拙。高邮之役中,缪思恭不光战功显赫,还向徐达进言,采取了不少安抚难民、优待战俘的措施和良策,如对放下武器的张军将士,不但一个不杀,还"仍给衣粮,有妻子者赐夏布人五匹,无者半之",收到了稳定战局之效。

缪昌期

《东台县志》载:"缪昌期,明万历四十一年(1613年)进士,栟茶场人。"

缪昌期自幼耳濡目染,对父亲的生活趣味很是仰慕,父亲对其倾注全力栽培。他7岁入家塾,14岁赴童子试,天资聪颖,才思敏捷,工诗擅文,文笔流畅,史称"行卷不胫走四方,为诸生已名震天下"。他前半生举业坎坷,连续参加多次乡试,都名落孙山,39岁才乡试中举,53岁中进士,入翰林院。

缪昌期相貌清瘦,精神饱满,生活简朴,不饮酒、不应酬,为人耿直,不随便交友。与志同道合的人谈笑不倦,愿与同生死共患难;对行为不端的人疾恶如仇,使对方痛透骨髓。他对魏忠贤阉党尤其深恶痛绝。

天启元年(1621年),缪昌期被熹宗起用为左赞善(谏官),不久升为谕德(侍从谏官)。

阉党首领魏忠贤,万历时进宫为太监,天启时为司礼兼秉笔太监。他勾结皇帝乳母客氏,排斥异己,广结党羽,组成阉党集团,国人为之切齿,敢怒不敢言。他活着的时候,就大兴土木,在许多地方预建生祠,为身后预造坟墓。缪昌期在朝中颇有文名,魏忠贤派爪牙找缪昌期为他起草墓志铭。缪昌期对魏忠贤恨之入骨,对来人说:"我一生最不愿为人作谀美之词的墓志铭,何况替这种应该受刑的人来有辱我的笔墨呢!"魏忠贤听了爪牙的回报,气得咬牙切齿,恨不得将缪昌期碎尸万段。

天启四年(1624年),左副都御使杨涟列举魏忠贤二十四大罪状,这篇揭露阉党首恶罪行的檄文,事实确凿,言锋语镝,义正词严,京城盛传出自缪昌期手笔。魏忠贤对此恼羞成怒,奏请皇帝勒令缪昌期削职归家闲居。阉党肆虐时,东林党人受牵连被迫害者数千人。

天启六年(1626年),魏忠贤下令逮捕缪昌期。在京都狱中,缪昌期被魏忠贤爪牙残酷行刑,百般折磨,仅一个月就体无完肤,十指全脱,终被活活打死。阉党并不解恨,又下令将缪昌期遗体碎首暴尸于城北,其状惨不忍睹。

1628年,崇祯即位后,魏忠贤等阉党被除,同时诏告天下,为东林党人士平反,缪昌期被追认为忠烈,被皇帝追封为正三品的詹事府詹事兼翰林院侍读学士。福王时,谥"文贞"。

蔡 蕙

蔡蕙,泰州栟茶场人,生于清康熙年间。其父蔡孕琦,在顺治十四年(1657年)以第十九名入泰州学,后又考上贡生,为候选学正。蔡蕙是长女,"生有至性,不妄言笑。知服劳奉侍,承父母欢,凡女诫女孝经等书,自其少时已讲习,能见大意"。从小就是一知书达礼,贤善聪睿的女子。

孝女蔡蕙

蔡蕙的父亲蔡孕琦，为人耿直，性如姜桂，敢于打抱不平，直言抨击邪恶之事，因此得罪了一些奸佞小人。栟茶场的土豪缪器捏造许多敲诈勒索钱财之事，指定蔡孕琦为主谋，匿名举报至江苏巡按批转给江苏按察司，又批转发江宁南捕官查究。五月十三日，年近五旬的蔡孕琦被捕入狱。

上元县先后升堂审讯七次，判蔡孕琦死刑，关入死牢。

蔡蕙母亲经受打击，病卧于床，蔡蕙是长女，要照顾母亲，更要救父，她不甘心父亲遭受不白之冤。未婚夫缪浒遣媒征婚，让其避困。蔡蕙流泪说："蕙惟父亡而亡，不知其他！"推辞不出嫁。

康熙二十七年（1688年）冬，蔡蕙听说康熙帝开年正月南巡，决心效仿汉朝女子缇萦，冒死告御状救父。

当她得知康熙帝将到扬州，悄悄登上舅舅雇的船赶往扬州，并设法转告父亲她要告御状的事。蔡孕琦坚决不应允女儿告御状，再害女儿一条命。但蔡蕙对父亲表示"誓以必死，无复还理！"加之仆人皆泣求，愿冒死随行。如此要求往返多次，蔡孕琦才答应，以女儿口吻写下千言奏疏。

蔡蕙身怀诉状，肩担重任，去告御状。康熙帝从扬州到常州，又去无锡，蔡蕙一路随行。因无锡天阴有雨，康熙皇帝从九龙山返回，蔡蕙便跪在龙船经过的河道岸上，"捧疏伏而号，而龙船已过。忽闻万岁传旨问何事，蕙急跃入一小舟。舟子惧前，遥见黄衣侍卫立船头，招左右手，舟子乃前。圣祖从龙船开窗俯视，命受其疏。坐览一二行。辍而起，蕙俯伏惊讶。圣祖更衣复坐，执疏览毕。问此本孰为汝作？奏系臣父。圣祖复览，又问，跪汝旁者何人？奏系臣家生子。圣祖指语亲王大臣，语不能辩。舟尾之而行。传旨令蕙暂回。乃下扈从大臣直隶巡抚于议，于以扈从北去。奏敕两江总督傅，因檄扬州知府施，再檄江苏按察司高，前后皆鞠得其实，平反同词。制宪复亲鞠，如所议疏上，罪诬者孕琦得释。远近闻之,传为异事"。

蔡蕙为父申冤,奔走呼号,身心交瘁,积劳成疾,嫁给缪浒,不到一年就病逝了。

康熙三十九年(1700年)十二月,康熙皇帝颁旨"给银建坊"。泰州除建坊外,还建了孝女祠。康熙四十二年(1703年)落成,塑像前木主上书:"皇清旌表建祠崇祀上书救父蔡大姑蕙之神位。"泰州官民举行了隆重的祭祀仪式。泰州知府柯荣庚宣读了亲自撰写的祭文。从此,祭孝女祠屡加修葺,许多文人学者写诗文纪念。

寂然法师

寂然法师1893年出生于江苏省如东县栟茶镇。1938年3月,他在南京栖霞寺营救了2.4万名南京大屠杀幸存难民,被称为"中国辛德勒"。1939年10月,积劳成疾圆寂。

寂然上人碑

寂然法师弱冠之年聘妻未娶,出家于寿圣寺。1921年来栖霞奉事剃度师振禅和尚,后担任监院,民国十年创办律学院。法师在山尽心竭力修建殿堂,综理寺务,数年间各处殿堂房舍相继落成,殿宇巍峨,为金陵丛林首选,并每春传戒,施行律学,培育僧才。1937年,南京沦陷,日军烧杀奸淫,暴行肆虐,哀鸿遍野,惨不忍睹。寂然法师留守栖霞,得大本、志开二位法师建议与协助,以大慈悲之心,于寺中设佛教难民收容所4个月之久,救护难民2.4万余人,并千方百计掩护抗战将领安全脱险。为赈济难民,又设法四处告贷募化，多方周旋，忍辱负重，竭力维持。

日军多次袭扰栖霞寺，肆意杀害儿童和强奸妇女，公然在庙堂强奸了一名14岁少女。难民们愤怒无比，要和日本兵拼命。寂然法师出面力劝难民，阻止鲁莽伤及无辜。

寂然法师义愤填膺，书写了抗议书《以人类的名义致所有与此有关的人》，控诉日本军人的罪行。

寂然大师

寂然法师为了救济难民，号召僧人一日两餐，以减少饮食，解决几万难民的吃饭问题。他说："修行之法，日食两餐，补济饥饿，救难民生命为第一修行大要。"

抗战期间，寂然法师提倡修行大愿，鼓励僧众："如今国难当头、众生有难，应当学习阿弥陀佛的四十八愿普度众生，应当学习观音菩萨的慈悲精神为我中华寻声救苦。"

法师一生，爱国爱教，济世救民，于艰苦极深之际毫无退缩，铁肩负厄处之怡然，实为佛门楷模。为缅怀先辈懿德，抗战胜利重逢甲子之期，栖霞寺敬造法师铜像，望先师觉灵不泯，笑看盛世风华，默佑苍生；亦告我同胞，勿忘国耻，励精图治，振兴中华。

蔡少岚

蔡少岚（1859年—1913年），名映辰，号浣雪，室名似园、贞敬堂、绿云庵。咸丰九年（1859年）生，清附贡生，世居栟茶镇。家藏图书颇丰，好学问，能诗词，善书画。清光绪二十年（1894年）署任通州儒学训导。光绪二十八年（1898

年)戊戌变法后,创办栟茶启秀文社,购藏新书千余种,以开民智。光绪二十八年(1902年),会同缪文功等地方士绅禀江苏学政批准,兴办"栟茶市公立启秀两等小学堂",为如东第一所新学小学,简称"启秀小学",抗战前改称"栟茶小学"。现为省实验小学如东县栟茶小学。光绪三十一年(1905年)7月开课,任堂长。翌年,捐私田360亩,助为学校

蔡少岚

经常费用。光绪三十二年(1906年),出资购得徐述夔"古一柱楼"旧宅数十间,经修葺并拓展相邻地皮改建校舍,先后创办师范、蚕桑传习所、东西南三区初等小学、蔡氏女子家塾、浒澪初等小学校。民国元年(1911年),在家中创办幼志初等小学。

蔡少岚一生志在办学,不求闻达,以教育为己任,把自家所有田地房产悉数拿出办校,还从牙缝里省出钱来资助多名留日学子和就读中等专业学校的学生完成学业。

蔡少岚乐此不疲兴办各类社会事业。清光绪年间(1875—1908年),出资购条石砖块铺设街道;设置常盈义仓,购稻谷千担,备作荒年平粜;创设老人院、施药局、存婴局等慈善事业,恤养孤寡老人50名,收养弃婴100名,抚恤贫穷寡妇48名。

蔡少岚曾任栟茶市议会议长,重视社会文明,禁绝娼妓,不演淫戏。他对诗词绘画颇有造诣,著有《绿云庵诗》《绿云庵词》以及国画《梅》等。

1913年,蔡少岚病逝,享年55岁。其继室汪诚夫人秉承丈夫遗愿,于民国十年(1921年)自费建立图书馆,不图私名,定名为"栟茶公立通俗图书馆"。

南通张謇闻其殁，驰书嗟叹，谓"邻失教育健者"。对蔡先生的疾逝，"远近嗟叹，里中学子，皇皇然失大师"。栟人追念其人格和业绩，众口一词赞道，栟茶文化得以普及，贫苦百姓有所教益，皆源于蔡先生兴学行善之举。1915年8月，栟茶地区教师、学生自发为蔡少岚立一方纪念碑。

蔡观明

蔡观明（1894年—1970年），原名蔡达官，后改为蔡达，字处晦，号尔文，栟茶南乡蔡家楼人，出生于一破落地主家庭。因家屋前曾长过一株梧桐，故称其书房为"孤桐馆"，本人亦常自称"孤桐先生"。十六岁入张謇主办的国文专修科，20岁时在如皋主编旬刊《皋鸣报》。民国六年（1917年）任江苏省立第七中学（即南通中学）国文教员，后在上海圣约翰大学、光华大学任教。后去如皋创办扶轮学院，任教务主任。民国十八年（1929年）1月，任栟茶市行政局长，任内办了不少公益事业，如整理公产、修桥筑路、禁烟禁娼、兴学办报等。民国十九年（1930年）8月起，分别在省立如皋中学和南通中学担任高中国文教员。民国二十七年（1938年），日寇侵占通如，蔡观明从南通回栟协助徐一朋在栟茶初中增设高中部，任教高中国文。同时，创办国故专修学社，任社长。1941年，日寇侵占栟茶，蔡避居南乡教书、行医。1947年，又至南通中学任教。新中国成立后，任南通市文物管理委员会副主任、江苏省文史馆馆员、南通市政协委员。

蔡观明善书画，精教学，会行医。他一生勤于写作，擅长古文，能诗，著作颇丰。早年受林纾影响，也写武侠和言情小说。编有《金沧江年谱》，为国内最早开始研究金沧江（泽荣）的学者。

蔡观明一生中关于文史方面的著述较多。他自编的教材有《中国文学史》《文学通史》《中国文字学》《经学指津》等。撰写的著作有《孤桐馆文甲编》《知非录》《孤桐余韵》

《南通方言疏证订补》《从敦煌变文谈古汉语的音韵》《吴嘉纪年谱》《孙枝蔚年谱》等。1936年上半年，他在南通坐馆，同时编撰《栟茶史料》。他撰写《吴嘉纪年谱》，历时三年，搜集了地方志乘、名人诗文集等20余种。另外，他还著有《平秘论》《湿温警言》《孤桐馆医案》《素音问》《习医札记》《医验杂记》等医书。

蔡观明十分热心社区文体事业。民国十七年（1928年），蔡观明得到栟茶市政局长蔡清述的支持，与地方教育界人士徐一朋等人一道兴办文化事业。他们租用南堡徐姓土地兴办公园。同年，蔡观明等人租得栟茶南堡徐氏宗祠前四亩土地，开辟为公共体育场。

"文化大革命"期间，明朝清官海瑞受到口诛笔伐，蔡观明私下对人说："我就不信忠臣海瑞倒比奸臣严嵩还要坏！"蔡观明因此而受到批斗。他自此忧愤成疾，于1970年1月17日逝世。1980年，南通市为他开会追悼，平反昭雪。

蔡清述

蔡清述(1904—1977年)，字晦渔，笔名有夷白、平斋。五四运动后，学习、研究宣传马克思列宁主义发展为新文化运动的主流。在时代大潮的冲击下，渴望获得改造社会真理的皋东地区青年，相继发起组织各种进步团体，创办进步刊物，宣传反帝反封建，宣传马克思主义学说。1925年夏，蔡清述与栟茶青年叶实夫、缪德载、蔡牧山、蔡观明等发起组织了青年进步团体"东台县栟茶青年知社"，与旧势力组织的"庸社"相对抗。"知社"主张改进县政，恢复市议会，社员有三十余人，蔡清述等负责日常事务。社员常在啸庐——蔡清述住宅集会。社员蔡牧山起草的《栟茶知社宣言》，指出"顾吾人于地方之事业，尚罕有若何之贡献"，"椎厥病源则以无联络、无研究之故"，"孰应兴，孰应革，孰宜保守，孰宜改进，更重讨论之机会，吾人今兹即为补救组合者也"。

阐明组织知社的宗旨在于研讨改造社会的理论，宣传进步思想，推动地方改革。

知社创办的月刊《海日》，1926年4月1日创刊号问世。第一卷第二期5月1日出版，详细地介绍了马克思的生平及其学说。在第八期中，特别介绍了马克思撰写的《共产党宣言》，破天荒地第一个把马克思的生平及其学说介绍给皋东和东台地区民众，对马克思主义在皋东和东台地区的传播及共产党基层组织的建立起到了先导作用。

北伐军到达通如地区后，蔡清述加入中国国民党，1927年组织成立东台县党部特别委员会，蔡清述为常务委员，任青年部长。7月，因蔡清述等知社社员与栟茶缪姓地主有矛盾，被驻南通的国民党军队捕去。

1928年1月蔡清述就任栟茶市行政局长，后因得罪旧势力，愤而于8月辞职。

蔡清述秉承其父蔡少岚兴学行善家风，热心教育，关心社会公益事业。民国十七年(1928年)与徐一朋等积极募款，筹备、创办了私立栟茶初级中学，且后来一直支持梓里教育事业。

为完成其父搜集、刊印地方文献的未竟之志，蔡清述特请族弟蔡观明先生主持编辑《栟茶史料》，自行捐款印行。好友陈子密为《栟茶史料》作序。《栟茶史料》成为如东县重要的乡邦文献之一。

蔡清述于上海政法大学毕业后旅居沪上，发行了几期《栟茶评论》。以笔名"夷白"、"平斋"为《紫罗兰》《万象》等沪上杂志报纸撰写小说、杂文。自此，蔡清述之名逐步为蔡夷白所代替。新中国成立前，蔡夷白先后被邀为《海报》《铁报》《大报》《亦报》特约撰稿人。蔡清述从其所发表的一二千篇文章中选出近二百篇，加上《自序》，辑成《夷白杂文》，1948年由上海中央书店出版。

新中国成立前，蔡夷白移居苏州。经好友介绍，先后供职于苏州文化馆、苏州图书馆。蔡夷白是苏州市民主促进会会员、苏州市政协委员，在十年浩劫中遭到迫害，待平反时猝然中风离世，后为其补办了追悼会，并对其家属抚恤。

蔡夷白素有"著名杂文作家""小报名家""著名小报报人""著名通俗文学作家"之誉。其作品影响最大的当属杂文，业内多有好评。

缪文功

缪文功，字敏之，生于清同治十年（1871年），东台县人，家住栟茶镇，为清末邑庠生。光绪二十八年（1902年）与栟茶镇蔡映辰等人创设启秀两等小学堂。不久，他东渡日本，留学于宏文师范学院。学成回国后，先后任如皋师范学校教员、学监，省立第七中学（今南通中学）学监、校长等

缪文功

缪文功部分著作

职。1914年9月，兼任栟茶市立第一高等小学校长。

在袁世凯称帝，举国讨袁时，他在学校中进行"雪耻"教育，以激发学生爱国热情。他亲书"知耻"二字和《跋文》，悬挂在学校礼堂上，作为栟小的校训，每周周会都要全校学生集体背诵一遍。《跋文》如下：

"耻愚耻弱，耻顽耻伪，耻无公德，耻无实学，耻不如

人，耻不自立，耻自欺欺人，耻害人自害，耻居下流而远正人，耻居乡曲而无远志。孔子曰行已有耻，孟子曰人不可以无耻，管子以礼义廉耻为国之四维，顾炎武以无耻为大患。本此旨以为训，以各自振拔焉。"

1918年，他因患有严重的气喘病，请假返里疗养。1919年11月，蔡美琛代理栟小校长。因喘病长久未愈，于1923年正式辞去南通中学校长职务。

他在家疗养期间，非常关心栟茶小学，经常到校与蔡美琛校长研讨教学问题。他见栟茶小学缺少高级语文教员，主动尽义务到校上课。1921年8月，授女子高等科国文；1923年8月，改授补习科国文；1924年，他就开始筹办栟茶初级中学，以后任校董会主席，与徐一朋等负责建校事宜，并献熟田60亩，作为办学基金；1928年9月，私立栟茶初级中学建成开学；1931年，他60寿辰，亲友、学生馈赠礼金2000多元，全部转赠给栟茶初级中学，充作学校常费。

他著有《小学训练法》《小学管理法》《二部教授法》《国文趣》《寄归庐诗文集》等。20世纪30年代他参加编写《栟茶史料》，著有《徐述夔诗狱》《栟茶方言一斑》等9篇文章。

1944年，侵华日军横行乡里，他心情忧郁，喘病加剧，愤然离开了人世，享年74岁。

他生前主张"节其身后迷信费，早为生时公益谋"，并将准备用于本人死后丧葬费用的370块大洋，雇人在栟茶镇北街头筑了一口八丈深的公共水井，深受乡里称誉。在弥留之际，还再三叮嘱，丧事从简，布衣薄棺，不焚纸锞。

徐一朋

徐一朋（1892—1972年）原名徐鹏，栟茶姚埭人，保定军官学校毕业。1919年赴法勤工俭学，毕业于国立里尔大学，获经济学博士学位。后赴美哥伦比亚大学深造，兼任中国国民党纽约分部机关报《民气日报》编辑。1925年在纽约加入中国共产党。1927年经莫斯科回到广州,跟谭平山接上关系后,投身革命。东江之役失败后,经张太雷介绍到上海,由黄逸峰派回东台工作(当时栟茶属东台县)。他协助栟茶市行政局办理地方事业,建公园,辟体育场,筑公路,整市容,兴利除弊。1928年2月,在本乡创办新园小学,任校长。同年上半年,与栟茶知名人士筹款,创办私立栟茶初级中学,被推为首任校长。他带领师生,发扬"五四"精神,反对封建迷信,提倡民主科学。学校创立不久,部分师生和栟茶市保安团一起,捣毁了城隍庙、东岳庙的神像。地方守旧势力挑动四乡农民渔民数千人,于11月12日午后蜂拥入市,将栟中校舍全部焚毁。徐一朋痛心万分,在借得栟茶图书馆暂作教室上课后,和教师于绍杰彻夜步行到东台申诉。县长亲临查处,捕办肇事者数人,并指北街已废城隍庙为校舍。稍事修缮后,徐一朋亲手在门口挂上校牌,继续办学。

1929年春,栟茶守旧势力掌权,打击进步力量。暑假,徐一朋受排挤离开栟茶,先后任东台县中学校长、东台县教育局长、杭州市政府秘书、江苏省政府一科科长、东台县县长等职。

徐一朋接替缪仲华复任栟中校长后,继续设法增加学校经费来源,充实师资力量,并积极筹募经费,扩建校舍,于1938年下半年增设高中,更校名为"私立栟茶中学"。徐一朋除倾心学校工作外,还热心于地方公益事业,曾兼任栟茶救济院院长、《栟海报》社社长等职。

新四军东进后,徐一朋曾被推选为苏北参政会参政员、泰东县参政会议长。

1941年8月,日寇占驻栟茶镇之前,徐一朋携夫人移居上海,继续从事教育工作。新中国成立后曾任上海市人民法院共设辩护人和上海曙光中学校长。1972年病逝于上海,享年80岁。

于一平

于一平（1914—1994年），原名于葆元，栟茶镇人。1931年栟茶中学首届初中毕业生，从小爱好文学。在栟茶中学上学时，他积极参加各种文学活动，参加编辑《栟中月刊》。在南通崇敬中学上高中期间，与几个同学一起编辑《新江北日报》副刊《浪泡》和《南通日报》副刊《寒光》。这些文学活动，使他对文学，特别在对新体诗创作上，增添了兴趣，受到了锻炼，增加了自信。

于一平

于一平曾任教栟茶中学，为家乡的文教事业做出过自己的贡献，而且在上世纪三十年代的上海、福建文坛颇有影响，成为一颗现代派新诗的新星。新中国成立后是江苏省中学教育界的领军人物之一，在如东以至中国的现代文学史、教育史上均占有一席之地。于一平学养深厚，约于1935年秋入上海正风文学院学习。他与青年诗人徐光摩合作编辑的《诗屋》月刊由上海诗屋社出版，该刊曾经发表栟茶何晴波等人的诗作。当时上海诗之社出版于一平第一本个人诗集《感情的冒险》。1937年5月，收有《春》《深夜》《四月的歌》等25首新诗的《页篇集》亦由上海诗屋社出版，列入诗屋社丛书第二种。书前有朱维基（著名诗人）《致于一平先生》以及汪铭竹（著名作家）序、赵景深（著名戏剧家）序共三篇，一时蜚声校内外，成为小有名气的青年诗人。其作品陆续发表于福建的《诗之叶》《福建民报·南风》，福州的《小民报·南风》《小民报·新村》，上海的《大公报·文艺》

《时事新报·学灯》《文艺月刊》《诗林》《青年作家》,南京的《诗帆》等报刊上,并且翻译发表了苏联作家屠格涅夫的散文诗。新作不断的他还在南通、如皋、东台等地报刊上发表大量新诗、散文、杂文、文艺评论等作品。他通常署名于一平,有时也用笔名"斌菲"。于一平著作甚丰,可惜目前收集到的仅有《于一平文录》(其在《人民日报》《江苏教育》《群众》等报刊发表的文章)和其诗选《阳春集》(已成孤本,新近其子于祝先生赠栟中)。

新中国成立后,于一平主要在江苏省泰州中学工作,先后担任副校长、校长。于一平正直谦和、重视人才、严谨治校的名家风范,深得师生好评与敬重。他桃李满天下,学生中有一位便是胡锦涛总书记。胡总书记从省泰中考取清华大学,从基层到中央一直怀念于一平校长,任贵州省委书记时自费购茅台酒托人赠送于校长,泰中校庆时胡锦涛担任中央政治局常委,亲自向母校于一平校长发来贺信。同时值得一提的是,我国著名语文教育家洪宗礼先生早年到泰中从教,也接受过于一平校长的关心和指导。1982年,已过离休年龄的于一平,由泰州中学校长出任泰州市政协副主席。

1994年5月8日,病中的于一平因手术失败去世。他在全国各地的学生、亲友闻讯后,纷纷以各种形式深致沉痛悼念之情。胡锦涛同志获悉后,立即从北京发来特急明传电报给泰州"于一平治丧办公室",对其读高中时在任的这位校长逝世表示沉痛哀悼,并向于一平的亲属表示慰问。

于一平在如东,包括栟茶鲜为人知,不要说年轻人,就是老一辈的文化人,对他知之者也少之又少,只在栟茶中学的校史资料里有少量记载。所幸如东县政协原副主席、如东文史大家吴剑坤投入大量精力,对于一平做专门研究,并于《如东日报》发表《德才双馨的茶江骄子——胡锦涛的老师于一平先生事略》(《居旅栟茶》转载);近期,栟中王东宁校长委托原校长办公室主任沈之乐、原副校长缪铭赴省泰中专访，获取了有关于一平的大量宝贵资料，拟编进栟中史馆、史册、史料专题片。

陆文彬

1918年11月7日，陆文彬出生于栟茶镇上一个贫苦家庭，祖父是个"秀才迷"，父母都很重视教育。他八岁上私塾，九岁父亲就去世，母亲含辛茹苦供他上了五年书房。

陆文彬

到了十四岁上才插上栟茶小学二年级，四年级时因家境贫寒，辍学在家帮助兄长做零活。十八岁经亲戚介绍到如皋城陈延记布庄学徒。学徒生活辛苦不堪，早起晚睡，不能饱腹。之后又到如皋大发印刷厂学排字印刷。1938年，日寇侵占了如皋城，陆文彬撤退到东台的一家同顺和印刷点做排字工人，不到两年日寇又攻陷了东台城，恰巧这时栟茶新开了一家启新印刷店，他就回到栟茶继续做排字工人。三四年的排字印刷，使他懂得产业工人的艰辛，同时也提高了他的学识水平。

1940年新四军东进，弥漫在古镇上空的乌云渐渐驱散。这时他22岁，接触到新四军挺进先遣队的民运工作同志，懂得了一些革命道理，加之他姐夫程汝金被日本鬼子杀害，阶级压迫和民族仇恨使这位年轻的小伙在沉默中爆发，迅速参与了地方革命工作，因他有一定的文化基础且工作又很积极，被推选为栟茶区工抗会副主任。1940年11月，由区委的于文博同志介绍入党，次月转正。新四军东进后，中共地下党先在栟茶发展的党员仅两人：陆文彬，赵朋叁。

1940年冬，党组织选派陆文彬参加苏中区党委训练班学习。这次学习，使他很快掌握了坚持敌后游击斗争的领导方法和军事斗争本领。1941年6月党训班结束后，正值苏中军区已在栟茶建立，中共东台县委任命他为栟南分区区委书记，即派往栟茶南乡搞"二五"减租夏收斗争。

1941年"8·13"大扫荡两天后，日寇侵占本镇，亲日汉奸无恶不作。陆文彬领导众同志，深入敌境，手刃作恶多端的汉奸王思明，并将其首级携至周家堰，次日悬挂在栟茶丁字街口。日寇伪军为之震惊，数日不敢轻举妄动。

1942年11月到1945年10月他都在东台县安丰区、潘鳖区、栟茶区、三仓区、滨海区任书记或区长，他科学运用毛泽东同志的军事思想，在敌人眼皮子底下出其不意开展游击战，消灭日寇的有生力量。1943到1945年间，陆文彬领导的地方武装，歼灭日寇百余名、伪军数百名。1945年8月15日，日寇宣布投降，11月陆文彬同志即调到东台县委工作，任县委社会部长、县公安局局长、副县长等职。

1946年蒋介石反动派撕毁了"双十"协定，悍然地向我解放区发动了猖狂的进攻，我原新四军和各地方武装迅速投入到伟大的解放战争中去。陆文彬任泰东县长，领导泰东县的对敌斗争，参加了著名的七战七捷的后方支援工作。1946年5月，邓子恢同志根据中央指示，6月在华中解放区进行土改，陆文彬同志带领县委一班人，"一手拿枪一手拿算盘""白天打仗，夜晚分田"，7月即完成土改。1946年6月，华中军区司令员粟裕从海安赴淮安参加华中分局常委会，陆文彬同志根据华中分局党委的指示，护送粟裕同志顺利通过东台水网地区。但在第二次涟水保卫战之后，1946年12月15日，敌张灵甫第74师占领涟水，主力转移。从1946年冬季到1947年夏季，对敌斗争到最紧张阶段，陆文彬同志运用对日伪斗争的经验，依靠群众，决死苦斗，严惩还乡团，对敌薄弱部实施各个击破。局面很快转变，根据地迅速扩大，群众情绪为之高涨。

1947年8月后,东台、泰东两县合并为东台县,陆文彬同志任东台县长兼公安局长、县委副书记、县委书记、县团政委等职。在这一时期,陆文彬同志领导县委和全县人民投入解放战争,同时进行了伟大的土改运动和"三查三整"的新式整军运动。他领导的东台县的工作,得到了当时华中局陈丕显、曹荻秋等领导的充分肯定。

在1949年—1950年间,陆文彬同志遵照毛主席和党中央的指示,医治战争创伤,将全部精力投入到国民经济的恢复中,使东台县委、县政府在盐城地区各县中处于领先地位。1951年6月,陆文彬同志由东台县委调盐城地委任组织部副部长、部长、地委副书记等职。在盐城地委工作期间,他知人善任、唯才是举,大胆提拔使用年轻干部,任人唯贤,对盐城地委党的建设和干部队伍建设,做出了重大贡献。

1954年6月,他响应中央的号召,支持东北工业化建设,到黑龙江富拉尔基热电厂任厂长。他依靠群众,虚心学习,刻苦钻研,克服困难,深入一线,调查研究,围绕服务经济建设,开展了卓有成效的工作,为东北老工业基地的高效运转及促进电力工业的健康发展做出了卓越贡献。

"文革"期间,他身处逆境,但始终坚信党,表现出了一个老共产党员高度的政治信仰。1976年后,他担任电力部东北电业管理局局长、党组书记,与党组成员一道带领全网干部职工艰苦奋斗,领导了清河发电厂的治理整顿和恢复东北电网频率的工作,任职期间先后领导了元宝山、通辽、锦州、牡二、富二等一批大型火力发电厂的建设,为建设现代化的东北电网,奠定了坚实的基础。几十年来领导电力建设生产,以卓越的组织领导才干,为东北电力工业做出了巨大贡献,多次当选黑龙江省、辽宁省人大代表、省委委员。

陆文彬1985年7月离职休养，离休后乃至在病重期间仍关注国家电业的建设，体现出一个老共产党员对革命事业的无限忠诚。1996年得知江苏盐城要建设铁路，他从微薄的退休金中抽出一万元捐给他曾经工作过的盐城市委。1997年6月3日，陆文彬同志因病在沈阳逝世，终年79岁。

缪天魁

缪天魁（星垣，1877—1949年），出生于如东县栟茶镇东大街，以经营禽、蛋为业，供职于栟茶水龙局。他一生为乡里百姓做了许多公益事情，曾入栟茶绅董之列，在社会上享有一定威望和声誉，深受当地人敬重。

辛亥革命胜利后，乡里常受海匪骚扰。缪天魁走访栟地诸绅董，得其支持，协同动员青壮年组成民团，他主持训练一年。1912年年底，海匪又在洋北港登陆劫掠，近海民众纷纷逃往栟茶镇避匪。他率团40余人奔赴海边剿匪，几经战斗，众匪败退。旋即又有匪众自海上增援，他一面派员火速驰栟茶镇求援，一面继续战斗。由于敌我众寡悬殊，缪天魁被迫退至洋口关帝庙，孤身与匪搏战，以仅有的七粒枪弹，英勇反击，一举击毙身边之匪数人。余匪猛力反扑。其时我增援部队赶到，士气大振，终获全胜。除击毙者外，捕获多名匪徒押解至栟茶镇，余匪弃船逃窜，为栟茶镇争得一太平环境。乡人感戴不已，镇上市民夹道欢迎民团剿匪凯旋。

缪天魁率民团英勇剿匪获胜，深为乡里赞誉，各处绅董商户纷纷赠以巨金厚礼，他涓滴不留悉数退回。而匪徒劫掠群众的大量财物被缴获后，缪天魁主持清点造册，公布于众，严格核对，全部逐户退还。他不顾个人安危，英勇剿匪，对群众财物及个人赠予丝毫不沾，从此声誉鹊起。

缪天魁为刹住栟茶酗酒之风，规定凡酗酒者一经发现，即须折罚洋油（煤油）若干。某日，缪天魁赴友人宴，不慎饮酒过量，醉倒于归途，里人搀回家中，翌日，即自动如数交纳罚款。缪天魁严于律己的事迹在栟茶一时传为美谈。

缪不负桑梓爱戴,出钱又出力,数十年如一日为公益不辞辛劳,到处奔走,发动群众,亲自出谋划策,栟茶人竞相传诵他的事迹。

栟茶常罹火灾,缪天魁专程到上海采购洋水龙、救火用的照明灯,并将海匪逃窜时遗弃的海船帆蓬改制成帐篷,提高了消防队的救灾能力,灾民也有暂时栖身之处。栟茶一旦发生火灾,缪天魁就主动向灾民施粥及塞铜板,以资赈济,同时动员绅董富户出资赈灾,灾民感激涕零。

缪天魁应各邻所请,对栟茶公用水井约工修葺。

栟茶镇后街小巷多为土路,缪天魁向殷富商贾发起募款,为栟茶后街小巷的土路铺砖,自己则带头捐款出资,亲自设计监督施工。

栟茶镇街巷没有路灯,夜间不利人行,又易发生窃盗,缪天魁发动街坊邻里捐资,在各街口和巷内树立灯柱,落实人员于每晚天黑前挂灯,天明后取下。

栟茶镇莘莘学子云集于斯,人才辈出,缪天魁经常向学校资助,解中学经费临时之难。"兴办中学系为栟茶培育英才,我的子女就读中学,仍须与其他学子同样纳费,绝不例外。"缪天魁第二次率团剿匪胜利后,东台县政府奖励他二千大洋,他悉数捐给栟茶中学。

张可鑑

张可鑑(1878—1951年),光绪四年(1878年)正月初一出生于浒澪镇。皋东的浒澪是黄海之滨的一个小镇,这里交通不便,文化也不发达。乡间除少数人读过四书五经外,绝大多数村民是文盲。五四运动的浪潮席卷全国,冲击了这个偏僻的小镇。镇上有不少人在这个新文化运动中,试图提高乡镇青少年的文化水平,张可鑑先生就是其中颇有影响的一位人士。

张可鑑先生字镜湖，排行第四，当地的百姓尊称他为"张四爹"。光绪二十三年（1897年）毕业于东台母里师范学校，宣统元年（1909年），他在该镇开明人士应谷先生的协助下，将镇东三元宫改为学堂，开设了三个班级，取名为"浒澪初级小学校"。可是由于塾师复古教育的思想在乡间影响较大，当地人认为孩子上学堂是唱唱跳跳，学不到文化，因此，招生广告贴了好久，前来报名的仅有镇上少数店家子弟，班级教室里学生寥寥无几。可鑑先生费了不少精力，宣传学堂的优越性，并自编一首歌曲，唱的是"各位同胞，我是浒澪人，浒澪人应要浒澪好……"从学校唱到集镇，由集镇传到农村，使人们逐渐认识到学堂较之私塾有多方面的优越性。可鑑先生当时担任浒澪镇镇长，他除在镇公所办公外，还担任学校里图画、音乐两门功课的教学。不久，学校初具规模，不少少年儿童来校要求入学，从此学堂站稳了脚跟。

张可鑑作品

学堂办起来了，可他唯一的儿子生了一场大病，医治无效，不幸夭折了。当时他已年过半百，老来丧子，痛苦非常。这时，乡镇间的封建势力趁机散布什么"张四爹毁了三元宫，逐走了僧尼，大逆不道。今日丧了独子，这是现报"，又说

"触犯神灵,该派命中绝后……"可鑑先生听到这些流言蜚语却哈哈大笑,他说:"借庙办学是我做的,如果真有神灵,该现报的应是我,神灵为什么不降罪于我?!"好心的人劝他不要悲伤,他爽朗地说:"嗨!我看到农村的孩子上学堂的越来越多,真叫人高兴呢!"

由于报名入学的孩子日渐多了起来,原设的三个班级已无法容纳。可鑑先生便在镇西首开设了一个分校,称"西校"。

东西两校设立后管理上带来诸多不便,对学生升级也多不利。于是可鑑先生在一个四周环水的圩子里,兴建校舍。经费初拟以祝寿集资,但为数有限,张先生便决定卖掉自己的二十亩土地,然而仍然不敷开支,为使校舍尽早建成,他便将戴在手上的一对戒指卖了凑数,最后解决问题还是向出了嫁的女儿借来首饰,到栟茶典当抵押得款完成的。当时有人说他:这是何苦,图个啥噢?而他却说:"有志者志常立,无志者常立志,我决心办学就是要一心办好学,事在人为嘛!"他克服了一个又一个困难,终于办成了具有正式规模的浒澪小学。他亲书校牌,尤见精神。江苏省教育厅、东台县教育局的督学多次来校视察,认为浒澪小学是县一级乃至全省办得比较出色的完小。后来,江苏省教育厅送来了"教育有功"的匾额,高悬在大礼堂孙中山先生像的上方。

张先生为了把学堂管理得井井有条,他重用工作勤奋、作风正派、生活俭朴的教师周冶农,由周先生掌管学校总务和财政,替换了不宜委以重任的侄孙。

张可鑑先生不但是当时政界知名人士,而且在艺术教育上颇有建树。他的书法、碑学、帖学、绘画均有造诣;作品端劲秀丽,神完气足,功力深厚,受到人们的推崇。他与当时上海著名花鸟画家张书祈先生(后居美国)互为道友,风格上受其影响。张先生由于深受地方杂牌军队骚扰之苦,加之世界观受到欧洲文艺复兴思潮的影响，决心隐居从艺，并贴出自撰对联，上书"闲居东海安全地，效法西欧美术家"。栟茶沦陷后，日伪侵占浒澪小学，他悲愤至极，又在门上换写了新的对联："脱离行政，归隐清河。"以写书作画度日，以传艺、授业为本，并在这方面倾注了一番心血。

当年办学时期，张先生一早便来到学校，喜欢在校园散步，和学生互道早安，对品学兼优和有一技之长的学生尤为宠爱。康平自幼喜欢绘画，他发现后常将自己的新作让康平临摹，并要康平定期把自己的习作送给他看。当时康平是十二三岁的农村孩子，父亲早故，家贫如洗，虽觉得张先生和蔼可亲，但又感到他为自己花费了不少时间，过意不去，有时隔着一段时间才前往求教。张先生竟不顾年老力衰，几次徒步来回三四里，上门辅导，使康平感激不已。

新四军东进后，中共地下党组织负责人张凤娇等认为他乃开明士绅，同情我党，抗日爱国，将他家作为地下党的活动地点。他为我地下党组织做了大量的工作。

张先生长期从事书画创作，不为名利所动。他的作品任人无偿索取，但是对待邪恶势力的要求，他则另眼看待。一天，一个伪军头目以登门拜访地方名士为幌子，向他索求墨宝。张先生本想拒绝，可忽然想到当年建造学校的一个青年巧匠，被这批伪军以"新四军嫌疑犯"为名逮捕入狱，张先生认为机不可失，便向伪军头目提出要求："要书画，我可以奉赠，可能否放出一个无辜的木匠徐希荣？"伪军头目要画心切，连声应道："老先生的嘱咐，当然照办！"就这样，张先生用一幅画救出了徐希荣。徐希荣同志本是我方地下党的情报人员。

1995年4月，浒澪乡人民政府在浒澪小学校园内，建立"张可鑑纪念碑"，纪念这位为浒澪、栟茶教育事业做出过重大贡献的先贤。

康平

康平

康平,1922年生于如东县浒澪镇(今栟茶镇)杨堡村一户农民家庭,原名贻俊,字汉杰,1942年在东台县文化馆工作时改名康平。1942年,任泰东县文化工作队美术组长,后又任东台县文化工作队队长。1945年,先后任东台肥安丰区文教股股长、东台县人民教育馆副馆长,泰州专署文教处社教科员,扬州市人民教育馆副馆长、馆长。1948年,任苏北第一渡江支前政治部《支前画报》主编。1956年,任江苏美术馆陈列馆首任馆长。1959年12月,任如东县文化馆馆长。1982年,任南通书画研究院院长。康平是资深的著名国画家、中国美术家协会会员、原江苏省文联委员、美协江苏分会常务理事。现为江苏省美协名誉理事、南通书法国画研究院顾问。

康平作品

康平自幼喜爱书画,9岁时画的"观音中堂"被人家挂在堂屋正中供奉。年轻时用字画宣传抗日救亡,画笔成了他特殊的武器。他宣传发动群众,开展土地改革和对敌斗争,创作了《不忘阶级苦,永记血泪仇》等一大批画作。在江苏美术馆任职期间,他成功举办了《首届江苏中国画展》《德国造型艺术》等许多大型展览,先后接待了苏、德、法、英、美等数十个国家代表团前来参观,为宣传江苏,增进与各国友谊,丰富人们的精神生活,促进江苏书画创作做出了积极贡献。

1959年12月的"反右倾"运动中,康平蒙受不公正对待,被错误处理,1962年省文联党组成员到如东县委组织部说明批判康平是错误的,并赔礼道歉。"文革"期间,康平虽厄运难逃,依旧勤奋工作,发展群众美术事业,普及群众性美术创作活动,传授绘画知识,培养了一大批美术人才。10年中,如东大批美术人才创作的八千多幅具有生活气息和地方特色的作品参加了各种展览,引起了社会各界的广泛关注和强烈反响,《光明日报》《美术》杂志分别以《党对群众美术的领导》《黄海之滨盛开美术花》为题作了介绍。

离休之后,康平仍然一心扑在书画创作上。70岁时,分别在省美术馆和东台举办个展。80岁时,在家乡如东举办个展。如今,康平依然精神矍铄,耕耘不辍,满怀激情地用手中的画笔讴歌时代,赞美生活。

何晴波

何晴波(1913—1998年),如东县栟茶镇人,毕业于省立南通中学高中师范科。

1938—1948年,曾任苏中教育界抗日总会副理事长、东台中学校长、苏中文联副主席。

何晴波

其间,1940年10月,新四军挺进第三纵队东进到栟茶,中共泰县县委派冯坚等人来栟茶开辟工作,发展何晴波、徐静渔等人为中共党员;同年11月,栟茶区抗日民主政权和栟茶区教育抗敌协会建立,何晴波任主任,并任栟茶小学校长。1942年2月至1942年12月,任栟茶中学校长。1948年后,历任泰兴中学,泰州中学,如皋中学,南通中学校长,苏中四分区文联秘书兼队长,泰州市政协副主席,扬州专署文教处处长,南通市文联主席,中共江苏省委统战部副部长,南通市文化局局长兼党组书记,南通市人代会常委会常委等职,为江苏省作家协会会员、中华诗词学会会员、中国老年书画研究会会员。1998年10月病故。

1930年开始发表诗文,著有散文集《大江边的歌》、诗集《小雨集》以及《抗日补充读物》等。民国二十七年(1938年)春,地方进步报刊《滨海报》由李堡迁至栟茶救济院,由栟茶续办,进步青年何晴波继任编辑,经常刊载宣传抗日救亡、揭露封建乡绅罪恶的文章。民国三十年(1941年)八月,栟茶沦陷,报社移至农村。1981年12月,《安徽文学》刊载何晴波的诗作《思乡》。1982年8月,《诗刊》刊载其诗作《日光的叮咛》。1958—1966年,何晴波担任南通中学校长期间,政治运动不断,为了同时搞好教学,他"一肩挑双担","育才"有招,"惜才"有求。1962年,通中高考成绩全校均分全省夺魁,成为南通地区教育的旗帜;1963年,通中被江苏省教育厅确定为首批办好的18所示范中学之一。

徐滨杰

徐滨杰,原名徐武俊,1928年出生于栟茶镇,栟茶中学1942届学生。抗战胜利前赴上海求学,1946年入上海轮渡公司供职,从此与黄浦江上穿梭往来的千船万舸朝夕相伴。徐滨杰青年时代爱好艺术,上世纪50年代曾拜沪上著名画家颜文梁先生门下习画,业余时间喜欢手工劳作和舞蹈,为中华古船模制作、收藏第一人。

上世纪50年代中期,徐滨杰第一个报名加入同事提议成立的业余航海模型队。由于制作航模要有绣花般的耐心和背纤般的韧劲,一些年轻人相继打了退堂鼓,只剩下徐滨杰和另一人。他们没有泄气,经过几个月的努力,终于制作了一条长一米的护卫艇模型,参加上海市航海模型比赛,结果落得七个参赛队的末位,自嘲得了"殿军",唯一的合作者也离他而去。

徐滨杰是个不服输的人,他下定决心,要收藏古今中外各种船模,并将自己的那条"殿军船"视若珍宝,以卧薪尝胆的精神鞭策自己,激励自己。几度春秋,几经周折,他反复实践,悉心琢磨,制作船模的水平不断提高。为了提高制作水平,他心甘情愿地蹲在弄堂口向白铁皮匠学手艺。

功夫不负有心人。1963年,全国16省、市船模比赛中,徐滨杰制作的Ⅲ一级电动兵舰模型使他获得国家一级运动员称号。翌年,徐滨杰与另一位船模运动员合作的"防原子导弹舰"在湘潭举办的全国14省、市航海模型锦标赛中一举夺冠。徐滨杰的荣誉接连降临,他的船模在各次大赛中频奏凯歌,冠军、亚军、一等奖……他制作和收藏船模的劲头越来越高涨。

然而,十年浩劫,徐滨杰难逃厄运,被戴上"走白专道路"的帽子,所有船模荡然无存,"殿军船"化为乌有,撰写的《船模制作技巧》一书被付之一炬。他硬是顶着黑风恶浪办起了"地下船模制作屋",多少个不眠之夜,多少次担惊受怕,一艘又一艘精美的古帆船模型诞生。他决心用自己微薄之力,抢救祖国优秀的科学文化遗产,决心把"文革"中失去的时光夺回来。

"面壁十年苦作舟。"在船模世界里,徐滨杰呕心沥血长达半个世纪,由一个船模运动员成长为著名的船模制作、收藏家,奉献了一个个不朽之作,他的艺术佳作频频展现在世人面前,并屡获殊荣:

1983年,代表中国航海模型队参加在比利时列日市举行的第二届世界航海模型锦标赛,首尖尾宽两头翘并画有双眼的"双背钓鱼船"模型荣获银奖;

1987年9月,参加上海市职工文化艺术节,获特等奖;

1987年10月,赴京参加首届海上艺术作品展,获一等奖;

1989年4月,在法国巴黎万国博览会展出;

1996年,"徐滨杰船模博物馆"诞生,这是我国第一家个人船模博物馆。馆内近两百艘形态各异的古船模,向参观者展示了中华民族优秀的船舟文化,尤其是"沙、福、广、岛"四大船系,是我们祖先走向世界的实证。

1998年,徐滨杰和他的船模博物馆被评选为上海市"十佳藏家·藏馆"。

徐静渔

徐静渔 男,汉族,江苏南通人,1912年9月生。1940年10月27日,新四军挺进第三纵队东进栟茶,建立抗日民主政权。中共泰县县委派冯坚等人来栟茶开辟工作,建立中共栟茶区委,发展徐静渔等入党。年底,建立中共栟茶镇党支部,徐静渔任支部书记。1940年10月至1941年春,徐静渔任泰县栟茶区区长。徐曾任无锡市常务副市长、无锡市文联主席、无锡师范专科学校校长等职。现为中国书法家协会会员、中国书法家协会江苏分会副主席、中华全国书法教育学会副主席、中华全国诗词学会理事、江苏诗词学会副会长、无锡书法艺术专科学校校长。他自幼酷爱书法,潜心研习历代名家碑帖从不松懈,善大草,笔锋断而还续,交而不乱,如行云流水,古而出新,颇有神韵。所作草书得张旭、怀素之遗韵,婉转流动,刚柔相继,飘逸洒脱,别具风神。作品入选河南"国际书法展"、长安"当代名人书法展览会"、"全国第二届书法篆刻展览"和江苏省主办的"全国书法名家作品邀请大展",还在日本、荷兰等国举办个人书法展览,在《书法》等杂志发表作品,并被收入日本出版的《中国书法五十家作品》专集。他热心书法教育事业,1982年9月创办无锡书法艺术专科学校。工古诗词,出版《临池轩诗草》等。

苏国光

苏国光(1924—2003年),1938年2月至1944年7月在江苏省立第三临时师范学校学习。1945年2月参加抗日民主教育工作,先后担任小学教师、教导主任、校长及区教联主任。

1950年苏国光奉调栟茶,以500斤大米恢复建立栟茶中学。他带领师生艰苦创业。当时原栟中因战争化为废墟,他选区镇划拨的较为完好的三间房屋作为教室,将地方赠送的五扇屏门搁在泥墩上作为课桌,又带领学生垒泥铺砖,作为坐具。当时工作人员只有两名,他为分级主任,俞属君为专任教师。开学时只有五套课本,安排每组学生合用一套。学校只有一块小黑板,他找来旧布当板擦。没有时钟,立砖观影估计时间,鸣哨司令作息。体育器材只有一只排球,他带领学生因陋就简,锻炼身体。他对学生进行"有困难、有办法、有希望"的教育,组织学生辟地种植瓜菜,解决吃菜问题,补贴办公费用。他以身作则,因公外出常以干粮当饭。开学第一课是劳动建校,他和师生一起清除垃圾,拆卸倒败房屋,运走瓦砾,修缮校舍。

分级按规定开设10门功课,由苏、俞二人任教。开班为学年第二学期,要补教第一学期课程。他主持分级工作,还要上课,负担之重不难想象。他带领师生员工,发扬革命传统,建设良好校风,分级管理走上规范化道路。经学年考核,学生成绩良好。首届招生55人,除中途提干、服役等离校外,全部毕业并考入高一级学校。1950—1956年先后担任分级主任、教导主任、校长。1956年11月调任如东县教育局副局长。

1960年下半年,苏国光重返栟中。1961年3月,担任校长、党支部副书记。三年困难时期,他带领师生自力更生、艰苦奋斗。1962年栟茶中学升格为南通地区农村重点中学。

"文革"中他深受打击。1971年调石甸初中,1972年调任如东县中负责人,1978年调任如东县教育局局长、党组书记,为振兴和发展如东教育做出了重要贡献。1984年担任如东县政协常务副主席,1985年离休。

1987年经他首倡,如东县建立起全国农村第一个"关心下一代协会",他担任副主席。1985年出席"全国关心下一代工作座谈会",受到薄一波、乔石、胡锦涛等接见,及全国关工委主任康世恩、副主任王照华的单独召见,并受到中央领导的嘉勉。

1993年因病住院手术。他信仰唯物主义,身患沉疴胸怀坦荡,年过古稀丹心不老,深知来日无多,更加珍惜晚年时光。他和广大老同志一起组织开展青少年系列教育活动,两次被评为省"关心下一代"先进个人、市综合先进个人,1986年被评为南通市优秀共产党员。《人民日报》《中华老年报》《新华日报》及江苏电视台等十多家新闻单位报道过他的先进事迹。1988年任如东县老年大学校长。1991年12月当选为"如东县离退休教育工作者协会"理事长。

苏国光对栟茶中学一往情深,生病后还数次来栟中指导工作。他乐于和学校的同志倾心长谈,在娓娓谈话中坦露心迹,给人以启迪。

知足常乐,是他的人生观。他认为"衣食只要能温能饱,居住但求不漏不倒",座右铭是"修身重晚节,报国应忘老"。2003年,苏国光因病逝世,享年80岁。

蔡美江

蔡美江,1907年9月8日生于栟北蔡家庄(今栟茶靖海)

一个贫农家庭里。从小与二哥一起学习织布,也常下海挖贝等。青年时代被抽壮丁,在驻上海的国民党军队里当兵。1931年,他同十多个人一起开小差回到家乡,从此经常来往于泰州、海安、栟茶一线从事革命活动。由于叛徒告密,他们遭到逮捕。蔡美江被栟茶行政当局以"反革命"罪名解往南京监狱,判处15年徒刑。1937年,国共合作抗日,他才获释回家。

1940年秋,新四军东进栟茶,蔡美江参加革命工作。1941年4月加入中国共产党,任栟茶区农抗会主任。1942年,任东台县自卫总队队副、东台县农抗会党团书记,兼任栟(茶)角(斜)游击营营长。这年冬天,他带领部队在李堡北郊与200多日伪军遭遇。他果断地指挥部队勇猛杀敌,毙敌7名,将敌击溃。1945年,任中共东台县委副书记。1946年12月至1947年12月,任中共泰东县委书记、滨海工委书记。在这期间,他带领滨海大队活跃在沿海地区,打击国民党反动派军队,在解放栟茶的战斗中负伤。1948年1月,任泰州专署副专员。1955年3月,任扬州专署副专员、中共扬州地委副书记兼专员。1956年,任江苏省治淮指挥部副指挥、江苏省水利厅副厅长。1963年因病回栟茶休养,同年9月8日病逝于栟茶镇。

孙仲明

孙仲明,原名孙二富,乳名二原。他1908年出生于栟北的一个贫苦渔家。

孙仲明8岁时就跟父亲出海打鱼、钩蛏,练出了一身航船的好本事,17岁当上船老大,把黄海上的港港湾湾及明沙、暗沙摸了个透熟。有一次,他租了船在沙圩上钩蛏,被海巴子(即海匪)连人

孙仲明

带船劫走,从此孙二富便在海盗船上当了水手,并练得一手好枪法。海匪头子沈武非常欣赏他,即令孙二富担任贴身警卫。

1937年,沈武率众投奔李长江,当了团长,孙二富当了连长。但他不习惯陆上部队生活,又回到海上。他在沿海搞了一些人和枪,自封为"司令",在海上标旗立竿,划水为王。新四军东进后,为巩固苏中抗日根据地,对海匪采取收编政策。1941年春,孙二富带领几个海巴子上岸,向渔会要粮要草,被我军俘获。一师三旅司令员陶勇同志向孙二富晓以大义,教育他和新四军合作抗日,孙二富十分感动,决心率部受编。

孙仲明被收编后,在三旅海防团特务营任营长,后任团长。但他的旧习一时难改.对部下管束也不严,赌博及变相敲诈勒索之事时有发生。苏中四分区党委认为这样下去势必影响新四军的声誉,遂以"点验"为名,缴了他部下的械,进行整训。孙仲明即带了几名贴身随从逃往掘港据点,投靠伪如皋常备二团团长陈懋清。陈只给他安排了一个没有实权的团副职位。

陶勇从党校学习回来,知道孙仲明当了伪军,认为这关系到党的统一战线政策,关系到实现"背靠大海,坚持原地斗争"的战略任务,便派孙仲明的老婆(中共地下党员)和孙原来的副官,多次到掘港据点去劝说孙仲明回头。孙觉得还是新四军可靠,便答应寻找机会反正。1943年春,他看到陈懋清正在为发不出军饷而犯愁,便自告奋勇地说:"我有法子,目前正是张黄花鱼季节,我带几个连到北坎下海去一趟,保证全团吃一两年。" 陈懋清大喜,让他带领一队伪军出发。他带着队伍从北坎坐船出海,一直开到何家灶,投奔了新四军。

1944年成立苏中海防纵队,孙仲明先后被任命为二团团长、纵队参谋长等职。孙仲明在海战中表现得英勇顽强。

1945年春,崇明大汉奸仲兆奎为把新四军的海上武装逼走,霸占吕四渔场,出动了36艘海船,从长江口向北入侵。孙仲明奉命率领9艘渔船迎战,在敌众我寡的不利形势下,四进四出,猛冲猛打,杀得敌人大败而逃。此战,缴获敌船两艘,击伤敌船数艘,大获全胜。孙仲明受到上级嘉奖。

抗日战争胜利后,苏中海防纵队改为华中海防纵队,孙仲明随主力北撤。1950年组建苏北军区海防团,他先后任团长、副团长等职,驻防栟茶等地。1953年因病复员去泰州休养,1956年病逝。

姚止平

姚止平,1955年1月25日出生于北京一个高干家庭,未满周岁就寄养在如东县栟茶镇姑妈家。1973年1月至1975年8月下乡插队,1975年5月加入中国共产党,1975年8月到如皋师范学习。1977年9月至1984年8月在如东县景安中学任教。1984年8月调至如东县栟茶中学,先后担任初高中语文及英语教师、副教导主任、副校长兼

姚止平

教导主任。1994年1月至2003年1月任校长兼党总支书记。2003年2月起任如东县教育局副局长(正科级)兼江苏省栟茶高级中学校长、党总支书记。担任校长后,多次参加高层培训,并于2006年下半年去英国苏曼中心进修学习。由于工作出色,曾当选为南通市第九次、第十次党代会代表,南通市第十二届人大代表,2005年南通市劳动模范,2006年5月被江苏省人民政府表彰为先进工作者,2007年获如东县英才奖。2007年10月23日,姚止平赴南京开会途中,遭遇团雾,发生车祸,因公殉职,享年53岁。

1994年，姚止平走上校长岗位，他把"永不停步的攀登意识"作为学校三大精神支柱之一，带领全校师生励精图治，创造了饮誉全国的"栟中现象"。他办老百姓满意的平民教育，把学校所有的事都装在心里，"把每一件简单的事情做好就是不简单，把每一件平凡的事情做好就是不平凡"，追求的是教育的每一个领域、每一个过程和每一个环节的整体精细，从自身做起，力求教育教学的精致和完美。他自己首先踏踏实实做好学校管理的每一件事情，把学校所有的事情都装进自己的心里，通过细微的人文关怀，赢得了学校人心的凝聚、事业的蓬勃发展。任校长13年来，姚止平将一所普通农村中学打造成人民满意的名校，让成千上万农家子弟品尝到成功的喜悦。

姚止平朴实亲和、虔诚执着、儒雅刚毅、为事严谨。他用为政奉献、为民谋利的自我牺牲精神，锐意进取、追求卓越、敢为人先的精神，艰苦创业、廉洁自律、克己奉公的精神，诠释了共产党人情为民所系、权为民所用、利为民所谋的先进性。出身高干家庭的姚止平，多次放弃进城回京工作的机会，始终眷恋着栟茶中学这所农村学校，致力于让普通农家子弟享受良好教育。他为解决贫困孩子的上学困难，免学费、补路费、给伙食费，逢年过节亲自把慰问品送到学生家中。他提出栟茶中学的教学要"低进中出，中进高出，高进优出"，让每一个学生都能接受平等的、均衡的教育，在原有的基础上得到较好发展。他追求"办一流学校，育一流人才"，他带领栟中人用平民情怀铸就的业绩在百姓心中矗立起一座永久的丰碑。

李金华

李金华，1943年7月生于栟茶镇中市街仁寿巷（现卫生巷）一个市民家庭。1966年9月参加工作，中央党校研究生学历，高级审计师。青少年时代，先后就读于栟茶小学、栟茶中学、南通中学。1962年考入中央财政金融学院金融系金融专业，与戴相龙、金人庆等其他高级财经官员是同学。1966年中央财政金融学院毕业后，被分配到西北财经学院（今西安交通大学商学院）财经系任教。1971年，未婚妻李瑞文被分配在航空工业部572厂工作，李金华也申请调到该厂，任财务科会计、会计组组长。他出色的文字功底被上级领导看中，被分配在车间锻炼，任第15车间党支部专职副书记，1975年升任"527"厂政治部副主任；1980年晋升为中共527厂党委副书记；1983年起兼任厂长；1985年5月，李金华步入政府部门，出任陕西省对外经济贸易厅厅长、党组书记；三个月后上调中央，出任审计署副审计长、党组成员。1997年任审计署副审计长、党组副书记，从副厅局级官员直接升任副部级官员，时年42岁。1998年3月，李金华任审计长兼党组书记。2007年，联合国第62届大会进行审计委员会委员选举，李金华成为首位参选这一职位并成功当选的中国人。2008年3月，任十一届全国政协副主席、党组成员。

　　1999年6月26日，上任审计长不到一年的李金华，针对国务院53个部门和直属单位的审计结果，向全国人大常委会作了《关于1998年中央预算和其他财政审计情况》的报告，指出有43个部门挤占挪用财政资金31.2亿元人民币，被全国人大常委会的委员们称赞为"多年来最好的一个审计报告"。在此后历年的审计报告中，李金华都措辞强硬地批评中央一些部门和国有企业的财政漏洞，"审计风暴"一词在媒体和社会上不胫而走，"铁面审计长"之称成为公众对李金华的赞誉，也使他成为获得2004年"中国经济年度人物"大奖的政府官员。

　　李金华在评价自己与"审计风暴"的关系时说，"政府不怕揭露问题，揭露的目的是促进这些问题的纠正。审计风暴不是我个人的行为，主要是因为有政府依法治国的好环境。没有中央和群众的支持,我不可能有所作为。"中央政府各部门不依法履行自己的职责或不依法行政,就很难要求地方政府和企业去遵纪守法。2000年1月,李金华在审计署内部也立下了他自己称之为高压线的8条禁令,包括不准由被审计单位安排食宿,不准无偿使用被审计单位的交通工具,不准参加被审计单位安排的旅游、娱乐和联欢活动等。

李金华走到这一步,就两句话:一个无所畏,一个无所求。他求的是看守好国家的财产,维护好人民的利益。他深知,无私则无畏,无欲则至刚。对于李金华,最有官员威仪的是他言行举止中流露出的正气,一股刚正不阿、所向披靡的正气。

李金华对家乡怀着浓厚的感情,关心家乡人民的生活和经济社会的发展。他反复叮嘱亲属:"千万别给家乡政府添麻烦、要照顾,千万别把自己说成是某某的亲属而搞特权。"他又说:"家乡人民能够安居乐业,我心里觉得真高兴。我最大的愿望是让家乡人民的日子越过越好……希望家乡父老居安思危,共同开创出前程似锦的美好家园。"

徐守盛

徐守盛,1953年7月出生在栟茶镇港头村十组一个渔民兼农民的家庭,从小养成了吃苦耐劳、求实肯干、好学上进的品格。小时候曾跟随父亲下海上船,踩文蛤、踏蛤子,捕鱼虾。19岁时,听从大队党支部分工,任二大队四队(现港头村)队长。任职期间,既当指挥又带头劳动,挑肥担土等艰苦农活总是冲在第一线,没日没夜地工作着。他所领导的生产队很快成为全公社先进生产队。

少年时代的徐守盛,就读于靖海公社新元小学、栟茶中学。1973年4月参加工作,同年加入中国共产党。省委党校政治经济学专业毕业,省委党校在职研究生学历,高级经济师。历任生产队长、大队团支部书记、县委工作队队长,大队、乡、区主要负责人。1981年起,先后担任县委常委、农工部部长,县委副书记、县长,县委书记。1991年起,先后担任连云港市市委副书记、市长、宿迁市市委书记、市人大常委会主任。2000年起,担任江苏省省委常委,甘肃省省委常委、组织部长、常务副省长。2006年10月,担任甘肃省省委副书记、省长。2010年5月,任湖南省省委副书记、省长。现为湖南省委书记。他是中共十六届中央候补委员,十七届、十八届中央委员。他熟悉基层,熟悉农民,亲民爱民,有基层和领导岗位的双重工作经验,实干是他的个人风格和魅力所在,重视民生,践行科学发展观是他一以贯之的作风。用他的话说:"作为一个领导者,我是如东人民的儿子,我深深地爱恋着我的故乡和人民。"他保证:"用民众赋予的权力服务民众。"调离如东以后,他每年都回故乡走走看看,时刻关心着家乡各项事业的发展,洋口港的开发建设倾注了他的心血,栟茶镇重大工程项目都得到他的关心和支持。

他从来没有忘记自己是人民的一个普通儿子,无论走到怎样的位置,无论做任何事,都把人民的利益放在第一位。对洋口港的开发和建设,他梦牵魂绕,欣喜之情溢于言表。2003年11月19日,《如东日报》刊登了他发来的贺电:"欣悉中国南通洋口港开发开工典礼举行,谨向家乡人民表示热烈祝贺!向各位领导和来宾表示诚挚的问候!祝愿家乡经济发达,社会繁荣,人民安康幸福!"2006年,时任甘肃省省委常委、常务副省长的徐守盛,深情寄托家乡人民再接再厉,奋发图强,努力实现科学发展、和谐发展、率先发展,大力弘扬诚实苦干的如东精神,坚定不移地按照科学发展观和构建和谐社会的发展思路,努力推进经济社会健康快速发展。

徐守盛真心爱民,做人民的儿子,为人民做实实在在的事。1986年,来如东投资的日商吴文贵,坐在南通到如东的车子上心里就凉了半截,公路坑坑洼洼,条件最好的县政府招待所没有空调，想洗个热水澡却只有冷水。在日商失望沮丧之际，时任县长的徐守盛挑了两桶热水，从一楼到三楼连送三趟，使日商的投资欲望一下子从心底里迸发出来。徐（守盛）县长三担水，"挑"回了7000多万美元的外商投资，成了如东对外招商的"活样板"。

蔡美峰

蔡美峰，1943年5月出生于如东县栟茶镇兴镇村。1962年栟茶中学高中毕业后，考入上海交通大学。1968年毕业分配到国防科工委工作，是资深学者亦名师，岩矿科学领军人，中国第一代导弹驱逐舰火箭深弹发射装置的

蔡美峰

主要研制人。1978年获全国科学大会奖。1978年考入北京科技大学攻读研究生，获硕士学位。1981年毕业留校任教，获部级科技进步奖二项。1985年以访问学者身份赴澳大利亚，留学于新南威尔士大学，兼攻博士学位。1990年被授于博士学位，曾任悉尼地区中国留学生及学者联谊总会主席，同任国际岩石力学学会教育委员会主席，国务院学位委员会地矿油学科评议组成员，中国金属学会常务理事兼采矿分会会长，中国岩石力学与工程学会副理事长兼教育委员会主任委员。2005年被列为中国工程院院士候选人，2013年12月19日终于跻身院士行列，当选为中国工程院能源与矿业工程学部院士。

蔡美峰长期从事地应力测量与科学采矿方向的研究，特别注重理论联系实际，注重采矿工程实用技术，尤其是事关采矿行业进步全局性的关键技术的研究，主持完成了40

多项国家级、省部级和重点矿山企业委托的科研项目，解决了一批国家重点矿山深部和复杂地质条件下开采的关键技术难题，创造了巨大的经济和社会效益，为提高我国采矿工程和技术的科学水平做出了突出贡献。荣获国家科技进步二等奖3项、三等奖1项，国家技术发明三等奖1项，省部级特、一、二等奖各3、6、7项。第一作者发表论文130多篇，其中SCI和EI收录60余篇，撰写专著4部，主编国家级规划教材一部、副主编一部，获国家级教学成果二等奖一项。

  蔡美峰在专注科学研究的同时，坚持教学工作，始终把为国家培育合格的人才当成义不容辞的职责。多年来，他培养教育了20多届本科毕业生，指导的研究生有70多人获博士学位，50多人获硕士学位。他主编的"十五"国家级规划教材被评为北京高等教育精品教材，荣获北京市教育教学成果一等奖、国家级教学成果二等奖，其本人荣获第四届高等学校教学名师奖，2009年被评为全国模范教师。"老师应该与学生保持一种平等的亲密关系，你必须靠你的学识水平给学生提供很多值得学习的东西，给他们树立人品等各方面的榜样，这样他们才会尊敬你。"这就是他多年从教生涯的感悟。

丛志远

  丛志远，1955年出生于栟茶镇大同三队（现三元村三组），先后就读于栟茶小学、栟茶中学。1977年考入南京艺术学院，1980年毕业后被留校当助教。1988年底到美国印第安纳大学留学，攻读美术研究生。曾任美国新泽西州版画协会主任理事、印第安那波利斯艺术博物馆顾问、青海省博物馆顾问、印第安纳大学兼职教授、南京艺术学院中国画讲师。现为美籍华人画家、版画家，美国新泽西州威廉·帕特森大学版画系主任、终身教授，"夏天艺术在中国"项目主任。

  丛志远是栟茶镇走出去的画家中有国际影响力的一

位。他从小酷爱美术,在栟茶中学读书时就参加了美术兴趣小组,上世纪闯入异国他乡,在绘画艺术上逐步取得很高的造诣,对绘画有着异乎常人的执著和感悟,擅长中国画重彩人物、水墨花鸟和版画。其艺术作品先后入选1974、1984、1985、1986年全国美术作品展览,在美国印第安纳波利斯艺术博物馆、芝加哥艺术博物馆、新泽西州立艺术博物馆、纽瓦克艺术博物馆、纽约麦迪逊大道、俄勒冈州岚纳学院等艺术画廊举办过个人画展和陈列美术作品。他的作品用浑厚、圆劲、爽利大气的线条,丰富、沉着、鲜明、和谐的色彩古朴、动感的造型,将丰富的内涵展现得淋漓尽致,留下了积淀的痕迹。他的作品和学术论文,在北京、天津、南京、上海、青海,在美国纽约、印第安纳波利斯和英国伦敦等中外媒体、刊物上被报道或专集发表,先后应邀在80多所高等院校、博物馆演讲,并荣获美国"新泽西版画展览一等奖""美国艺术大奖赛展览一等奖""中国青年美术作品优秀奖"等中外研究机构、高等学府的奖励。

丛志远走到今天并不容易,每一步都拼尽了全力,淌满了汗水。他的身上,有如东海子牛特有的那种牛劲——勤奋刻苦、坚忍不拔、锲而不舍、奋斗不息的精神。

1974年,在县文化馆康平馆长和潘宗和、汤济民、尤文绚几位老师的指导下,他的处女作《喜迎丰收》入选全国美展。1982年,他创作的《庄稼汉》被编入中国青年艺术家作品集。1984年,荣获刘海粟奖学金。1985年,他只身沿"丝绸之路"去青藏高原考察,历经千辛万苦,不懈努力,其硕士毕业论文《论中国传统绘画色彩的民族心理》,被著名画家亚明拍案叫好,"应千方百计荐之于世"。1986年,获硕士学位,被南京艺术学院聘为讲师。1988年底,靠恩师陈大羽、亚明、康平赞助的六幅中国著名画家的画,换得了美国餐馆小老板的经济担保(实保底价3400美元),走进印第安纳大学攻读美术研究生。他用最多的时间和精力抓紧学习，节衣缩食咬紧牙关啃英语，创造了100美元支撑三个月生活费用的艰难记录，成了学校3.8万学生中最穷的一位，却换得"中国之星"奖学金及1990年至1994年连续五年罗郁正·邓胡烈奖学金。1992—1994年期间，他因创作的篮球系列版画作品《生命的旋律》《篮球的激情》等在美国版画界崭露头角。1993年创作的国画《极乐世界》获全美国洲际美术作品大赛一等奖。1994年8月，成为美国新泽西州威廉帕特森大学美术系终身教授、版画系主任，成为活跃于美国东部颇有名气的华人教授画家。

周冶农

  周基，字冶农，生于1913年元宵节，住栟茶镇东大街。1925年毕业于栟茶小学，1931年毕业于栟茶初级中学，1934年毕业于江苏省扬州中学师范科。1934年8月，任原东台县浒澪小学教员兼总务主任。1937年8月，调任栟茶小学教师兼训育员。1941年参加中国共产党。1941年8月，日本侵略军占领栟茶镇后，与何晴波、孙泽民、钱德明、缪荣、沈东等同志转移到栟茶南乡，实行农村游击教学。1942年2月至1943年5月，任栟茶小学校长。1943年5月至1945年1月，先后任中共栟茶区委书记、区队政委、区长。1945年春，在苏中党校学习。1945年10月至1948年9月，任如东县民政科科长、县政府秘书室秘书、文教科长等职。1948年9月至1951年12月，任如东县副县长、县委副书记、书记等职。1951年12月，调南通地委工作，先后任城工委副书记、城工部副部长。1956年8月，任地委财贸部副部长、市钢铁厂厂长、南通专署计委主任、经委副主任等职。"文革"中全家下放农村劳动。1974年4月、1977年5月，先后任如东县"五七"干校党总支书记、如东县委党校副校长。1978年3月，调任南通地委党校副校长。1982年离休。

季 钧

季钧(1925—2005年),如东直镇人,毕业于苏北师专和华东师范大学。早年任县政府文书。1956年任栟中教导主任。1978年任栟中校长兼党支部书记至1986年离休。季钧从教42年,与栟中结下不解之缘,为栟中、为教育事业做出了不朽贡献。季钧为南通市人大代表、江苏省先进教育工作者。1960年,栟中被评为全国教育系统先进单位,季钧为此做了大量工作。他将栟中数十年形成的优良传统归纳为"工作苦点甜点不计较,担子重点轻点不计较,荣誉多点少点不计较,待遇高点低点不计较"。这"四个不计较",成为学校名言并流传于全国。十一届三中全会以后,他带领学校党政班子,依靠全校师生员工拨乱反正,正本清源,抓良好校风的恢复和发扬,亲笔拟写《孰光荣,孰耻辱》《栟中学生一日生活行为准则》《礼貌常规》等栟中"四风"和校训,在全校学生中开展"改掉一个坏习惯,培养一个好习惯"活动,强势推进校风建设,在校园设立抗日志士纪念碑为德育基地。他在学校管理中突出教学中心,狠抓教学常规,着力提高质量,使学校成为当时如东两所重点中学之一。他重视体育,注重校风和锻炼的有机结合,依靠班主任和体育组抓好课间操和课间拳,荣获市县学校广播操比赛一等奖,栟中还享有"苏中第一操""苏中第一拳"的美誉。他知人善任,襟怀宽广,被人们尊称为"君子之人",重用优质师资,注重提携后辈,"新老结对,互学共进",使一批又一批青年教师茁壮成长……他笔耕不辍,发表论文甚多,时至暮年,将写成的18万字《达观养生漫谈》一书留赠后世。

季钧逝世后,家人遵其遗嘱,将其部分骨灰葬于学校操场一侧翠柏之下。栟中人永远怀念季钧校长。

陈学厚、缪则勤

陈学厚(1928—2002年)、缪则勤(1925—2006年)夫

妇奉献栟中,堪称楷模。

陈学厚,如皋白蒲人,20世纪50年代初来如东县中从教,1954年被调进栟中任教导主任。缪则勤,如东栟茶人,出身于教育世家,曾为如东县教育局秘书,区文教助理,1978年调任栟中副校长兼教导主任,如东教育系统知名的女干部。陈学厚、缪则勤是教育系统的模范伉俪,学生巧组二师之名"勤学则厚",寄托了对两位恩师的崇敬和感激,也揭示了栟中学子成才要诀。缪则勤高度近视,临近离休之年仍在栟中协助季钧校长主管教学,夜以继日研究肃清"文革"余毒,搞好全校教学管理,制订教学工作计划,兼任政治课教学。她对师生充满爱心,不仅深入班级听文化课、班会课,指导教育教学工作,还每天深入学生宿舍、餐厅作生活指导。为了工作量大、午间小憩的老师能休息好,她中午不休息,在教师宿舍门前站岗,示意过往行人不讲话。陈学厚工作严谨,一生淡泊名利。他长期出色地执掌栟中教导工作,协助学校主要领导,邀请骨干教师挖掘潜力,全面、全程、全员优化教育教学和学校管理,系统总结提炼栟中办学传统,为栟中传承良好校风做出重要贡献。他关心年轻教师成长,深入学科领域研究教材教法,充当教务,帮助他们脱颖而出。他首创"新老结对,互学共进"活动,推行"青蓝工程",他与爱徒结对,发挥学生在学习过程中认识和发展的主体作用,力主教学高效轻负。他热心参与社会活动,为政协栟茶小组撰写调研报告,为栟中65周年建校撰写校史,退休后仍参加栟中70周年筹备工作。

茶江品鲜

茶江，栟茶别称。人们常说，一地一特产，一物一口味，旅居一处，都必须舌品特色美味，大快朵颐，透过美味，让文化过喉，以独特的人文视角，去体味其文化理念。

栟茶，海滨小镇，海鲜是餐桌上的主角。竹蛏煲，向来是大热菜的领头菜，煲竹蛏之厨艺较复杂，泡、剖、醒、煨等环节，皆有绝招，可以说竹蛏煲这道厨艺，是栟茶人永恒的追求。还有爆炒文蛤，被誉为"天下第一鲜"，那是清乾隆帝钦定的。至于各种海鲜蟹虾，烹饪方法纷繁复杂，还有"金、银、琥珀三饼"，在栟茶，只是家常菜了。休闲小吃也很丰富，蟹黄小笼包、虾籽小烧饼、虾糍、猪头肉包斜角等总是令人垂涎。

美食值得回味，一些地域风物也值得回忆，如水当铺——老虎灶；简谱暖鞋——茅靴。追忆这些往年风物，眼前必然呈现当年美妙的时代风俗画。"乡里见闻"留下许多奇闻轶事在民间代代流传，足见其故事的生命力。说道风俗，"十里不同风，百里不同俗"，婚丧嫁娶，红白喜事，过时度节，更是因地而异，地域色彩尤其浓厚。最具原生态的民间文化要属发言谚语，它能生动地反映民心、民情和民志，这些深含哲理的言辞，是研究栟茶人性格的最好依据。

王二小煨竹蛏

"煨竹蛏"是有千年历史的栟茶传统名菜,制作工艺复杂。煨竹蛏的工艺,主要把握泡蛏、剖蛏、醒蛏、煨蛏和配料五个环节。首先是泡蛏,将蛏干用水洗

王成军师傅烹调竹蛏

净,放在清水里浸泡12个小时左右,然后烧开,捞起蛏,原汤留作备用;其次是剖蛏,剥离蛏干的鼻子和蛏裹,将蛏身剖成两片,去除泥沙、杂物,再用水洗净,分开蛏鼻、蛏裹和蛏身;第三是醒蛏,在锅中加食碱烧醒蛏片,用8%的食碱水浸泡蛏片12小时后洗净,滤清碱水,用原汁原汤再烧;第四是煨蛏,取原汤倒入锅中,将醒好的蛏、肉条、文蛤同时下锅,放入少量姜、葱、黄酒等佐料,用文火煨,待汤呈奶白色时酌量放盐;最后是配料,可选用黄芽菜、白菜心、笋丝、木耳、白萝卜细条等炒熟衬底,盛起上桌时可淋点麻油,放少许胡椒粉。以上烹调方法,已为县内外广泛采用,并纳入职校烹饪专业教材。

栟茶入菜的竹蛏主要有本港蛏和北方蛏两种。本港蛏,多产自栟茶沿海等地,北方蛏,主要来自大连、营口等地。本港蛏蛏鼻较细较长,蛏皮较薄较脆,蛏身半透明,肉质如玉;北方蛏体形肥硕,蛏鼻较厚较韧,蛏身微红不透明。煨竹蛏,以本港竹蛏为佳,鲜嫩爽口,汤质醇厚,色泽乳白,营养丰富。唯栟茶地区煨制的原汁原味,为他地所不及。

采捕竹蛏

竹蛏属于贝类软体动物,贝壳为狭长瓦片状,两片合抱

酷似竹筒，故得名。本港成年竹蛏长约10厘米，贝壳的背缘与腹缘平行，腹缘中部稍向内凹，前缘自背至腹向前倾斜，后端圆形，表面凸出，覆盖着一层发亮的黄褐色外皮；贝壳的内面呈白色，依稀可见彩虹般的色泽。竹蛏肉质如玉，鲜嫩无比，栟茶人聚餐请客，都喜欢以"蛏领头"上桌。从古到今，栟茶烧蛏这道名菜不知受到多少名人雅士的称颂和赞美。"吃鱼不如取鱼乐"，蛏可算是至鲜海味，钩蛏更是别有一番情趣。

竹蛏穴居，主要分布于潮间带中、下部浅海的泥沙滩地上，栖息深度大约30~40厘米，洞穴

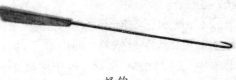

蛏钩

为圆形并有一定的倾斜度，与地面的夹角约为70~80度。从事钩蛏作业的赶海老手对竹蛏的这些生活习性了如指掌，日久天长便造就了一大批钩蛏行家。钩蛏人手拿二尺来长的铁制蛏钩，在沙滩上弯腰屈背、全神贯注地寻找竹蛏气眼。看准气泡迅即下钩，只见手起钩落，只那么稍稍一转，顺势一拎，一条黄灿灿的竹蛏便被甩入背上的网兜之中。

采捕竹蛏的方法不只是钩蛏一种，还有挖蛏和钓蛏。挖蛏，就是退潮后在竹蛏气眼多的沙滩上直接用铁锹挖掘，挖掘深度一般在40~50厘米之间。由于挖蛏是一种笨办法，既费工又费力，因而除钩蛏不熟练的新手偶用外，常年下小海的很少采用。不过，现在不少渔民已采用高涂养殖的办法进行蟟蛏繁养。蟟蛏是一种个体比竹蛏小得多的米儿蛏，由于养殖密度大，起场时是用挖的方法采捕的。钓蛏，就是在竹蛏气眼上放少许食盐，盐溶于水，流入蛏洞，由于洞内含盐量突然变大，竹蛏受到刺激急速地爬升至洞口，渔人乘机钓

捉。这种方式虽然比较省力,但把握不大,因为多数蛏受刺激后的反应,往往是下沉躲藏,故而此法费时费本,渔民也很少采用。他们用得最普遍的还是凭真功夫来钩蛏。

"天下第一鲜"

文蛤,一名车螯,俗称轷蛤,是"中国海鲜之乡"如东海边的重要特产之一。它是一种贝类软体动物,由两片略呈三角形的外壳合成一个卵圆形的外体。壳的外面是一圈圈黄白相间的波状花纹,色泽雅、隽、美。壳的里面则洁白无瑕,可谓"天然去雕琢""无意巧玲珑"。贝壳中间是它的肉体,靠近壳口的部分形似弧形的刀口,里面是隆起的"肚子",最里面是黑褐色的"内脏"。凭借肉体的蠕动,文蛤能自如地张合外壳,把"斧足"伸出壳外,在沙滩上移动迁徙。文蛤大的宽径可达四寸,半斤重一只,小的刚刚孵化出来的只有菜籽大。不过,人们通常捕挖的大都是铜钱大小。

文蛤肉质极其细嫩鲜美,唐代即为宫廷海珍贡品。相传乾隆皇帝下江南,路过扬州,地方官以文蛤做菜招待,乾隆食后胃口大开,赞不绝口,遂赐名"天下第一鲜"。从此,文蛤便驰名中外,吸引了无数美食家和游客慕名而来。近年来有的游客甚至驱车数百里造访栟茶,专以一品文蛤美味为快。欧阳修、王安石、陈毅、陶勇等名人大家也对文蛤情有独钟,曾赞誉有加,文人墨客们还留下了许多赞美的诗句。文蛤肉可以生炝,可以爆炒,可以煨

海鲜菜肴

汤,可以剁碎做成铜钱大小、一口一只的文蛤饼,也可以与其他荤素食材搭配做成诸多美不胜收的佳肴,还可以深加工成文蛤干、文蛤酱、文蛤粉……

　　文蛤营养丰富,富含多种蛋白质、氨基酸、矿物质和微量元素,具有良好的医疗保健作用。翻开中国药典,蛤肉、蛤壳均可入药,润五脏、止消渴,实坚化结,清热化痰,对癌肿也有一定的辅助疗效。缺少乳汁的哺乳期妇女,多喝点用文蛤煨成的汤,可以增加奶水的分泌。据研究,如东现已能跻身全国长寿之乡之列,这与如东人喜食海鲜、善食文蛤不无关系。

　　文蛤一身是宝,不但肉可吃,外壳也有用。冬天,人们用来抵御风寒、保护皮肤、防止皲裂的蛤蜊油,就是因为用文蛤壳作为外包装而得名。文蛤壳还是精致美丽、巧夺天工的贝雕画的粘贴材料。文蛤壳饱含石灰质,早些年,曾用来煅烧成灰,代替石灰用于建筑,或者粉粹后代替黄砂铺路……文蛤对人类的贡献,确实到了"粉身碎骨"的地步。

趣说素鸡

　　在南黄海之滨的千年古镇栟茶,有一样独特的豆制品——素鸡。素鸡,原产于栟茶,但又不独为栟茶人喜食。如东全县,乃至县外、市外、省外,喜食素鸡者甚众。一些栟茶籍侨胞、侨眷常将此故乡特产带出国门,作为馈赠礼品。

　　素鸡的魅力在于其外表质朴

素鸡

而口感极好：爽滑、柔韧、酥嫩、醇香，食之难忘。素鸡可以冷切、热炒，也可以白煨、红烧；可做主菜，亦可做衬菜。素鸡可烧各种荤腥海鲜、家常蔬菜。若将素鸡切成各种花色小块，随冷油下锅炸至老黄，拌以佐料，则成为一道外润内松、色味俱佳的冷盘。栟茶家家户户都喜欢将素鸡切成细丁，辅以肉丁、鸡丁、虾米、黄豆、胡椒、姜、葱等熬成酱，这又是一道不可多得的下酒、下饭的小菜。

素鸡，其原料为黄豆，前期制作工艺与豆腐相同。将豆腐花浇压成百页，再作深度加工。其法为，将百页扯成或切成碎片，和以少量食碱，使百页黏结一体，并以布大体包扎成圆柱状，下锅烧煮，起锅后脱布，晾干即成。

栟茶古镇历代先后兴建起不少寺庙，时至民国尚有14处之多。历来佛门皆素食，豆制品为主菜，素鸡则是常菜。做佛事、放焰口，讲究的斋主招待僧尼，常有满席名荤而实素的菜肴，如豆腐制成的"肉"，豆腐皮制成的"鱼""虾""蟹"等，至于全素席中的"鸡"，则为本文所言之物制成。

素鸡，当以此而得名也。

卢扣小笼包

栟茶有家卢扣包儿店，是卢子慧、许波梅夫妇俩开办的。

门面不大，可"卢扣包儿"的名声远扬县内外，以"皮薄、馅多、味美可口"为特色，深受广大食客青睐，生意红红火火，供不应求。每逢节假日，常有远在北京、上海、深圳、西安、河南

卢扣包儿

等地回家探亲的人捎带卢扣包儿返回各地。很多本地食客，对卢扣包儿情有独钟，常来光顾。

　　包儿的肉馅，选择新鲜的夹心肉，用切片机切碎，配以生姜、葱、酱油、黄酒、味精、盐等调料。切肉、配调料由卢师傅负责，其妻负责拌和搅匀备用。也可根据顾客的需要，加上蟹黄，做蟹黄馅心；或用青菜等新鲜蔬菜，加上虾米，做素馅心。制作包儿时，将酵面捏成一个个小团，用手按扁，厚薄均匀搓开，包上馅心，边旋转边捏拢放在蒸笼上，然后放到蒸锅上蒸。一会儿工夫，热气腾腾、油光光、黄灿灿的肉包儿蒸好了，散发出的香味令人馋涎欲滴。

一柱楼小朱烧饼

　　师傅拌酵，将面粉、水按比例投入拌酵缸或拌酵机内，再加入适量酵母(老酵，不用发酵粉)搅拌。根据四季不同的气候、发酵情况和经验目测，确定发酵时间。将面酵掐成若干个小团，而后在每个

烧饼

酵团上加一块酥料，用手按扁、搓开，叫"插酥"或"包酥"，使面酵厚薄均匀起层次。再将插过酥的酵饼包上预先调制好的馅儿和猪油(板油)，复捏拢成团。再将一个个酵团用响子滚得扁圆，叫"开烧饼"。开烧饼时，师傅不时用响子在案板上有节奏地"咚咚"敲打，声音传得很远，也很好听，平添了街市的热闹，也吸引了顾客。烧饼开好了，就在做好的烧饼上刷油、涂糖稀、撒芝麻。这样，烘烤后的烧饼会呈蟹黄色，既好看又可防止烧饼表面被烘焦。糖稀的作用是使芝麻

紧紧粘在烧饼表面不掉落。芝麻撒好后,将两只烧饼坯相对合,托于手掌中,一一贴在桶炉壁上烘烤,一炉能贴三十多只。烘烤时,要掌握火候。一会儿工夫,用火钳将一只只烘烤熟的烧饼夹出炉膛,每只烧饼都黄灿灿的,散发着扑鼻诱人的香味,有的还透出酥油,使人馋涎欲滴。

烧饼的馅儿根据季节的不同有韭菜末、萝卜丝、咸菜等,配以葱、油、味精、盐等调料,萝卜丝、咸菜要榨掉水分。也可根据顾客需要,用蟹油、虾籽、糖、豆沙做馅。

味香斋月饼

月饼,又称"宫饼""月团""胡饼""团圆饼",是古代中秋祭拜月神的供品,沿传至今已有3000多年历史。自唐代开始在民间流传,到宋、明、清时期,制作工艺大大提高,品种不断增加,祭月月饼比比皆是,人们逐渐把中秋赏月与品尝月饼结合在一起,寓意家人团圆。在千年古镇栟茶街上几家茶食店中,月饼生产技艺独树一帜,最有传统特色。南通人民广播电台、如东江海论坛都曾做过专题报道。

苏式月饼,月饼皮子和酥按比例先行制作,然后按配料、加工皮酥、包制和烘制几道工序生产制作。配料,就是将面团、各种果仁、香料和果料、衬粉、植物油、精制白糖等严格按比例搭配,面团要用精制面粉。加工皮酥,将皮料、酥料、馅料严格按照比例配制,大小均衡。包制时要厚薄均匀、上下均匀、四面均匀,否则就没有口感形成"死皮";收口处加一张小方块封口纸,防止馅料外露。封口纸上印有店号、地址、制作人及电话号码,可以起到广告宣传作用。传说元朝末年,阶级矛盾激化,老百姓纷纷起义。为了统一号令,朱元璋的军师刘伯温想了一个绝好主意。他把准备在八月十五夜里起义的秘密传单,做成一个小方纸片,贴在月饼背后……参加起义的老百姓只要一咬月饼就能看到这张纸,也就晓得了起义行动的时间。

包制的月饼整齐排列装盘放进烘箱中烘制，要精心操作，掌握好时间和火候，确保恰到好处。待形成两面黄蟹壳式、热腾腾、油光光、黄灿灿、香喷喷的月饼就可出炉了，烘制时间20~25分钟。

老酵馒头

老酵馒头

栟茶人过年，从古到今就有蒸馒头的习俗。

旧时蒸馒头是一件很辛苦的事。从浸泡陈年老酵饼到每天"接酵"、面粉的加工、馒头馅儿的准备，以及"打笼锅"的柴火、灶台的整修、炉漏儿的更换、灶膛的膛泥、蒸笼的预约等等，任何一道工序都马虎不得。

准备面粉首先将麦子淘洗干净，重新晒干，而后就是用石磨磨。小一点的石磨为牵磨，一般有两人牵磨、三人牵磨或四人牵磨。各家在准备面粉时少则一天，多则4~5天，实属一项苦差。60年代末70年代初，农村有了粮食机械加工坊，过年磨面24小时不停车，各家排着队加工，比起人力磨面要轻松多了。

准备柴火同样是一项苦差。有条件的人家准备木柴，没条件的人家准备茅草头或芦苇草。用木柴"打笼锅"体积小，火势匀，熬火时间长且灰烬少，但要劈木柴，很费力。活树枝的木柴还要提前劈好，将其风干。茅草头或芦苇草堆不熬火，用量多，体积大，烧后灰多，所以用茅草"打笼锅"费时、费力，经常是一人烧火，一人出灰。

准备工作就绪后，即按照邻里间私下商定的时间顺序，到时候把租借的蒸笼挑回家，架在门前两张高凳上。蒸馒头算得上一年中的大事，因此有不少忌讳。首先，外人是要回避的。蒸馒头的人家在门前要挂一草帘，过路人知道这家在蒸馒头，就不再上门了。其次，馒头蒸得好坏会直接影响到主人的心情。馒头装笼之前，老人们会吩咐孩子们在神龛前或灶旁虔诚地叩头上香，让子孙们端着笼屉跨一下火。笼上锅后，笼头上还要置高粱秸秆做成的把儿、肥肉、盐等物，高粱把儿是避邪的，肥肉是引以馒头发作大的，盐是用来封小孩嘴，不肯瞎说的。蒸老酵馒头时，和酵质量的好坏对馒头的影响很大。和酵是一件融力气与技术于一体的活计，通常由青壮年充当。这时，他们大多只穿单衣，两袖卷得老高，面粉和酵水通过双手不停地和、拌、揉、搓、揽、扒、翻、揣等一系列动作，变成发酵面团。和酵的时候是不能吝啬力气的，乡下人有句俗语："要吃好馒头，多揣几拳头。"由于绝大部分人家每年只蒸一次，而且时间都选在数九冬天，室内外温度比较低，因此和面前都要烧较多的开水，把和面的酵缸烫一下，提高缸体的温度，酵和好后放入缸中，上面用清洁的棉被盖严，下面用草壅紧，以便保温。

"打笼锅"的常是老年人。他们在锅灶上忙起来腿脚不灵便，但打笼锅却很有经验，能看准火候。这时很有节奏的风箱声，就成为蒸馒头的一首伴奏曲，火光映得老人的脸上泛着红光。馒头是否蒸好要根据烧火是否旺盛和时间长短决定的。早年不是每家都买得起钟表，没有钟表的人家用燃线香的方法来计时，常规的一支线香可燃半个小时左右。

蒸老酵馒头还讲究使用"腊水"。腊水就是立春之前的水,立春之前所蒸的馒头相应地也就是"腊水馒头"。腊水馒头比其他季节的馒头多了一种"腊"香味,因此,立春的迟早决定了蒸馒头的早晚。

小孩子们这时候最起劲,他们在冰冻的雪地上跳跃,边吃馒头边唱,唱着那首千年的儿歌:"雪花飘飘,馒头烧烧,雪花扬扬,馒头尝尝……"。

栟茶还有一些菜肴和小吃也很有特色。

爆炒菜花黄蚶子

菜花黄时的蚶子,可谓天降尤物海生奇珍,黄里透白壮实饱满。用春天的头刀韭菜或鲜嫩药芹配菜,旺火急炒入盘上桌,真是滑爽鲜嫩而又有嚼头,人们常说"打嘴也不丢"。

肉　圆

"肉圆"是许多地方的家常菜,可栟茶的肉圆有许多考究。首先要选用"前夹心肉",用菜刀细切粗斩,剁成肉泥,掺一点荸荠和葱姜,再加点鸡蛋,拍打密实搓圆,表层糊点生粉料浆。然后,一只只油煎成形,下锅时加点料酒、酱油、白糖,旺火烧沸微火慢焖,让调料入骨。最后加点味精,旺火起锅。如条件允许,加入河蟹的肉和膏黄就更好了。这种去面团化的肉圆,配以青绿菜心,阅之好看,闻之好香,食之好吃,人生得此美味,夫复何求!

栟茶"三饼"

栟茶"三饼",登台亮相好评如潮。一是"藕饼",又称金饼,两面金黄,中分两片,夹包碎肉文蛤,佐以葱姜调料,外面生粉浆糊,油炸成熟,酥脆咸鲜兼备。二是"虾饼",又称银饼,用鲜虾肉掺一点荸荠片,斩切剁细如泥,不加调料,掺和少许生粉,炸熟即吃,柔和鲜嫩。三是"文蛤饼",又称"琥珀饼",用文蛤肉加葱姜剁细,加一点面粉鸡蛋,油炸成形,呈淡黄色,自然香鲜。随着数千栟茶儿女外出工作和学习,这"三饼"养在深闺人已识,不仅鲜香可口营养丰富,而且可真空包装存放应急,已成上乘土特产品而蜚声海内外。

文蛤与竹蛏

文蛤与竹蛏堪称海鲜之双璧,甲冠天下。清帝乾隆有一次下江南经扬州,地方官员呈献炒文蛤就膳,他亲口御封"天下第一鲜"。在曹雪芹《红楼梦》书里,贾府宴席,竹蛏也赫然在目。新中国成立后,陈毅元帅也曾经将竹蛏带到北京请毛主席品尝。加工竹蛏有30多道工序,蛏汤白如乳汁,约二寸长的蛏条,玲珑剔透风情万种,犹如洗尽铅华的杨贵妃再现,故此菜有"贵妃出浴"之雅称。这文蛤与竹蛏两道菜,充满诗情画意与美好想象。宋朝诗人梅尧臣曾赞文蛤:"车螯与月蛤,寄至海陵郡。"(海陵即泰州别称,栟茶旧属泰州)清人谢埔赞文蛤:"眉目浑然银烁烁,肌肤嫩极玉溶溶。"文蛤炒竹蛏,鲜美无与伦比。据传在唐代就被列为皇宫贡品。

猪头肉包斜角儿

猪头肉包斜角儿,看似平常,但在栟茶工艺就非同一般了,从猪头的镊毛,到去杂漂洗、加料、煮烂,不亚于做竹蛏菜。上佳猪头肉要粗料细作,第一讲究没有一点"猪腥"味,卫生爽口;第二讲究肥而不腻烂化入口;第三讲究微带咸香味道可口。当把猪头肉切成片状,夹进热腾腾的斜角儿时,两种美味合成一体,真是大快朵颐!

虾糍

制作栟茶的美食"虾糍"时,只见师傅用酒盅儿盛上面酵,往油锅里一倒一拉,用勺子平摊一下。霎时,那金黄色椭圆形的"盘碟"状面酵,就跃动在油面上,上面嵌着的河虾瞬间变红,造型之美艳,面糍之香软,河虾之鲜脆,令人叫绝。如果遇到河虾有籽,那顾客就又多了一层喜悦,因为这象征多子多福。

开花三角馒头

开花三角馒头是馒头中的极品。这种三角形馒头，上头三处绽开白花，造型全国各地罕见。这种馒头既中看又中吃，只要轻轻咬上一口，口感顿觉松软而又密实，那种面酵食品的素净香糯，那种悠悠的绵甜，能使你齿颊留香，沉浸在美食的情趣之中。

烧饼

烧饼，它酥、它脆、它香、味道好，满芝麻的面层、酥油揉成的饼体，加之咸甜包心，吃起来当然可口。随着季节的变化，馅心也不断变化，有萝卜馅的、咸菜的、韭菜的，如果你想吃得更高级点，馅中再放点虾籽，此外还有白糖甜的。如果你有空闲站在炉旁，即食刚落炉的烧饼，那才叫爽，不由感叹："美哉，烧饼！"

过汤面

栟茶的过汤面，用料是栟茶细面。那特细的面条，放在大锅沸水中（下面一定要用大汤小籽），用长竹筷拉着面条转几圈，赶紧用爪篓捞起来，放入冷水盆中一浸，又放在沸水中一烫，随后"叭"的一声将水甩干放入调料齐全的骨头汤碗中。这面条熟而不烂，柔韧爽口，营养丰富，难怪有人爱它到终生。

肉包儿

肉包儿，直径有五六厘米，特点是皮薄馅多。肉包儿皮又薄又嫩，拿包儿要轻轻地拿，轻轻地放。那个馅呢，几乎是全部瘦肉外带点姜葱而已，味道纯正口感极佳，不咸不淡，不油不腻。每当河蟹上市，那金黄色的蟹油，在肉包儿上头流光溢彩，热腾腾，香喷喷，吊足了食客的胃口。每天还得排队等货，才能买到。

附录一：
栟茶镇新老村庄对照表

现村名	曾用村自然村名称
大窑村	大窑、沈家庄、临河村、蔡家庄、蔡家桥、五盐港、徐家簖、肖家圩子、滩河口
陈湾村	陈湾、双生窑、小窑村、小窑、东下洋、下洋村、西下洋、红彩土地庙、挺长路
新庄村	马场村、马场头、赵家圩子、白滩河、王家桥、双新庄村、前新庄、后新庄、王家堡、杨家缺、单庄村、单家庄、季家凌、龙框沟、新花城里、缸土地庙
杨堡村	中杨家堡、上杨家堡、下杨家堡、野马口、石头桥、浒北村、杨家糟坊、西马家坝、东马家坝、周家码头、车篷头
竹园村	三里渡村、三里渡、马庄、西洋村、西洋、竹窝头、王家埠口、马家桥、唐家庄、洋田码头
浒零村	浒零、张家祠、广霖院、毗卢院、五谷树、忠孝牌坊、贞节牌坊、九人墓、浒东村、周家庄、万家庄、来福桥村、来福桥、谢家庄、仁家庄
兴凌村	五灶村、吴港村、子洋村、河垦村、十字桥、老鼠洞
兴镇村	安舵港村、安舵港、蔡杨村、蔡家庄、太平村、太平庄、管家桥、系马庄、佑圣观、寿圣寺、东岳庙、杨湾村、腰家庄、杨弯、松板桥、正港边
江安村	姜埭村、姜家埭、董家桥、姜河边、姜河村、临海庵、三元宫、姜北村、野鸭荡

续表

双港村	南港村、姜家庄、沈家庄、三十三总、金家园、港西村、三十六总、十字路村、十字路、俊德桥、五灶港村、五灶港、杨家店
兴灶村	六灶村、灶东村、六灶、梁家洼
栟南村	符堡村、小蔡家庄、徐家楼、杨家庄、符家堡、棉园村、棉园、耀武庄、殷家柴塌、长池岸
三园村	北园、柳荫阁、南园、南堡、北场、解家园、古坟院、盐包场、龙王庙
洋堡村	洋港村、洋港、涵洞口、解堡村、解家堡、东姚家堞
三星村	向荣村、前吴家庄、后吴家庄、李家场、李家庄、唐家尖、蔡家洼、向荣桥、姚堞村、西姚堞、汤家桥、牛桥、栟北村、汤进村
港头村	港头、神树庄、奔牛桥、新元村、宏元村、弯河村、弯河、新河村

栟茶镇行政村（居）沿革一览表

建国初期 (1949-1954)	合作社时期 (1955-1957)	公社化时期 (1958-1983)	变更村名 (1984)	镇乡合并前 (2000)	村域调整后 (2001)
浒零、西洋、富滩三乡		浒零公社	浒零乡（镇）		
大窑村	林垦五社	12大队	大窑村	大窑村	大窑村
临河村	林星一社	13大队	临河村	临河村	
红庙村	林星四社	9大队	小窑村		
陈湾村	林星二社	10大队	下洋村	陈湾村	陈湾村
		11大队	陈湾村		
福兴村 中和村	红星二社 星光八社	14大队	马场村	马场村	新庄村 （唐庄村西部）
兴东村 吉祥村	林星二社 红星一社	15大队	双新庄村	双新庄村	
中兴村 白桥村	新光十社 新光三社 新光六社	16大队	单庄村	单庄村	
杨堡村	黎明一社	7大队	杨堡村	杨堡村	杨堡村 （小窑村东部）
三杨村 红庙村	黎明二社 林星四社	8大队	浒北村	浒北村	

续表

马庄村	新光一社	2大队	三里渡村	三里渡村	竹园村（竹园村南部，唐庄村东部）
西洋村	新光二社	3大队	西洋村	竹园村	
公平村	新光四社 旭日二社	4大队	竹园村		
		17大队	唐庄村		
浒零村	旭日一社	5大队	浒零村	浒零（居）	浒零村（竹园村北部）
周庄村	旭日三社	6大队	浒东村		
来福桥村 竹园村	旭日四社 旭日五社	18大队	来福桥村	来福桥村	
		垦区1大队	五灶村	五灶村	兴陵村
		垦区2大队	吴港村		
		垦区3大队	子洋村	子洋村	
		河口垦区	河垦村	河垦村	
桦北、启新两乡		德贵公社 靖海公社（1965）	靖海乡（1983—1995）		

续 表

村庄	原合作社	大队/营	小村	合并村	新村
安港村 十字桥 翻身村	五一九社 五一十社	15大队	安舵港村	蔡安村	兴镇村
金荣村	五一十五社	16大队	蔡杨村	蔡安村	兴镇村
杨弯村、团结村	启新十三社 启新十四社 新光三社 新光四社	17大队	太平村	大杨村	兴镇村
	新光五社 新光六社	18大队	杨弯村	大杨村	兴镇村
万涵村 姜埭村	新生一社	11大队	姜埭村	江安村	江安村
姜河村 德胜村	新生二社	12大队	姜河村	江安村	江安村
		西垦营	姜北村	姜北村	江安村
灶港村、港南村		9大队	南港村	双港村	双港村
金园村、中心村	五一一社、俊德社	10大队	港西村	双港村	双港村
十字路村、三引村	徐文社、五一六社	13大队	十字路村	港路村	双港村
五灶港村		14大队	五灶港村	港路村	双港村
		中垦营	六灶村	兴灶村	兴灶村
		东垦营	灶东村	兴灶村	兴灶村
爱民村 福兴村	新利二社 向荣社	6大队	向荣村	三星村	三星村
团结村 池岸村 翻身村 汤桥村		7大队	姚埭村	三星村	三星村
胜利村 四成村 新民村 汤进村	新利五胜 新利四社	8大队	拼北村	三星村	三星村
解放村、新坝村、涵口村	新利三社、光明社	3大队	洋港村	洋堡村	洋堡村
		4大队	解堡村	洋堡村	洋堡村

续表

宏元村 湾河村 新元村 中合村	新利六社 新利七社 新利三社		1大队 2大队 5大队	弯河村 新园村 港头村	港头村
	栟茶镇		栟茶镇公社		栟茶镇(1981)
	大同(一社、二社、三社)	健康一社 健康二社 健康三社 健康四社 利民社	2大队(于港公社)	三园村	三园村
小楼村 守道村 棉元村 长月村 一民村			14大队(于港公社)	符堃村 棉元村	栟南村
怀诚街、翻身街、民主街、和平街				怀诚居委会	茗海社区 (2004)
祝庭街、胜利街、鸿生街、烈士街				鸿祝居委会	
凌曹街、胜利街、祝庭街部分				凌曹居委会	
					浒零居委会
				浒零居委会	
				港头居委会	港头居委会

附录二：

有关栟茶的史料和遗存记载

明弘治二年（1489）史料记述：

【栟茶场】 明弘治二年（1489年），泰州分司判官徐鹏举相度鸠材，建社学1所于木场盐课司南。其地高平方正，前临流水，后背场司，左近闾巷，右连民居，堪称沃壤。有正房3间，西有厢房2间，大门1间。十三年（1500年），巡盐御史史载德命分司曹豫重修，规制视前有加。嘉靖二十四年（1545年），本场社学规制：前为"先正"门4楹，有缭垣，西有别门，皆旧制。原任吏科给事中、谪降大使周矿有志繁兴盐区教育事业，造就灶户子弟，祀宋儒周、二程、张、朱等五贤于其中，自为记。万历十八年（1590年），泰州分司判官周汝登增建之：中为敷教堂，东西有厢房，前后葺而新之，为门1座，为楹共21，几席书籍咸备。天启五年（1625年），本场士民援例请祀范、张、胡三贤于敷教堂中，泰州分司判官徐光国题写匾额曰"崇德报功"；五贤堂曰"垂范"、"百世重新"；二门匾曰"先正"；庭除一新。有社田3区：一在场东北缪家堡，一在场西北浒滂前，一在场通济坊街南。清初仍之。岁久社学将圮，乾隆元年（1736年），场大使李庆生重葺。十年（1745年），大使姚德麟移建于场署西，有社田47亩。光绪十七年（1891年），大使赵庆镰捐资修葺。

山水

【海】本场东、北二面临海，晚明时距海尤近。其水黄色而多沙，俗呼曰黄沙洋。

【运盐河】场北。西通力乏桥。

【嵇公堤】本场范堤南。清雍正十一年（1733），河道总督嵇曾筠筑，长5357丈，形如半璧。

【土山】东岳庙后。高可丈余，围57丈，明天启间不培而自起者。

【旋潭】中正桥下。方广数丈，深丈余。经亢旱，河井干枯，而此潭不涸。

【南溦】场南。长十里，水澄澈，产艾荷菱芡。

【饮马池】水味甘，其深莫测，遇旱不竭。相传池中有泉。

【灵异井】场东。相传明嘉靖、万历间井中曾有潮汐。每倭寇警至，其水辄涌出井口，高达数尺，先机以告，故有是名。

营寨

【栟茶寨】明设。在场东20里。有备备倭百户1员，军50名，土城1座。

关桥坊

【盐关】场西寿圣寺前。下通丰利，上达海安、扬州，防禁私盐。俗称南关桥。明洪武初年建。弘治十一年（1498年），副使曹豫重建石桥，高2丈，长7丈。

【桥】通利桥（场东一名东桥，明洪武初年建，弘治中大使刘通重建，有记），通济桥（场西，一名西桥，明永乐初年建），中正桥（场北，明洪武初年建），龙津桥（通利桥东南，清初建），十里桥（通济桥西南，清初建），南桥、红桥、龙王庙桥（俱清嘉庆前建）。

【坊】缪氏百岁坊（中正桥东南），缪氏节妇坊（一在百岁坊西，一在文昌阁东，一在通济桥南），徐氏节妇坊（十里桥西），符氏节妇坊（通利桥西南），贞女坊（龙王桥北），以上俱清建。

寺庙堂观

【寺院】寿圣寺（场西通济桥北，宋咸淳间建，金大安元年赐寺额曰寿圣寺，有7层佛塔）。

【庙宇】龙王庙（场东2里，明弘治前建），海神庙（一称海神祠，在北溇，明嘉靖二十五年场大使周矿感潮患而立），五圣庙（一在南官河北，一在龙津桥北，俱清初建）。城隍庙（中正桥东北），关帝庙（通利桥东），东岳庙（佑圣观西），都天庙，以上俱清嘉庆前建。

【殿阁】三官殿（范公祠北，清初建），文昌阁（南桥北，一称文昌宫，清建）。

【观庵】佑圣观（寿圣寺西，始建于宋，元至正中修，清嘉庆六年重修）。准提庵（中正桥北，清初建）。

祠墓

【祠】缪氏二贤祠（明嘉靖六年，巡盐御史雷应龙改官侯庙以祀缪思恭兄弟，通政使杨果有记；清雍正二年圮于潮，别买市中街南徐氏宅改为祠），五贤祠（场南社学前，明嘉靖二十四年，场大使周矿请于巡盐御史刘存建，祀宋理学五贤周程张朱，自为记），三贤祠（场西海神祠西，祀宋人范仲淹、张纶、胡令仪，明嘉靖前立；清乾隆中撤张纶、胡令仪位，设胡文定、张文靖位，附祀明场使周矿、清场使李庆生），土神祠（明嘉靖前立），王心斋祠（明场士缪好信就其所居建），昭毅将军祠（场司西，祀明巩昌指挥使于光），范公祠（清乾隆三年，场大使李庆生建，十年场大使姚德麟移署东，参见图版185）。徐氏宗祠（场北）、符氏宗祠（场东）、周氏宗祠（贞女坊北），三祠俱清嘉庆前建。

【墓】元淮扬总管缪思恭墓（盐仓北，杭州儒学提举司卓习之撰碑），明昭毅将军于光墓（场东野桥），清缪尚勉墓（在缪家堡，以裔孙彤康熙丁未科廷试第一，俗呼为状元坟），古孝女墓（相传古有孝女终身不嫁而养母，母死，复以身殉，其生时群呼为"姐姐"，俗遂呼其坟为"姐姐坟"）。

楼堂

【三槐堂】明场署后堂。弘治三年（1490），大使刘通重建分司判官徐公四堂，堂成，见旁有三槐茂郁，故名。有诗。

【春求楼】盐港口河南。明光禄寺承蔡日晋建，崇川包壮行有记。树木葱郁，为一时名胜。泰州知州程芳树因劝农过之，留连不忍去，遂取《诗经·臣工》"维莫之春，亦又何求"之辞，题其额曰"春求"。

寺　庙

表一　栟茶寺庙情况一览表

寺庙名称	住持	原地址	寺庙规模	建造年代	备注
三官殿	僧	镇东北郊	山门、敞厅、大佛殿共三进，两旁有厢房等。	明嘉靖年建。清康熙十一年（1672年）改场大使徐光前倡修。	1941年，苏北区党委曾驻于庙内。解放初，改设德贵小学。
百子堂	僧	镇东郊	有山门、中殿、大殿、厢房等。山门前有石狮一对，精雕玲珑。	明代初年	1943年被伪军全部拆毁。废址为三园大队果园。
龙王庙	僧	镇东郊百子堂西隔壁	主体建筑有山门、中殿、大殿共三进旁，有厢房、僧房等。殿内塑有"大香山"，其布局有山川、江海峰峦、岩洞、楼台及大小佛像多尊。庙后有奶奶山。	明初年建。庙基为里人符汉章捐。	1941年春，苏北行政学院曾设于庙内。1943年被伪军全部拆毁。其址改为三园大队果园。

续表

都天庙	道	东大街	山门、大殿共二进,旁有陆公祠、厢房等。	明代建	1954年改设供销社
关帝庙	道	东大街	主体建筑有三进,前为山门、马房,中进为敞厅,后进为关岳殿。东西两旁有厢房大殿,前有古老银杏树两株。	明嘉靖年间(公元1522年至1566年)建。清康熙元年(公元1662年)缪相倡修。	1953年改设供销社。1978年拆除关岳殿,建该社仓库。山门现为农机门市部。
文昌宫	僧	南河边	有山门、魁星楼、文昌楼、佛殿、厢房等。	明天启二年(公元1622年)建	1950年改建粮食仓库,后为如东县粮食学校。
三元宫	道	中市街	山门、大殿共二进,西旁有财神殿、厢房等	明代建	民国十八年(公元1929年)改设民众教育馆后改中心民校。抗敌协会商联会曾设于此。现址为农业银行。
法慧庵(南庵)	尼	双池东首	山门、敞厅、大殿等	宋代建	1958年扩建栟茶小学时拆除。

续表

准提庵	僧	北街头	山门、敞厅、大殿共三进，旁有配殿、厢房等。	宋代建	1941年冬，被日伪军拆毁。废址现为栟茶中学。
龙树庵（北庵）	尼	北街	山门、大殿、厢房等。	宋代建	1958年栟茶福利厂化工工场设此。废址现为民房。
城隍庙	道	北街头	主体建筑有山门、城隍殿，旁有内宫，东西两厢配殿，有十二司殿、陆公祠、地方祠、厢房等，庙院及两旁走廊较为宽敞。	清雍正年间（公元1723年至1735年)建	民国十七年（公元1928年）改建栟茶中学。1941年至1945年间，为日军驻地。新中国成立后，复为栟茶中学。
东岳庙	道	镇西郊	主体建筑有三进，山门、敞厅、东岳殿，旁有内宫，西厢有十殿阎君、财神殿、厢房等。山门前有奈何桥，山门左右有大石狮一对。	宋时建。明弘治十八年（公元1505年）修。	1947年全部拆毁。废址属原靖海公社洋湾大队。

续表

佑圣观（祖师观）	道	镇西郊	山门、大殿、厢房等。	唐代建，元至正年修	1943年被伪军拆毁。废址属靖海公社太平大队。
寿圣寺（西寺）	僧	镇西郊	主体建筑共四进，山门有哼哈二将，二门有四大金刚，中系弥勒佛殿，中进为大佛殿，供奉释迦牟尼佛，两旁有十八尊罗汉，殿两旁有配殿及僧房160余间。大殿东南角有砖塔一座。新中国成立前曾放戒多次。	宋咸淳年（公元1265年至1274年）建。明成年间（公元1465年至1487年）修。清乾隆乙亥年（公元1755年）重修。	1946年拆毁。废址属原靖海公社太平大队。

表2 栟茶寺庙表

地址	名	称
栟茶镇	百子堂（僧）	龙王庙（僧）
	都天庙（道）	关帝庙（道）
	准提庵（僧）	龙树庵（尼）
	法慧庵（尼）	文昌宫（僧）
	三元宫（道）	城隍庙（道）

续表

乡镇	寺庙	
新坝乡	三官殿（僧）	
西洋乡	寿圣寺（僧）分东中西三房	
	东岳庙（道）	祖师观（道）
居湾乡	准提庵（僧）	
范堃乡	祖师庙（僧）	新场庙（僧）
范园乡	曹家祠（僧）	地藏庵（僧）
	观音堂（僧）	
启新乡	三元宫（尼）	临海庵（僧）
唐港乡	复兴庵（僧）	五神庙（僧）
周洋乡	公界庵（僧）	关帝庙（僧）
张棣乡	藏王庙（僧）	
蔡庄乡	观音寺（僧）	永兴庵（尼）
	极乐庵（僧）	复兴寺（僧）
康庄乡	地藏庵（尼）	观音堂（僧）
周庄乡	地藏庙（僧）	如来寺（僧）
	接引庵（尼）	
浒澪镇	广霖院（僧）	毗卢禅院（僧）
沿口乡	福缘庵（僧）	善庆庵（僧）

　　以上根据民国二十三年（1934年）七月东台县第四区区公所寺庙调查。

　　据民国二十五年（1936年）四月寺庙户口调查统计：栟茶境内共有佛教徒三百三十八人（尼姑三十六人）、道士二十七人、天主教徒三人。在上述总数中，栟茶镇共有和尚三十一人、尼姑十四人、道士十九人、天主教徒三人。

栟茶各族姓氏，多立有宗祠。人口之多，以缪氏为最；祠宇之雄阔，以徐氏宗祠为最；景点之点缀，以蔡氏宗祠为最。

表3　栟茶各族宗祠表

栟茶镇					
缪氏宗祠	中市街	蔡氏宗祠	东街	于氏宗祠	西街
徐氏宗祠	南街	周氏宗祠（西）	南街	周氏宗祠（东）	东大街
杨氏宗祠	南街	唐氏宗祠	南街	翟氏宗祠	育婴堂巷
符氏宗祠	南街	王氏宗祠	东街	顾氏宗祠	西大街
沿港口					
赵氏宗祠					
范埕					
李氏宗祠					
浒澪镇					
张氏宗祠					

以上各族宗祠，缪氏、徐氏、蔡氏、于氏、唐氏、符氏、赵氏、李氏、张氏宗祠，均被拆毁；翟氏宗祠改为百货仓库；杨氏、周氏（东、西）、顾氏、王氏宗祠，俱改为居民住房。

另海安镇有缪景先祠，有塑像，御倭寇有功，为栟茶人。江苏教育月刊特影印其像。（摘自《栟茶史料》）

附录三： 诗文述著一览表

著作名	卷集数	姓名	字	号
元黄真蕴	若干卷	徐省和	文远	
乐说	八卷	徐时盈	仲益	
谱虬髯公、鹊桥仙、兜率鼓，碧罗公主诸词		徐昊	肃清（时盈子）	
摩诃衍常寂光论	九卷	徐钦	廷敬	
随笔	三十卷	徐钦	廷敬	
雨花庵笔记	九卷	徐锐	廷美	
正鉴	七卷	徐铃	廷振	
三传汇明	十二卷	徐铃	廷振	
传家格言	十三篇	徐钰	以珍	
古藤花书屋遗稿	十八篇	徐询	以华	
笑谱	三十六卷	徐坷	以节	
四书典林	三十二卷	徐倚	国安	
训子家法	十条	徐辅	国臣	
治家要言	数十则	徐辅	国臣	
琴心雅韵	三卷	徐国廉		
希陶集	若干卷	徐国廉		
正史补注	三十六卷	徐国道		
三通补阙	十二卷	徐国道		
读史微言	五十卷	徐国道		
辽金元史释言	十二卷	徐国道		
南澥集	若干卷	徐宗鲁	道夫	
小溪集	若干卷	徐佶	国瑞	
趋庭集	六十四卷	徐詠皋	执夫	
南澥集弥陀三经解		徐宗明	亮夫	
幼科集要	四十卷	徐渭	玉甫	

续表

乐庵诗集		缪志道		
南沙诗集		缪贡		
家藏诗集		缪汝信		
史衡	二十四卷	徐琦	书成	
一柱楼诗	六卷	徐述夔	赓雅	
小题诗	一卷	徐述夔	征雅	
论语摘要	二卷	徐述夔	赓雅	
韵卷堂杂著	一卷	徐述夔	赓雅	
学庸释义	一卷	徐述夔	赓雅	
想治琐言	二卷	徐述夔	赓雅	
周易释义		徐述夔	赓雅	
栟茶场志		徐述夔	赓雅	
五色石传奇		徐述夔	赓雅	
和陶集		徐述夔	赓雅	
入蜀志		徐天凤	文征	
荡寇纪		徐天凤	文征	
雨窗韬铃集		徐天凤	文征	
八阵演义		徐天凤	文征	
见山集	前后两卷	徐天鱼	武舟	
奈何集	若干卷	徐惟铭	尚文	
我是轩制艺		徐野堂		
韵胜楼诗钞		徐藻	树名	
风月清谈词	一卷	徐兴杨	小树	
愚园吟	一卷	徐兴杨	小树	
粤海闲吟	一卷	徐兴杨	小树	
惮悦录	一卷	于桂	月庭	
月亭诗集	数卷	于桂	月庭	
柳园遗草		于治	敬式	茗坡
载郡志		于治	敬式	茗坡

续表

东亭诗（辑）	二十卷	于泗	彦邦	秋渚
怡怡草堂诗	八卷	于泗	彦邦	秋渚
搜神诗史	六卷	于泗	彦邦	秋渚
咏物诗	十二卷	于泗	彦邦	秋渚
鸥村（清光绪间乡人刊怡怡草堂诗存附编年诗一卷）	十卷	于泗	彦邦	秋渚
墨泽（辑）	一卷	缪墀	维玉	
海涯集		缪洧	允达	
纠缪子集		缪好信	诚之	
则鸣草		缪四明	登甫	
藏鱼诗草		缪伟臣	亮士	
诗法要标		缪蓉	公琰	
若菴诗集（东皋诗存作齐字公玫诗集已待世）		缪蓉	公琰	
怡情诗草		缪宽	又安	
独乐草		缪象锟	焕若	
水云编	若干卷	缪六府	孔修	
洒璧山房诗集		缪纲	众维	
仪礼精言		缪玉成	德崇	子嘉
周礼集说		缪玉成	德崇	子嘉
五经质疑		缪玉成	德崇	子嘉
子嘉文稿		缪玉成	德崇	子嘉
子嘉诗集		缪玉成	德崇	子嘉
入黔记		缪玉成	德崇	子嘉
入蜀记		缪玉成	德崇	子嘉
黔中从政录		缪玉成	德崇	子嘉

续表

子嘉杂记		缪玉成	德崇	子嘉
一草亭诗集		缪中	竹癯	
丛桂山房诗集		缪麟	伯时	
朱刘四家论		缪培	树德	
景岳新方歌括		缪培	树德	
射法要略		缪勋臣	渭亭	
和陶集		缪禹钧	禹臣	文孙
醉竹斋诗钞	二卷	缪锡朋	古凤	羕洲
补竹山房日记	若干卷	缪崇銮	金坡	
济贫集	四卷	缪美官	冠扬	
课余小草		缪震	桂生	
兰因室诗词	若干卷	缪嘉禾	小坡	
小学训练法		缪文功	敏之	
小学管理法		缪文功	敏之	
二部教授法		缪文功	敏之	
中学课文示范		缪文功	敏之	
徐述夔诗狱考		缪文功	敏之	
中华中学修身教科书		缪文功	敏之	
寄归庐诗文集		缪文功	敏之	
国文趣		缪文功	敏之	
爨余集		缪文煜	仲华	
痘科学	一卷	缪俊德	铬泽	
绿云庵诗	五卷	蔡映辰	少岚	浣雪
绿云庵词	一卷	蔡映辰	少岚	浣雪
青玉堂诗		蔡煜	星伯	
青玉堂联语	若干卷	蔡煜	星伯	
醉庵诗钞	十一卷	蔡清澂	子樵	
觉迷论		蔡观明（达）	处晦	尔文
文学通义		蔡观明（达）	处晦	尔文

续表

孤桐馆诗文集		蔡观明（达）	处晦	尔文
绿绮词		蔡观明（达）	处晦	尔文
读易偶记		蔡观明（达）	处晦	尔文
艺文膏馥		蔡观明（达）	处晦	尔文
经学指津		蔡观明（达）	处晦	尔文
音韵偶得		蔡观明（达）	处晦	尔文
绿波传		蔡观明（达）	处晦	尔文
游侠外史		蔡观明（达）	处晦	尔文
知非录		蔡观明（达）	处晦	尔文
中国文学史		蔡观明（达）	处晦	尔文
大学通义		蔡观明（达）	处晦	尔文
中国文字学		蔡观明（达）	处晦	尔文
孤桐余韵		蔡观明（达）	处晦	尔文
南通方言疏证订补		蔡观明（达）	处晦	尔文
吴嘉记年谱		蔡观明（达）	处晦	尔文
孙扶尉年谱		蔡观明（达）	处晦	尔文
从敦煌变文谈古汉语的音韵		蔡观明（达）	处晦	尔文
筠娘遗恨记		蔡观明（达）	处晦	尔文
青衫红粉		蔡观明（达）	处晦	尔文
退帚间轩賸藁	一卷	叶阶平	竹波	
无咎誉斋文		叶文瀚	小竹	
一毡百甓居诗		叶文瀚	小竹	
香碧簃梦尘词賸		叶文瀚	小竹	
乳牛学		王烜之 林君		
夷白杂文		蔡清述		夷白
黄河诗抄		吴烟痕		
三门峡诗抄		吴烟痕		
大江边的歌		何晴波		

胪传纪事

（清）缪 彤撰

栟茶场五贤祠记

（明）周矿撰。五贤，指宋代理学家周敦颐、张载、程颢、程颐、朱熹。周矿，嘉靖二十年（1541年）以吏科给事中谪降栟茶场大使，二十五年（1546年）改本场社学一部为五贤祠，自为记。

补竹山房笔记

（清）缪崇銮撰。崇銮字金坡，栟茶场人。《补竹山房笔记》若干卷，《栟茶史料 初集·艺文略》著录。

笑谱三十六卷

（清）徐珂撰。珂字以节，栟茶场人。《笑谱》三十六卷，《栟茶史料 初集·艺文略》著录。

四书典林三十二卷

（清）徐倚撰。倚字国安，栟茶场人。《四书典林》三十二卷，《栟茶史料 初集·艺文略》著录。

仪礼精言 周礼集说 五经质疑

（清）缪玉成撰。玉成字德崇，号子嘉。栟茶场人。岁贡生，道光元年举孝廉方正，廷试第二名，以知县用。历任贵州麻哈州知州，贵定、镇远、遵义等县知县，署镇远府台拱同知，升安顺府郎岱同知，以目疾去官。玉成邃于经学，著述甚多，诗亦工。此三种，《栟茶史料 初集·艺文略》著录。

乐说八卷

（清）徐时盈撰。时盈字仲益，栟茶场人。善擘窠书，好音律。《乐说》八卷，《栟茶史料 初集·艺文略》著录。

音韵偶得 孤桐余韵 从敦煌变文谈古汉语的音韵 中国文字学 南通方言疏证订补 偏旁笔顺检字法的简明字汇 孤桐馆语言学论丛初集

蔡观明撰。前五种，《栟茶史料 初集·艺文略》《栟茶

附录

镇志》魏武《南通书法一千年》等著录。《偏旁笔顺检字法的简明字汇》，1954年油印本，线装，一册；《孤桐馆语言学论丛初集》，1963年油印本，线装，一册。中国国家图书馆藏。

正史补注三十六卷　三通补阙十二卷　读史微言五十卷　辽金元史释言十二卷

（清）徐国道撰。国道，栟茶场人。此四种。《栟茶史料初集·艺文略》著录。

史衡二十四卷

（清）徐琦撰。琦字书成，栟茶场人，《史衡》二十四卷，《栟茶史料　初集·艺文略》著录。

正鉴七卷

（清）徐铃撰。《栟茶史料　初集·艺文略》著录。

徐述夔诗域考

（民国）缪文功撰。《徐述夔诗域考》，民国版，白纸本，线装，一册。《栟茶史料　初集·艺文略》著录。

知非录　吴嘉纪年谱　孙技尉年谱

蔡观明撰。《栟茶镇志》著录。《知非录》，蔡观明五十岁自叙传，刊于民国三十二（1943年）年，南京图书馆藏。《吴嘉纪年谱》，1964年油印本，38页，上海图书馆藏；辑入《北京图书馆藏珍本年谱丛刊》第73册（北京古籍出版社影印出版）。中国国家图书馆、上海图书馆、南京图书馆藏。

入黔志　入蜀志　黔中从政录

（清）缪玉成撰。《栟茶史料　初集·艺文略》著录。

栟茶场志

（清）徐述夔纂。见于沈德潜《徐述夔传》，其稿早佚，清廷列入应毁书目，查无所获。

栟茶市乡土志

（民国）张正藩、缪文功纂。张正藩，字南屏，兴华籍，如皋城人。民国六年（1917年）毕业于栟茶小学。《栟茶市乡土志》196【？】扬州古籍书店抄本，二册，线装，收入中国国家图书馆地方志和家谱文献中心《乡土志抄稿本选编》（影印本，第8册，北京线装书局2002年12月出版）。中国国家图书馆藏。《中国地方志联合目录》题名作"《东台县栟茶市乡土志》"。

栟茶史料 初集

蔡观明主编。栟茶蔡清述先生为纪念其先人蔡少岚君逝世二十周年，分属乡之师友撰著，蔡观明总纂，历时三月，捐资印行于民国二十五年（1936年）九月。全书一册，收文四十余篇，书前序二，有图照，沿旧时邑志家乘录文艺例，汇选各家诗曰《栟茶诗存》附著于后。南京图书馆藏。如东县档案馆存有栟茶小绿云庵藏版之复印本。

传家格言

（清）徐珏撰。珏字以珍，栟茶场人。《传家格言》十三篇，《栟茶史料 初集·艺文略》著录。

训子家法 治家要言

（清）徐俌撰。俌字国臣，栟茶场人。《训子家法》十条、《治家要言》数十则，《栟茶史料 初集·艺文略》著录。

八阵演义 雨窗韬铃集

（清）徐天凤撰。《栟茶史料 初集·艺文略》著录。

射法要略

（清）缪勋臣撰。勋臣字渭亭，栟茶场人。《射法要略》，《栟茶史料 初集·艺文略》著录。

乳牛学

（民国）王烜之，林君撰。王烜之、林君，栟茶场人。《乳牛学》，《栟茶史料 初集·艺文略》著录

幼科集要四十卷

（清）徐渭撰。渭字玉甫，栟茶场人。《幼科集要》四十卷，《栟茶史料 初集·艺文略》著录。

痘科学一卷

（民国）缪俊德撰。俊德字铭泽，栟茶场人。《痘科学》一卷，《栟茶史料 初集·艺文略》著录。

国医蠡测　平秘论　湿温警言　孤桐馆医案　素问音　习医札记　医验杂论

蔡观明撰。《国医蠡测》，《栟茶史料 初集·艺文略》著录；其他诸种，见自《栟茶镇志·医学著述》、魏武《南通书法一千年》。

墨泽一卷

（清）缪墀辑。墀字维玉，栟茶场人。《墨泽》一卷，《栟茶史料 初集·艺文略》著录。

蘧堂杂著一卷　想贻琐笔二卷

（清）徐述夔撰。《蘧堂杂著》一卷，未刻，《应毁徐述夔悖妄书目》著录作"《钞本蘧堂杂著》一本"，乾隆四十三年（1778年）禁毁。《想贻琐笔》二卷，未刻，《应毁徐述夔悖妄书目》著录作"《钞本想贻琐笔》二本"，乾隆四十三年禁毁。

子嘉杂记

（清）缪玉成撰。《栟茶史料 初集·艺文略》著录。

禅悦录一卷

（清）于桂撰。桂字月庭，栟茶场人。《禅悦录》一卷，《栟茶史料 初集·艺文略》著录。

随笔十三卷

（清）徐钦撰。钦字廷敬，栟茶场人。《随笔》十三卷，《栟茶史料 初集·艺文略》著录。

雨花庵笔记九卷

（清）徐锐撰。锐字廷美，栟茶场人。善行楷，书宗《圣教序》；精写意画，水墨浑成。《雨花庵笔记》九卷，《栟茶史料 初集·艺文略》著录。

青玉堂联语

（民国）蔡煜撰。煜字星伯，栟茶镇人。清附生。《青玉堂联语》，《栟茶史料 初级·艺文略》著录。

夷白杂文

蔡清述撰。清述生于光绪三十年（1904年），卒于1977年。字晦渔，号夷白，栟茶镇人。

五色石八卷　八洞天八卷　快士传十六卷

（清）徐述夔撰。《五色石》全称《笔炼阁编述五色石》，自序署"笔炼阁主人题于白云深处"。

游侠外传　绿波传　游侠外史　筠娘遗恨记　青衫红粉

蔡观明撰。民国间，蔡观明生活困顿时，尝卖文鬻书、游乡行医。蔡观明在《近二十年间的栟茶》一文中自述："癸丑（1913年）这一年的前一年是我在上海卖小说的时代。"

弥陀三经解

（清）徐宗明撰。宗明字亮夫，栟茶场人。《弥陀三经解》，《栟茶史料 初集·艺文略》著录。

海涯集

（明）缪洧撰。洧字允达，栟茶场人。以经学补诸生。嘉庆《两淮盐法志》卷四十六传载："倭寇之乱，有孔氏者藏百金厕中，洧见而秘之，退还其人。洧能文章，著有《海涯集》。子三阳读父书，居乡恂恂称长者，里中少年见之相戒，毋敢犯，其盛德感人如此。"

纠缪子集

（明）缪好信撰。好信字诚之，栟茶场人。嘉庆《两淮盐法志》载，好信早年嗜学，慕王艮为人，一夕，慕王艮立于庭，因即所居建祠祀之。《纠缪子集》，《栟茶史料 初级·艺文略》著录。《如皋冒氏宗谱》收其诗一首。

则鸣草

（明）缪四明撰。四明字登甫，栟茶场人。《则鸣草》，

《栟茶史料 初集·艺文略》著录,《栟茶镇志·诗文选》录诗一首。

见山集

(清)徐天鱼撰。天鱼字惟启,一字武舟,号浏江,栟茶场人,武举徐斌之子,天凤弟,邑痒生。《见山集》前后两编,《栟茶史料 初集·艺文略》著录。《东皋诗存》卷十四录诗8首。《栟茶诗存》钞诗3首。

若庵诗集 诗法要标

(清)缪芥撰。芥字公琰,号若菴,栟茶场人。《诗法要标》,《栟茶史料 初集·艺文略》著录。《东皋诗存》卷十七载,"有《若菴诗集》行世",录诗3首。《栟茶诗存》钞诗1首。

藏鱼诗草 芸菴遗稿

(清)缪伟臣撰。伟臣字亮士,号芸菴,栟茶场人。伟望之兄,康熙三十六年(1697年)武进士。同治《如皋县续志》卷十六"补遗"传载,"不求仕进,乐善好施,偕昆仲辈建有玉皇阁、药师庵在李家堡"。《藏鱼诗草》,《栟茶史料 初集·艺志略》著录。《东皋诗存》卷二十五载"著有《芸菴遗稿》",录诗4首。

默菴遗稿

(清)缪伟望撰。伟望字庚期,号默菴,栟茶场人。岁贡生。嘉庆年间《如皋县志》卷十六传载,"缪伟望,明旌二贤之裔,游庠屡困,膺岁荐。父松岩赈饥施药、建寺育婴,望与兄伟臣殚精继善无憾。曹令枢礼延赈饥,奖曰'廉操可风'。晚年构庐墓旁自适,寿登八十,子多出宰食饩,孙皆文学著名。著《雪梅遗稿》四卷"。《东皋诗存》卷二十五载"著有《默菴遗稿》",录诗6首。

独乐草 拙斋诗

(清)缪象锟撰。象锟字焕若,号拙斋,栟茶场人。邑文学生。《独乐草》,《栟茶史料 初集·艺文略》著录;《东皋诗存》卷三十六载,"著有《拙斋诗》",录诗2首。

小溪集

（清）徐佶撰。佶字国端,栟茶场人。科第事迹无传。此集,嘉庆《两淮盐法志》卷四十六、《栟茶史料 初集·艺文略》著录。

一柱楼诗六卷 小题诗一卷 和陶诗一卷

（清）徐述夔撰。《一柱楼诗》,一作《一柱楼编年诗》,《应毁徐述夔悖妄书目》著录作"《一柱楼诗》六本",兴化王国栋序,乾隆二十八年（1763年）徐怀祖刻,乾隆四十三年（1778年）禁毁。《小题诗》,一作《一柱楼小题诗》,《应毁徐述夔悖妄书目》著录作"《小题诗》一本",栟茶场大使姚德璘序,乾隆二十八年徐怀祖刻,乾隆四十三年禁毁。《和陶诗》,一作《一柱楼和陶诗》,《应毁徐述夔悖妄书目》著录作"《和陶诗》一本",浙江归安毛澄应姚德璘之请作跋,乾隆二十八年徐怀祖刻,乾隆四十三年禁毁。

一柱楼外集 不分卷

（清）徐述夔撰。自乾隆《一柱楼诗》案发,徐述夔著述"搜毁净尽"。民国初年,栟茶士绅联名上书请愿政府平反其狱,辑其散佚,编为《一柱楼外集》,不分卷,其中主要收入《野菊诗三十律》,叶晓竺作序,附以《诗狱始末》,民国十年（1921年）石印,一册;又有民国间抄本,一册。柯愈春《清人诗文集总目提要》著录,南京图书馆藏。蔡观明《栟茶诗存·补遗》收《野菊》诗五首,未署名,题下注云:"徐亦守家藏手卷《野菊诗三十首》,盐韵缺二十一字,咸韵全缺,亦无款识。人或疑为徐述夔作,亦有疑为亦守曾祖首发。作者无可考证,存疑而已,兹录五首。"

古文 时文 诗余 五色石传奇

（清）徐述夔撰。见于沈德潜《徐述夔传》,江苏巡抚杨魁乾隆四十三年九月上奏:"且其传内开列书名尚有:《古文》《时文》《栟茶场志》《诗余》《五色石传奇》等种,未据呈缴。"清廷列入《应毁徐述夔悖妄书目》,终未见查获,杨魁再次上奏,"《徐述夔传》内所叙《五色石传奇》等,实已无存"。

一草亭诗集

（清）缪中撰。中字牧人,号竹痴,栟茶场人。附贡生。工诗,善书画,尤精兰竹。《栟茶镇志》影印《梅兰竹菊》四条屏,真迹犹存。

怡怡草堂诗八卷　搜神诗史六卷　咏物诗十二卷　鸥村十卷（清光绪间乡人刊《怡怡草堂诗存附编年诗一卷》）　东亭诗二十卷

（清）于泗撰。泗字彦邦,号秋渚,栟茶场人。监生。工诗,觞咏无虚日,题其居室曰"怡怡草堂"。善书,书似倪云林,尝手辑《东亭诗》二十卷。慷慨好交游,四方游士至此,解囊相赠,虽困死而不顾。

月亮诗集

（清）于桂撰。《栟茶史料　初集·艺文略》著录。

柳园遗草

（清）于治撰。治字敬式,号茗坡,栟茶场人。《柳园遗草》,《栟茶史料　初集·艺文略》著录。

南溇集

（清）徐宗鲁撰。宗鲁字道夫。《南溇集》若干卷,《栟茶史料　初集·艺文略》著录。

趋庭集六十四卷

（清）徐詠皋撰。詠皋字执夫,栟茶场人。《趋庭集》六十四卷,《栟茶史料　初集·艺文略》著录。

乐庵诗集

（清）缪志道撰。志道,栟茶场人。《乐庵诗集》,《栟茶史料　初集·艺文略》著录。

南沙诗集

（清）缪贡撰。贡，栟茶场人。《南沙诗集》，《栟茶史料 初集·艺文略》著录。

家藏诗集

（清）缪汝信撰。汝信，栟茶场人。《家藏诗集》，《栟茶史料初集·艺文略》著录。

奈何集

（清）徐惟镕撰。惟镕字尚文，栟茶场人。《奈何集》若干卷，《栟茶史料 初集·艺文略》著录。

我是轩制艺

（清）徐野堂撰。野堂，栟茶场人。《我是轩制艺》，《栟茶史料 初集·志文略》著录。

琴心雅韵三卷 希陶集

（清）徐国廉撰。国廉，栟茶场人，善吹铁笛，自制《沧浪童子》、《醉仙喜》二曲。《琴心雅韵》三卷、《希陶集》若干卷，《栟茶史料 初集·艺文略》著录。

古藤花书屋遗稿十八卷

（清）徐珣撰。珣字以华，栟茶场人。《古藤花书屋遗稿》十八卷，《栟茶史料 初集·艺文略》著录。

怡情诗草

（清）缪宽撰。宽字又安，栟茶场人。《怡情诗草》，《栟茶史料初集·艺文略》著录。

水云编

（清）缪六府撰。六府字孔修，栟茶场人。《水云编》若干卷，《栟茶史料 初集·艺文略》著录。

洒璧山房诗集

（清）缪纲撰。纲字众维，栟茶场人。《洒璧山房诗集》，《栟茶史料 初集·艺文略》著录。

河上吟草

（清）缪攀龙撰。攀龙字实容，栟茶场人。《河上吟草》，《栟茶史料　初集·艺文略》著录。

丛桂山房诗集

（清）缪麟撰。麟字伯时，栟茶场人。《丛桂山房诗集》，《栟茶史料　初集·艺文略》著录。

和陶集

（清）缪禹钧撰。禹钧字禹臣，号文孙。栟茶场人。《和陶集》，《栟茶史料　初集·艺文略》著录。

济贫集四卷

（清）缪美官撰。美官字冠扬，栟茶场人。《济贫集》四卷，《栟茶史料　初集·艺文略》著录。

醉月山房诗集　退埽闲轩滕稿一卷

（清）叶阶平撰。阶平生年不详，卒于同治十年（1871年）。字竹坡，栟茶场人。叶文瀚之父。叶文瀚《南沙蟬叟自寿诗》自注云："先府君著作甚夥，幼无知，被族子窃取窜易己名，《醉月山房诗集》是也。今所刻者《退埽闲轩滕稿》一卷，皆敝簏中不惬心之弃稿也。"《退埽闲轩滕稿》一卷，《栟茶史料　初集·艺文略》《栟茶镇志·文著》著录。

韵胜楼诗钞

（清）徐藻撰，藻字树名，栟茶镇人。附贡生。《韵胜楼诗钞》《栟茶史料　初集·艺文略》著录，《栟茶诗存》选钞2首。

课余小草

（清）缪震撰。震字桂生，号盂生，栟茶场人。邑庠生。《课余小草》，《栟茶史料　初集·艺文略》著录，《栟茶诗存》选钞4首。

兰因室诗词

（清）缪嘉禾撰。嘉禾字小坡，号盂山，栟茶场人。廪膳生。《兰因室诗词》，《栟茶史料　初集·艺文略》著录，《栟茶诗存》选钞诗15首,词4首。

绿云盦集六卷

(清)蔡映辰撰。映辰生于咸丰九年(1859年),卒于民国二年(1913年)。字少岚,号浣雪。世居枋茶镇。

无咎誉斋文集　一甀百甓居诗存　香碧簃梦尘词賸　南沙蟬叟自寿诗

(民国)叶文瀚撰。文瀚生于咸丰十一年(1861年),卒年不详,字晓竺,又字小竹,号不聱,晚号南沙蟬叟,枋茶场人。

青玉堂诗

(民国)蔡煜撰。《枋茶史料 初集·艺文略》著录,《枋茶诗存》钞诗17首。

醉盦诗钞十一卷

(民国)蔡清澂撰。清澂字小樵,一字迂人,号醉盦,枋茶场人。清附生,海门儒学训导。

风月清淡词　愚园吟　粤海闲吟

(民国)徐兴扬撰。兴扬字小树,枋茶场人。清国学生,即补广东巡政厅。此三种,《枋茶史料 初集·艺文略》著录,《枋茶诗存》选钞《粤海闲吟》诗10首。

寄归庐诗文集

(民国)缪文功撰。

爨余集

(民国)缪文煜撰。文煜字仲华,枋茶场人。清附生。光绪三十二年(1906年),任枋茶第三初小校长。

孤桐馆文甲编二卷　孤桐馆诗甲编一卷乙编二卷　孤桐馆诗丙编　孤桐馆诗丁编　孤桐馆诗新编　绿绮词

蔡观明撰。《孤桐馆文甲编》二卷,铅印本,线装,一册,刊于民国十五年(1926年)。中国国家图书馆、南京图书馆藏。

栟茶诗存

蔡观明辑。《诗存》124页，选钞自明至近代栟茶籍人缪思恭、缪洧、蔡苞、徐斌、徐天凤、徐天鱼、缪蓉、缪玉成、徐述夔、缪中、于泗、缪锡鹏、缪震、缪嘉禾、蔡映辰、徐藻、叶文瀚、蔡震、缪兰章、徐青、徐达材、蔡牧山、蔡煜、蔡清徽、徐兴扬、缪文功、缪文煜、蔡观明及流寓栟者薛珠、张思再、徐琪、吴心縠等诗词作品。

文学通义　中国文学史　艺文膏馥

蔡观明撰。

栟茶楹联

楹联是汉语言中独特的文化艺术形式，是优秀的文化产品。正如范曾先生所说：楹联具有骈文的外貌，诗词的意蕴，散文的风骨。百姓喜赏联，文人爱撰联。赏联，赏其平仄协调，对仗工整，诗情哲理，妙用典籍；撰联，抒其心志，酬唱情谊，褒贬风俗，赞美胜迹。

栟茶，千年文化古镇，人文荟萃，多满腹经纶之士，楹联高手亦不乏其人，如徐述夔、缪文功、蔡少岚等。如东图书馆丛国林同志，两易寒暑，从浩瀚的典籍中淘宝，编纂辑注出"楹联卷"，现从中选出有关栟茶的作品以飨读者。

栟茶正觉庵观世音座
（清　徐述夔撰）
世于何观　观我即为观世
音安可见　见音寔是见心

栟茶城隍庙
（清　佚名撰）
问你生平所干何事　欺人懦　诈人财　坑人命　奸淫人

妇女 占夺人田地 是不是 睁睁眼睛 看世上多少恶焰凶锋 饶过了哪个

　　来我这里有冤必报 追尔魂 破尔家 荡尔产 降罚尔祸殃 绝灭尔子孙 怕不怕 摸摸心头 想从前百千计谋诡谲还用得着么

栟茶缪氏宗祠
（清 李宗莲 撰）
苔壁两馀著蜗篆
纸窗风定约茶烟

栟茶徐氏东海堂
（佚名 撰）
东海仙人家
南州高士第

栟茶蔡氏九峰堂
（佚名 撰）
理学传陈朱之脉
著述授穀梁之书

栟茶周氏濂溪堂
（清 佚名 撰）
爱莲追道学
细柳溯将军

栟茶名士蔡少岚居宅
（民国 蔡映辰 撰）
春水群鸥来舍北

晚山晴翠映溪南

栟茶听雨楼茶社
（民国 佚名 撰）
卷帘望袅袅轻烟 正宜煮茗闲谈 满座诗人动逸兴
剪烛听潇潇夜雨 又是卖花天气 明朝深巷尽春色

栟茶泰和米店
（民国 蔡佐卿 撰）
康乐成书三阳开泰
大国之世五族共和

栟茶章氏万安堂药铺
（民国 缪文功 撰）
万石君汉家长者
安期生海上仙人

《八洞天》巧对
（清 徐述夔）
三币金银铜 下币何可乱中币
四诗风雅颂 正诗不妨杂变诗

栟茶缪氏宗祠
（清 佚名 撰）
脉传东鲁
支甲南沙

启秀文社
（清 张思再 撰）

博我以皇道弘我以汉京君子人与仆病未能也
藏之于名山传之于同好羲轩邈矣文不在兹乎

绿云盦
（清 蔡煌 撰）
夏雨生众绿
晴天养片云

栟茶名士蔡煌书室
（清 蔡煌 撰）
太史观书 借名山大川作良师益友
长公悟道 对清风明月歌羽客飞仙

观明识博室
（民国 蔡观明 撰）
天下未宁 焉事扫除一室
平生所至 不在温饱终身

栟茶沈震大海味南货店
震展陶朱业
大兴子贡财

栟茶徐庆泰号
（民国 佚名 撰）
庆田善积
泰卜财成

寿沈忠义
（清 佚名 撰）
身历四朝人物
眼观五代儿孙

挽张謇
（民国 缪恕 撰）
文章事业标千古
贤圣英雄秉一人

赠鸿宾仁兄
（民国 黄家瑞 撰）
归于江湖爰得其所
铭之金石长毋相忘

《栟茶》参考资料主要来源

1、《栟茶史料》
2、《栟茶镇志》
3、《居旅栟茶》
4、《如东县志》
5、《南通盐业志》
6、《如东大观》
7、《如东地名掌故》
8、《东台县志》
9、《如东日报》
10、《如东英烈》

《栟茶》编纂委员会

顾　　问：黄鹤群　沈玉成
主　　编：张　锋
副 主 编：王必东　王东宁　王志国　缪　铭
编　　委：沈义明　缪长龙　周　勤　陈福祥
　　　　　缪金生　缪庆林

后　记

　　2012年7月，南通市江海文化研究会专家学者到栟茶镇调研文化工作，并实地考察了栟茶古街。栟茶的地方文化引起了专家学者们的浓厚兴趣。为了更好地挖掘整理栟茶镇历史文化，2012年年底，栟茶镇党委、政府联袂江苏省栟茶高级中学，成立了栟茶文化研究会，并出刊《居旅栟茶》杂志。2014年2月，栟茶镇被国家住建部和国家文物局评为"中国历史文化名镇"。江海文化研究会建议，站在新的历史起点上，栟茶镇应该出一本反映地方文化的书籍。在原南通市委副秘书长、江海文化研究会副会长黄鹤群，《南通日报》原副总编、江海文化研究会秘书长沈玉成的关怀与帮助下，《古镇栟茶》编撰工作从2014年3月正式启动。

　　《古镇栟茶》从灿烂或沉重的历史说到繁华而新颖的如今，古今勾连，追古溯今。阅读是一种享受，我相信当读者慢慢翻开书页，展现在你面前的便是一幅生动精彩的历史画卷。从绵延的青石板街走下去，你会领略到庄严的寺庙，素朴的青砖瓦房，喧哗的小铺子，肃穆的祠堂，寂静的小巷；从名人轶事说开去，你会听闻文采斐然的名士，英勇无畏的战士，为人民谋福的干部，勤劳奋斗的实业家，默默耕耘的教育家；从地方风味和风俗民情看过来，你会品尝到美味的

后记

蛏蛤海鲜，香脆诱人的烧饼扣包，精致美丽的风筝花灯，再看看非遗文化浒澪花鼓，滨海剧团的演出……

书卷有限，未能尽言。古镇栟茶的悠悠历史与独特魅力需要置身其中慢慢探寻。在享受之余，我们心中也充满了感恩，我们不仅得到同行的帮助，还借鉴了其他人智慧的精华。相信他们劳动的价值不会磨灭，因为它给读者朋友们带来了宝贵的精神财富和视觉盛宴。

我们一脉相承的文化，是如今发展的精神支柱和力量源泉，同时也指给了我们发展的方向：古镇保护和合理开发。全力打造一个有历史记忆、文化脉络、地域风貌、民族特点的美丽城镇，不负"历史文化名镇"的美称。

一部作品的完成需要许多人的默默奉献，闪耀的是集体的智慧。其中更是铭刻着无数艰辛的付出，凝结着许多辛勤的劳动和汗水。成书不易，它所承载的文化传承的使命定也不轻，望此书能得到读者的喜爱。

本书从策划到写作到完稿成书的过程中，得到了许多同仁朋友和专家的大力支持，在此向他们致以最诚挚的谢意。

《古镇栟茶》时空跨度长，涉及门类广，记述内容多，可查资料不足，加之时间短促和编纂者水平有限，难免有疏漏、讹错，不当之处，敬请读者批评、指正。

编者

2014年7月25日